痴漢を弁護する理由

大森 顕・山本 衛＝編

執筆者＝
赤木竜太郎
大森 顕
加畑貴義
神林美樹
栗原亮介
髙野太一朗
髙橋宗吾
中原潤一
村橋 悠
山本 衛

日本評論社

はしがき

「痴漢」という言葉を聞いて、みなさんの頭にはどのようなイメージが浮かぶでしょうか。

治安を乱す犯罪者
性欲の赴くがままに行動する「変態」

あるいは「痴漢冤罪」という言葉で表現されるような、「犠牲者」でしょうか。

本書は、「痴漢」を題材とした小説ですが、物語を読み終えたとき、みなさんのイメージするそれぞれの痴漢という「性犯罪」の向こう側まで来ることができたと感じていただくことが、私たちのねらいです。


私たちは、多くの刑事事件に実際に携わってきた弁護士です。毎日のように様々な刑事事件に接していますが、その中には当然痴漢事件もあります。弁護士として痴漢事件に接してみて感じるのは、「痴漢」という犯罪については、ステレオタイプが独り歩きしているのではないかということです。テレビドラマや電車広告で表現される「痴漢」は、ときに性欲にかられた異常者かのようにも描かれますが、実際に事件を起こしてしまった「犯人」の姿は必ずしもそのようなものだけではなく、意外なほどに常識的だったり、どこにでもいる「普通の人」のように見えることがたびたびあります。「普通の人」がなぜ「痴漢」になってしまうのか。この理由、背景は様々ですが、痴漢の実相を理解することは弁護士ならずとも、世の中の多くの人に意味があると思っています。なぜなら、被害者も被疑者・被告人も私たちと同じ空間、あるいは同じ世界にいて、「あちら側」と「こちら側」はきっぱりと線引きできないからです。

同時に、私達が普段弁護士として向き合っている、この国の刑事司法の実態や問題点、そこに関わる人達の本当の姿を知ってほしいと考えました。無実の人が逮捕され、懲役刑に服さざるをえなくなった冤罪事件の報道がなされることがありますが、その背景として取り調べや捜査の方法などが課題として挙げられています。犯罪が発生し、警察が捜査をし、事件として扱われるようになると、どのようなことが起こるのか。その実態を知ってもらうことで、この国の刑事司法のあり方を多くの人に考えてもらいたい。そのような狙いから、「痴漢」という性犯罪を敢えて取り上げることにしました。

この物語ではステレオタイプを提示したり、展開の面白さを追求するために誇張することをできるだけ避け、小説ではあるものの現実を率直に描くことに徹しました。そして、この小説には「主人公」らしい人物はいません。普通の弁護士、普通の検察官、普通の裁判官、そして普通の人――被害者や被疑者・被告人――がいるだけです。これらの登場人物にはそれぞれの立場に応じた、深刻な悩みがあります。テレビドラマに出てくるような天才弁護士の活躍を描くことはせず、私達の、弁護人としての実際の仕事の内容を反映しました。検察官や裁判官の仕事ぶりについては、できる限りのリサーチを行い、それぞれの立場で生じる悩みに真摯に向き合う彼らの姿を描きました。

このように多くの人物を登場させることで一つの問いが浮かんできます。それは、善悪は本当にきっぱりと線引きできるものなのか、仮に罪を犯してしまったとしても、社会がその人を責め続けるのは正しいことなのか、ということです。これは私たち弁護士も日々感じる疑問の一つです。このような点について思いを巡らしていただくために、私達が普段取り組んでいる二種類の事件を取りあげました。つまり、痴漢の犯罪事実を争っている事件―否認事件と、実際に痴漢をしてしまい犯罪事実に争いのない事件です。二つの事件の性質は正反対ですが、それぞれにフォーカスすることで「痴漢」の実相、そして刑事手続の実態に一層迫ることができるのではないかと考えました。

執筆陣は、本書が今まで出版された刑事司法をテーマにした小説の中で、最もリアルな小説となることを目指しました。

この本は、普段法律に関わらない方々にこそ、ぜひ手に取っていただきたいと思います。また、法律を学び始めた方―法学部生や法科大学院生、司法試験の受験を考えている方々にとっては、刑事事件の流れを具体的に理解し、将来の仕事をイメージする上で役立つかもしれません。授業やゼミなどでの副読本として使っていただくのも有益かもしれません。

本書の執筆に際し、斉藤章佳氏（大船榎本クリニック）からは性嗜好障害とその治療について貴重な助言をいただきました。ここに記して感謝申し上げます。

この物語に出会ったことが、読者の皆様が刑事司法のあり方について考えるきっかけになれば幸いです。

二〇二二年八月
著者一同

目次

第二話

物語にでてくる主な刑事手続について

この小説は痴漢にまつわる事件を描いていますが、事件である以上、法律にかかわる問題もでてきます。事件が起こり、警察等の捜査機関が捜査を行い、被疑者の逮捕や取り調べ等がなされ、その中の一定数の事件が裁判にかけられた上で、裁判所が犯罪の成否や刑罰の重さを判断するのが刑事事件です。この事件の発生から裁判により科すべき刑罰を確定するまでの一連の流れを刑事手続と呼びます。刑事手続にはルールがあり、このルールは主に刑事訴訟法という法律が定めています。この小説では刑事手続にかかわる描写が多く出てきますが、普段法律になじみのない方には難しく感じられるシーンもあるかもしれません。ですので、この小説をより一層楽しめるよう、以下では物語に出てくる刑事手続のうち、いくつかの重要なルールを刑事訴訟法等をひも解きながら簡単に解説します。

1　捜査

【捜査の開始】

刑事手続は、事件が発生したところから始まります。もう少し具体的に言うと、捜査機関、すなわち警察官（場合によっては検察官）が、犯罪がなされたのではないかと考えた時から始まります。刑事訴訟法においても、その第一八九条二項には「司法警察職員は、犯罪があると思料するときは、犯人及び証拠を捜査するものとする。」とされています。事件の発生が捜査機関に認知されると、捜査機関による捜査が始まるというわけです。

警察官が、「犯罪がある」と考えるきっかけは、犯罪の被害者であるという人からの申告（被害届や告訴）による場合が多いとされていますが、その他にも、犯罪の目撃者など第三者からの申告（告発など）や、犯人自身の自首があった場合、さらには、捜査機関が独自に収集した情報により張り込みをしていたところ、そこで犯罪が行われ、それを現認したという場合もあるでしょう。

いずれにせよ、捜査機関が「犯罪がなされた」と考えた場合、そこから捜査が始まります。

【捜査の目的】

始まった捜査が目指すのは、もちろん犯人の検挙です。すなわち、どのような犯罪が、どこの誰によって行われたのかを明らかにし、犯人の身柄を確保するところにあります。その先には、捕まえた犯人を裁判にかけ、裁判官によって、行われた犯罪に見合った刑罰を与えてもらうという目標があります。刑事訴訟法第一条にも「この法律は、刑事事件につき、公共の福祉の維持と個人の基本的人権の保障とを全うしつつ、事案の真相を明らかにし、刑罰法令を適正且つ迅速に適用実現することを目的とする。」と謳われています。

【証拠の収集】

犯人を捕まえることが、捜査の第一の目的であることは言うまでもないところですが、誤認逮捕などあってはならないことです。誤って犯人ではない人を逮捕するようなことがないよう、その者が犯人であるという証拠がなければなりません。そのため捜査機関は、特定の者（共犯者がいる場合には複数の者）がこの犯罪を行ったということ、そして、その者（それらの者）によって行われた犯罪が具体的にどのようなものであったのかを裏付ける証拠を収集します。

証拠の収集については実に様々な方法があり、代表的なものとして、犯罪現場に残された指紋や血痕（血液）、その他の遺留物を採取したり、採取したそれらの物を科学鑑定すること、または関係先の捜索・差押え、さらには、被害者を含む関係者からの事情聴取などがあります。加えて、最近では、携帯電話の通話履歴やメールの履歴、それにＬＩＮＥやツイッターなどのＳＮＳのデータを各携帯会社ないしは運営会社から取り寄せるということも頻繁になされています。もっとも、どのような証拠の収集方法でも、多かれ少なかれ人権の制約が伴うものなので、捜査機関であれば、どんな捜査であっても自由に行えるというわけではありません。特に捜査の対象となった人のプライバシーの侵害を始めとして、捜査に際して重大な人権侵害を伴う場合（強制処分ないしは強制捜査）には、捜査機関は裁判所にその許可を求め、令状を発布してもらわなければなりません。また、令状による強制捜査によらない他の方法で捜査の目的が遂げられるならば、それに拠らなければなりません（任意捜査の原則）。このことは、刑事訴訟法上も「捜査については、その目的を達するため必要な取調をすることができる。但し、強制の処分は、この法律に特別の定めのある場合でなければ、これをすることができない。」として、明瞭に定められています（刑事訴訟法第一九七条一項）。

【犯人の身柄の確保──逮捕と勾留】

事件の報道では「犯人」、「容疑者」といった言葉が使われることが多いと思いますが、法律の世界では「被疑者」という言葉が使われています。まずはこれらの言葉の違いを理解していただきたいと思います。「犯人」とは文字通り罪を犯した人のことです。「容疑者」とは罪を犯したのではないかと疑われている人のことですが、「容疑者」という言葉は法律上の正式な呼び方ではありません。法律の世界では罪を犯したかもしれない人を「被疑者」と呼んでいます。「容疑者」は「被疑者」とほぼ同じ意味ですが、マスコミで多く使われる言葉であり、法律関係者は「被疑者」と呼ぶことを知っておいてください。

捜査機関が捜査を進めた結果、捜査機関として誰が犯人であるか確証が得られた時、あるいは現行犯であるなど捜査の始めから捜査機関には誰が犯人であるかわかっている場合、捜査機関は、その者（被疑者）の身柄を確保しようとします。

犯人の身柄確保というと、刑事が、追い詰められた犯人に手錠をかける「逮捕」の瞬間ばかりが思い浮かぶのかもしれませんが、手錠をかければ終わりというものではありません。

犯人の逮捕が、犯人の身柄確保・拘束の入り口であることは確かであるものの、犯人の身柄拘束に関する手続きはそれで終わりということではありません。被疑者の逮捕による身柄拘束は、被疑者が拘束されたときから72時間しか許されず（刑事訴訟法第二〇五条二項）、それに続く身柄拘束手続が用意されています。被疑者の「勾留」という手続です。逮捕や勾留という手続きが取られた結果、被疑者は強制的に拘置所あるいは警察署の留置場に留置されますが、必ず逮捕が先行することになっており、逮捕を経ないで被疑者を勾留することはできません。

【逮捕——私人による現行犯逮捕】

逮捕に関しては、裁判官の発布する逮捕令状による逮捕が原則であるとされていますが、現行犯逮捕と緊急逮捕という例外があります。その内、現行犯逮捕とは、現に犯罪を行ったことが明らかな現行犯人を令状なしに逮捕するというものです。この現行犯逮捕に関しては、警察官ではなくても誰でもできるとされている点は、実は一般的に知られていないことかもしれません（刑事訴訟法第二一二条、同二一三条）。警察官ではない者が逮捕をすることは「私人による逮捕」と呼ばれており、例えば電車の中で一般の乗客が痴漢犯人を捕まえることは私人による逮捕にあたります。

【当番弁護士】

逮捕がなされると（私人による逮捕がなされた後、警察官に犯人が引き渡されると）、警察官は被疑者に犯罪事実の要旨を告げ、弁護人の有無をたずねて弁護人がいないときはこれを選任できる旨を告げた上で、弁解の機会を与えます（刑事訴訟法第二〇三条一項）。この機会等に、逮捕された人が、弁護士に相談したいと警察官に言えば、警察官を通じて弁護士会に連絡が入り、弁護士会は、その日当番として待機している弁護士を被疑者が捕まっている場所（多くの場合は警察署の留置場）に派遣します（当番弁護士）。被疑者は、派遣されてきた弁護士と初回に限り無料で面会ができ、さまざまなことを相談できる他、正式に弁護人になってほしいと要請することもできます。要請すれば、基本的には必ず派遣された弁護士が弁護人となり、以後、被疑者の弁護活動をしてくれます。

【送検】

前述のとおり、逮捕に伴う被疑者の留置は被疑者が最初に身柄を拘束された時から数えて最長72時間しかできません。また、警察官はこの72時間の内の48時間目までに、被疑者を検察官に送致しなければなりません（刑事訴訟法第二〇三条一項）。よくニュースで、「○○容疑者を乗せた警察のバスが検察庁に入りました。」などというレポーターのレポートとともに、警察車両に乗せられた被疑者にカメラのフラッシュが浴びせられる映像を目にしますが、これはまさに被疑者が送検されるときの光景です。

被疑者は、検察庁においても簡単な弁解の機会が与えられ、ここで「弁解録取書」というものが作られることになります。その後ずっと検察庁に留め置かれるということではなく、弁解の録取がなされた後はまた警察署に連れ戻されますが、以後、事件の捜査には警察官だけではなく検察庁も関与することになります。「関与するようになる」というよりはむしろ、送検後は検察庁がその被疑者の事件の捜査を指揮することになると言った方がよいでしょう。

被疑者の送致を受けた検察官は、送致されてから24時間以内であり、且つ、身柄拘束を始めてから72時間以内に、引き続き被疑者を留置し続けることを裁判官に求めなければなりません（勾留請求、刑事訴訟法二〇五条一項）。もし、裁判官が勾留請求を認めず、勾留できないとした場合は、検察官は被疑者を直ちに釈放しなければなりません。

【勾留質問――被疑者国際弁護人の選任】

裁判官が、被疑者を勾留するかどうかを決めるに際しては、被疑者に直接会わなければなりません（刑事訴訟法第六一条）。直接会って、被疑者に対し、被疑事実を告げ、これに対して被疑者の陳述を聞きます（勾留質問）。

すなわち、被疑者は、逮捕中に検察庁の次に裁判所に連れていかれることになるのです。裁判所でも被疑者は弁解の機会が与えられることになりますが、それだけではなく、その他にも重要な手続きが行われることになります。この機会に、裁判官から、弁護人を国費で付けることができるがどうするか？と聞かれるのです。この際に弁護人をつけたいというと、一定の要件のもと国選弁護人が選任されることになります（被疑者国選弁護人）。なお、既に当番弁護士が弁護人となっている場合は、その弁護士に国選弁護人になってもらうこともできます。

勾留請求が裁判官により許可されたら、被疑者は勾留請求があった日から十日間留置されることになります。検察官はこの十日間の内に、被疑者を裁判にかける（起訴）か否かを決めなければならず、十日以内に起訴しないときには、被疑者を直ちに釈放しなければなりません（刑事訴訟法第二〇八条一項）。

【勾留期間の延長】

もっとも、この十日間が経過しようというときに、証拠が収集しきれていないなどやむを得ない事由がある場合には、検察官は、この十日間に加えてさらに勾留を続けることの許可を裁判所に求めることができ、裁判官により勾留期間の延長が認められることがあります（勾留延長、刑事訴訟法第二〇八条二項）。もっとも、延長を認めるにしても、十日間が上限となります（刑事訴訟法第二〇八条二項）。延長が認められた場合には、認められた期間内に、やはり、検察官は被疑者を起訴するかどうか決めなければならず、起訴しないときには直ちに釈放しなければなりません（刑事訴訟法第二〇八条二項同一項）。

【逮捕と勾留――裁判官による審査】

以上のように、一連の被疑者の身柄確保・拘束においては、逮捕、勾留、勾留期間の延長と三つの部分に分かれています。なぜ、このように別々の身柄拘束手続を連結しているかと言えば、各手続きが取られるに際して捜査機関自身ではなく、中立な裁判官によって身柄拘束の可否（許否）を審査させるためです。それによって、誤認による身柄拘束や不当に長い身柄拘束を防止しようとしているのです。審査の基準は、被疑者が「罪を犯したことを疑うに足りる相当な理由」があるかどうか、及び「住居不定であるか」、「罪証隠滅のおそれがあるか」、「逃亡の恐れがあるかどうか」の他（刑事訴訟法第二〇七条、六〇条一項）、勾留に関しては、勾留の必要性（相当性）という要件（刑事訴訟法第八七条一項）も加えて審査されます。

【勾留決定に対する準抗告】

裁判官による勾留決定や勾留期間の延長の決定に対しては、弁護人はその決定に対して異議を申し立てることができます（刑事訴訟法第四二九条一項二号）。これは準抗告という異議申立て手段であり、弁護人が行う被疑者の身柄解放に向けた弁護活動の内、最も有望な手段の一つです。この準抗告は、先に述べた勾留の要件が実は満たされていないと指摘したり、勾留をすること（あるいは延長すること）によって、被疑者が被る家庭ないしは仕事上の具体的な不利益（勾留の相当性に欠けること）を明らかにして、一旦出された勾留に関する決定を覆させる手続きです。この準抗告が認められ、検察官がさらなる対抗措置を取らなければ、被疑者は釈放されることになります。

【被疑者の取調べ】

この身柄拘束の期間中を通じて、被疑者には取調べが行われます。取調べは連日行われることもあれば、数日おきに行われることもあり、取り調べるのも警察官の時もあれば、（送検後は）検察官の場合もあります。検察官が取り調べる場合には、留置されている警察署から警察車両により検察庁まで護送されるのが通常です。刑事訴訟法の学説の中には、身柄拘束中の取調べを拒絶することができるという説があり、それが大勢と言ってよい状況ですが、実際に取調べを拒むことは相当困難であるというのが現実です。

取調べが行われるに際しては、取調べをする者は、必ず被疑者に対し、自己の意思に反して供述する必要がないこと、すなわち黙秘権が保障されていることを事前に告げなければなりません（刑事訴訟法第一九八条二項）。実際に犯罪を行ったかどうかに関わらず、また疑われている犯罪の内容に関わらず、すべての被疑者に黙秘権が保障されています。取調官に対して「黙秘します。」とか「黙秘権を行使します。」などと言って、以後、どんな質問をされても答えない、あるいはなんの断りもなく黙っているということができます。取調べにおいて、そのような態度をとっても、何も非難されることはないというのが大原則です。もっとも、実際には、黙秘権を行使すると言っても、取調べをする方は、何とか被疑者に供述をするよう働きかけるので、黙秘権を行使することには困難が伴います。結果として被疑者が供述してしまうことがあり、黙秘権が保障されているといってもそれは「建前に過ぎない」と言われることすらあります。

取調べが行われ、被疑者が何かを話した場合には、被疑者が取調官に話したこと、すなわち被疑者の「供述」が文書にまとめられます（刑事訴訟法第一九八条三項）。文書（「供述調書」）にするのは取調べを行う警察官や検察官の補助者であることがほとんどです。検察官の補助者は検察事務官と言います。それらの者により作成された供述調書は、被疑者に見てもらうか、読み聞かせて、内容に誤りがないか確認させ、誤りがあったり言葉遣いが適切ではないと被疑者が感じれば、訂正してもらえることになっています（刑事訴訟法第一九八条四項）。この内容でよいということになれば、供述調書に署名や押印を求められますが、それを拒むことができます（刑事訴訟法第一九八条五項）。供述調書に被疑者の署名・押印がなければ、有効な供述調書とは認められません。

【被疑者と弁護人――接見】

このように捜査の対象となった被疑者、特に逮捕・勾留中で身柄拘束を受けている被疑者は、突然、それまでの日常生活から隔絶した環境におかれ、外部との連絡もままなりません。そのような中で、頼りにすべき存在はやはり弁護人です。被疑者や被告人が弁護人を選任できることは、憲法に由来する国民の基本的人権の一つです。すなわち、日本国憲法第三四条は、「何人も、理由を直ちに告げられ、且つ、直ちに弁護人に依頼する権利を与へられなければ、抑留又は拘禁されない。」と謳っており、これは、身柄拘束を受けた被疑者・被告人は弁護人を選任できるというのに留まらず、資格を有する弁護士に実質的で実のある弁護を受ける権利を保障したものであると解されています。そして、刑事訴訟法は、この日本国憲法の規定を受けて、身柄拘束を受けている被疑者・被告人という限定を取り払い、全被疑者において弁護人を選任する権利があるとしています（刑事訴訟法第三〇条一項）。既に触れたとおり、被疑者には、逮捕時（当番弁護士）ないしは勾留時（被疑者国選弁護人）に弁護人を選任する機会が設けられていますが、それはこの権利の保障を実質的なものとすべく、設けられた制度です。もっとも、そのような機会に限らず、いつでも、知り合いの弁護士に弁護人になってもらうこともできます（私選弁護人）。

身柄拘束を受けている被疑者にとって、いちばん重要なのは、何といっても、逮捕・勾留中に弁護人と面会することです。テレビのドラマ等でも、ほの暗い部屋の中、透明なアクリル板を挟んで被疑者が弁護士と向かい合い、いろいろな話をする面会の場面が出てきますが、この面会を「接見」と言います。刑事訴訟法第三九条は「身体の拘束を受けている被告人又は被疑者は、弁護人又は弁護人を選任することができる者の依頼により弁護人となろうとする者（中略）と立会人なくして接見し、又は書類若しくは物の授受をすることができる。」と定めています。弁護人との接見は、曜日や時間帯を問わず、いつでもすることが可能であり、「一回の接見では〇〇分まで」というような時間的な制約もなく、何時間でも必要なだけ接見をすることができます。接見時には警察官等が立ち会うこともありませんので、じっくりと、捜査機関（警察官や検察官）に知られたくないことを話したり、アクリル板越しにですが書類や写真を見せたりすることができます。このような接見は、接見専用の部屋（「接見室」）で行われます。接見室は、拘置所や各警察署によって数が異なり、接見室が複数ある警察署もあれば、一つしか接見室がない警察署も多くあります。

また、接見室内ではありませんが、手紙等の書類や物（例えば読みたい本や衣類）、あるいはお金の授受も可能です（他方、弁護人ではない一般の人との接見は、警察官等が立ち会いますし、人数制限や時間制限があり、接見できる時間帯も平日の日中に限られています）。

弁護人は、この接見を通じて、被疑者から何があったのか（あるいはなかったのか）を詳細に聞き取り、それをもとに、被疑者の身柄拘束からの解放（勾留決定への準抗告など）、起訴（公訴の提起、裁判にかけられること）の回避、起訴された場合の公判（刑事裁判）の準備をします。

【不起訴処分】

前述のとおり、犯人の身柄の確保や証拠の収集は、基本的には犯人を裁判にかけるため、つまり起訴に向けて行われます。しかしながら、捜査の結果、起訴をするのに十分な証拠が集められなかったという場合もあり得ます。あるいは証拠は十分に集められたが起訴するまでもないと捜査機関が判断する場合もあり得ます。そのような場合に検察官は、のちに述べる公訴の提起（起訴）をしない、すなわち「不起訴」という結論を出すことになります（刑事訴訟法第二四八条）。犯人と被害者が示談をし、被害者が犯人を処罰しなくてもよいと表明した場合、捜査機関は犯人を不起訴とすることがありますが、それは不起訴処分の最も分かりやすいケースと言えるでしょう。

【在宅事件】

以上は、被疑者を逮捕・勾留した場合の刑事手続の進行を説明したものでした。他方、刑事事件の中には、被疑者の身柄を拘束しないままに進められるものもあります（在宅事件）。被疑者が逃亡の恐れがなく、罪証隠滅も考えられないという場合、捜査機関は被疑者がどこの誰なのかがわかっていても、逮捕や勾留をしない場合があります。もっとも、被疑者の身柄拘束をした場合と変わらず、証拠の収集や被疑者の取調べは行われます。

在宅事件の場合、被疑者の取調べは、警察官や検察官が被疑者を警察署ないしは検察庁に呼び出してそこで取調べを行うことがほとんどです（場合によっては、自宅に警察官が出向くなどして取り調べることもあります）。取調べ時には黙秘権が保障されていることに変わりはありませんが、被疑者の身柄拘束をしていないため、そもそも、起訴するかどうかを判断する期間の制限がありません。このため、在宅事件の場合、捜査が終わるまで、すなわち、被疑者を起訴するかどうかの結論が出るのに、何か月、あるいはそれ以上かかることもあります。前述のとおり、在宅事件の被疑者も弁護人を選任できますが、弁護人が取調べに立ち会うことはできません（この点は、身柄拘束された被疑者の場合でも同じです）。

2　起訴

【公訴の提起――起訴】

身柄拘束中であると在宅事件であるとを問わず、捜査の終わりには、検察官が終局処分を行います。

終局処分とは検察官が公訴を提起するかどうかを最終的に決める処分を言います。検察官が裁判所に対して、その事件についての刑事裁判を開くよう（審理を行い判決を出すこと）求めることを、公訴の提起（「起訴」）と言います。起訴は検察官のみができ（刑事訴訟法第二四七条）、検察官が起訴状を裁判所に提出することによって行います（刑事訴訟法第二五六条一項）。起訴時に、簡略化された刑事裁判（略式命令）を求める場合もあり、それらと区別して通常の刑事裁判を求めることを公判請求といいます。

前述のとおり、証拠の収集は犯罪がなされたことを裁判で証拠に基づき認定してもらうためになされるものであり、起訴に向かって積み重ねられていきます。捜査機関は、自分たちが「犯罪があった」と考えたところを、裁判官によっても「犯罪があった」と認定されることを目指します。すなわち有罪判決が言い渡されるのに必要十分な証拠を収集しようとするわけです。結果として、捜査機関は様々な証拠を手を尽くして収集しますので、収集された証拠は多岐にわたり、膨大な量となることもしばしばあります。

しかしながら、検察官が裁判所に起訴状を提出する際に、裁判官に事件について予断を与えるおそれのある書類その他の物、すなわち証拠を添付し、またはその内容を引用してはならないとされています（「起訴状一本主義」、刑事訴訟法第二五六条六項）。これは、非常に重要な刑事裁判の大原則で、起訴とともに捜査機関が有罪の立証のために収集した証拠を裁判官が目にしてしまうと、「有罪ではないか。」という予断を抱いてしまう恐れがあるため、起訴時には、裁判官に起訴状以外には何も資料を渡してはならないとされているのです。裁判官が証拠を目にするのは、のちに述べる刑事裁判の公判期日において行われる証拠調べが初めての機会になります。

【被疑者から被告人へ――保釈】

身柄拘束を受けている被疑者にとって、この起訴を境に、その境遇・立場が大きく変わります。起訴前は、捜査や取調べの対象でしたが、起訴されたということは捜査が終了したということですので、捜査や取調べの対象ではなくなり、公判を待つだけの身になります。呼ばれ方も被疑者から「被告人」と変わります。

起訴後も引き続き被告人を勾留（起訴後の勾留）し続けることは可能ですが、身柄拘束が続く状況であっても被告人には無罪の推定（有罪判決が確定するまでは無罪であると推定されること）が及んでいますし、言うまでもなく身柄の拘束は被告人やその家族に大きな犠牲を強いることになります。また、公判は長期間に亘ることも多く、その間ずっと身柄拘束されたままだとすれば、被告人や家族の犠牲は計り知れないほど大きなものとなります。このため、起訴後は原則的に身柄拘束が解かれる（釈放される）とされています。すなわち、被告人や弁護人、あるいはその家族が保釈を求めた時（刑事訴訟法第八八条一項）、法律が定めた例外に当たらない限り、保釈を認めなければならないと定められています（「権利保釈」、刑事訴訟法第八九条）。また、例外に当たるという場合でさえ、裁判官自身の判断で保釈を認めることができるとされています（「裁量保釈」、刑事訴訟法第九〇条）。

保釈される場合には、裁判官によって保釈中に守らなければならない約束事が決められます。決められた公判期日にきちんと出頭することや罪証隠滅をしてはならないことはもちろんですが、それら以外にも、例えば、保釈中はどこに居なければならないとか、保釈中に被害者や共犯者に会ってはいけないし、メールやＬＩＮＥで連絡を取ってはいけないなどです。また、保釈されるには、保釈保証金を裁判所に預けなければなりません（刑事訴訟法第九三条）。保釈保証金の金額は、裁判官によって決められます。

保釈決定時の約束事を破れば、保釈が取り消され、再び身柄が拘束されるとともに、この保釈保証金が没収されます。保釈保証金の金額は、その被告人の経済力・資力に照らして、没収されると困る・没収されないようにちゃんと裁判に出てこようと感じる金額に決められます。多くの場合、一〇〇万円～五〇〇万円の範囲の特定の金額に定められますが、時には、カルロス・ゴーン氏のように、十数億円という金額になることもあります。

3　公判

【裁判所・裁判官の登場——単独事件と合議事件】

検察官によって起訴されると、刑事裁判が始まります。

刑事裁判を主催するのは言うまでもなく裁判所です。裁判所には、その規模に応じた人数の裁判官が配属されており、裁判官が一人しかいない裁判所もあれば、東京地方裁判所のように、数百人の裁判官が配属されている大規模な裁判所もあります。多くの裁判官を擁する裁判所では、「部」が分かれており、それぞれの裁判官は「民事第〇部」であるとか「刑事第〇部」というように、部に分かれて執務をしています。刑事部に所属する裁判官は基本的に専ら刑事裁判を扱い、民事部に所属する裁判官は基本的に民事裁判にしか携わりません。

「部」には、裁判長とその他の裁判官がおり、裁判長を含む全裁判官は経験年数等によって、「裁判長」(「部長」ともいう)と「右陪席」、それに「左陪席」とに分かれます。一番経験年数の長い裁判官が「裁判長」を務め、その次に経験の長い裁判官が「右陪席」とされ、いちばん経験年数が少ない裁判官が「左陪席」とされます。「右」、「左」というのは、法廷の裁判官席(「法壇」)に3人で座った時に、必ず裁判長が中央の関に座るのですが、裁判長から見て右の席に座るのが「右陪席」、裁判長から見て左の席に座るのが「左陪席」と呼ばれるのです。

民事裁判を含め、地方裁判所が第一審となる場合に、一人の裁判官で裁判を行う場合と、裁判長、右陪席、左陪席の三名の裁判官で裁判を行う場合とがあります。一人の裁判官が審理する事件を単独事件、3人の裁判官の合議体で審理する事件を合議事件と呼んでいます。合議事件には、殺人、放火などのように重い刑罰が定められているため、必ず合議体で審理しなければならない事件(法定合議事件)と、争点が複雑であるなどの理由から、本来は単独事件で審理できるものを敢えて三名の裁判官の「合議体」で審理する事件(裁定合議事件)とがあります。

【公判と公判前整理手続】

刑事裁判は、「公判手続」ないしは「公判」とも呼ばれますが、公判手続という場合、正確には起訴から判決が言い渡され、その判決が確定するまでの全過程を指します。

公判が始まる前に、公判の準備として行われる「公判前整理手続」というものがあります。これは、主に、裁判員裁判の公判の前に、争点と証拠を整理するための手続きです(刑事訴訟法第三一六条の二第一項)。裁判員裁判には、裁判員として一般の市民の方が参加しますので、予め、その事件の争点はどこにあるのか、争点について判断するのに必要な証拠は何かということを整理しておき、想定される公判に要する日数を決めて(審理計画を立て)、予想外の展開により裁判員に負担をかけないようにするとともに、公判の審理内容も、多数の詳細な書面に目を通すのではなく、見て聞くだけで判断ができるものにするために設けられました。

この公判前整理手続は、裁判員裁判の対象事件では必ず実施されますが、対象事件ではなくても、検察官や弁護人が求めたり、裁判所が独自に判断することによって行うことができます(刑事訴訟法第三一六条の二第一項)。公判前整理手続が実施されますと、公判前整理手続中に検察官の手持ち証拠の多くが弁護人に開示されるというメリットが弁護人にはあり、弁護人が実施を求めることが間々あります。もっとも弁護人が公判前整理手続を開いて欲しいと請求しても、裁判所がこれを認めないということもあります。

【公判手続の概要】

公判手続は、審理手続と判決の言い渡しに大きく二分できます。審理手続は、冒頭手続きに始まり、証拠調べを経て、調べられた証拠に基づき検察官の論告・求刑、弁護人の最終弁論が行われて、あとは判決の言い渡しを残すのみとなります。この段階を「結審」(弁論の終結)と言います。

【冒頭手続】

審理手続の冒頭では、まず、人違いではないかを裁判所が確認し（刑事訴訟規則一九六条）、次に検察官が起訴状を朗読します（刑事訴訟法第二九一条一項）、その後、裁判官が被告人に対し、この法廷の場でも黙秘権が保障されていることなどを告げ、その上で、被告人・弁護人に起訴された事件について陳述する機会を与えます（刑事訴訟法第二九一条四項）。ここにおいて、被告人及び弁護人は、起訴された事実（「公訴事実」）がその通りであるのか、違うところがあるのか明らかにします（「認否」）。被告人や弁護人は、自分（被告人）は犯人ではないとか、そのような行為はしていないとか、あるいは確かにそのような行為はしたが正当防衛であったなどと答弁をします。これら一連の手続きを公判の冒頭に行うことから「冒頭手続き」といいます。

【証拠調べ手続】

冒頭手続が終わると、いよいよ証拠調べが始まります。刑事訴訟では、「疑わしきは被告人の利益に」という大原則があり、その裏返しで、起訴された事実（「公訴事実」）があったかなかったかの証明は、挙げて検察官が行わなければならないとされています。したがって、証拠調べ手続きにおいては、まず検察官が公訴事実が「あった」ことを裏付ける証拠を調べて欲しいと「証拠請求」し、その証拠が取り調べられます。

もっとも証拠請求をすれば請求された証拠がすべて取り調べられるというわけではありません。請求された証拠は、公訴事実の証明に関連があること、必要であること、不当な予断を抱かせるものではないことが求められます。弁護人は、検察官が請求した証拠に対し、公訴事実の証明と関係ない（関連性なし）とか、関連性があっても公訴事実の証明に必要ない（必要性なし）、あるいは、不当な予断を抱かせるものである（法的関連性なし）などとして、取調べに異議を述べることができます。

弁護人の異議のとおりであると裁判所が考えれば、その証拠は取り調べることが許されず、証拠請求は却下されます。

弁護人や被告人が取り調べるのに異議がないとしたもの、あるいは異議が出されても、異議の方が認められない場合に初めて、その証拠は法廷で証拠として取り調べられます。この段階になって初めて裁判官は証拠の中身を見ることができるのです。

公判において重要な証拠の代表は、事件の関係者（目撃者や被害者自身）の証言です。もっとも、事件関係者の証言に代えて、その話を文章にまとめたもの（伝聞証拠）が証拠として取調べ請求されることがあります。ただし、原則としては、関係者に直接法廷で証言をしてもらわなければならないとされており（刑事訴訟法第三二〇条一項）、弁護人や被告人が、伝聞証拠であっても証拠として構わないとして、証拠とすることに「同意」した場合（刑事訴訟法第三二六条）や例外的に証拠と認めらる場合（刑事訴訟法第三二一条〜刑事訴訟法第三二八条）に限り、証拠とできるとされています。

仮に、弁護人や被告人が同意をせず、伝聞例外にも当たらない場合には、検察官はその供述調書の取調べを諦め（証拠調べ請求を撤回し）、あらためて供述者本人を証人として証言させることを裁判所に求めることとなります。

このように、検察官が請求した証拠の内、取り調べる要件を満たしたものだけが証拠として採用され、証拠として取り調べられるのです。

捜査のところで述べたとおり、多様な捜査方法により様々な証拠が捜査段階で収集され、多様な証拠が検察官の手元に集積されるので、取り調べられる証拠も多岐・多様なものがあり得ます。

証人として証人尋問が実施される場合、科学鑑定が行われた場合に鑑定人が証言に立つ場合、書証(供述調書を含む)が取り調べられる場合、証拠物(遺留品や凶器など)が取り調べられる場合、そして被告人自身が証言台にたって供述をする場合(被告人質問)など、証拠の性質に応じた取調べ方法が定められています。

【証人尋問手続と被告人質問】

公判手続での山場は何といっても証拠調べにあります。また、その中でも、勝負所となるのが証人尋問や被告人質問です。「法廷もの・裁判もの」のドラマや映画でも、この証人尋問や被告人質問が一番のクライマックスとして描かれていることが多いと思います。

証人尋問(被告人質問を含む)は、検察官や弁護人が、証人や被告人に対して質問をし、証人や被告人がそれに答えるということを繰り返していきます。それを通じて、証言(「法定供述」ともいいます)が信用できるのかどうかが判断されるのです。例えば、目撃者であれば、どうしてその日目撃場所に行ったのか、目撃場所からどのように事件現場が見えたのか、鮮明に見えたのか不明瞭だったのか、目撃した後どうしたのかなどのことを検察官や弁護人の質問に答える中で明らかにしていきます。それを裁判官が聞いて、目撃証言は信用できるのか否か、信用できるとして事実認定に使えるのかどうかを吟味していくのです。

検察官が請求した証人には、まず検察官が質問をし（「主尋問」）、一連の検察官の質問が終わったら今度は弁護人が質問をします（「反対尋問」）。被告人質問の場合、ほとんどが弁護人がまず質問をし（「主質問」）、それが終わったら検察官が質問をします（「反対質問」）。この証人尋問の実施方法を「交互尋問」と言います。

主尋問や主質問は、原則として誘導尋問はしてはならないとされています（刑訴規則第一九九条の三第三項）。誘導尋問とは、答えるべきことが質問に織り込まれているような質問方法を指します。「あなたは、犯行を目撃したのですよね？」という質問は誘導尋問に当たります。誘導尋問がなされた場合、例外的に許される場合でなければ、反対当事者から異議が出され、その質問を止めるよう裁判官から指導されることになります。実際には、誘導尋問をしないように尋問をすることはなかなか難しく、事前の準備においてきちんと予行練習をしておくことが求められます。

他方、反対尋問では誘導尋問が許されており、むしろ誘導尋問で答えさせたい答えを引き出すということが求められます。なぜなら、反対尋問をする相手は質問する者にとって敵対的な立場にある者、例えば、無罪を争う弁護人・被告人に対して、被告人が犯罪を行うのを見たという目撃者であるからです（敵性証人）。目撃者が目撃したという時刻が深夜で暗かったとか、一瞬の出来事だったとか、びっくりして動揺していたなど、「実は目撃状況が悪かった」という評価が引き出せる事実を、まさに誘導尋問の方法で質問をし、それを敵性証人に認めさせようというわけです。もし、目撃者自身が「そのとおりです」と答えれば、目撃状況が悪く、見間違いをしている可能性が高いと最終弁論で指摘することができます。もっとも、敵性証人がそう簡単にこちらが意図するような答えを言うことはありませんので、「実は目撃状況が悪かったのではないですか?」と質問してはダメで、敵性証人でも否定しようのない事実を訊くことに徹しないといけません。つまり、主尋問以上に高い尋問のスキルが求められるのであり、主尋問以上に余念のない準備が必要となります。それだけに、想定通りの答えが導き出せたときには非常に大きな成果が得られたと言えます。

【論告・求刑と最終弁論】

証人尋問や被告人質問を含め、すべての証拠調べが終わると、調べられた証拠に基づき、検察官は論告・求刑を行います(刑事訴訟法第二九三条一項)。他方、弁護人は最終弁論を行います(刑事訴訟法第二九三条二項)。また、被告人にも最終陳述の機会が与えられます。これらは、様々な形で法廷に顕出された証拠を、検察官、弁護人、各々の立場で評価を加え、あるべき判決は〇〇だ、と主張するものです。

これらがいずれも終わると、いよいよ公判は判決の言い渡しを待つのみとなります(結審)。通常、裁判官が、検察官の論告と弁護人の最終弁論を傍らにおいて、証拠をどのように評価し、その証拠によってどのような事実があったと認定できるのかを検討するのには時間を要します。裁判官としての結論を判決文にまとめるのにも時間がかかります。そのため、事実に争いがある事件の場合には一か月〜二か月、重大事件であれば数か月、結審から判決の言い渡しまで期間を置くことが通常です。

【裁判官の評議】

裁判が単独事件の場合、担当する一人の裁判官が一人で証拠の評価や事実の認定を行うので、それらの判断はその裁判官の心の中で行われますが、合議事件の場合は裁判長以下三人の裁判官が議論（「評議」）をして裁判所としての判断を決めます。

評議は裁判長が議長となり、裁判長を含む各裁判官が意見を戦わせ、各争点についての結論を出そうとしますが、評議を尽くしても三人の意見がまとまらない場合には、決を採って、原則として過半数の意見で決めるとされています（裁判所法第七五条〜第七七条）。

【判決の言渡し】

判決の宣告は、必ず公開の法廷で行わなければなりません（刑事訴訟法第三四二条）。判決は、裁判長が主文と理由を朗読します。

判決言い渡し期日では、裁判長が被告人に人違いがないかを確認し、「主文、被告人は無罪。」あるいは、「主文、被告人を懲役○年に処する。」と主文を宣告します。その後、読み上げた主文のとおりに結論を決めたのはなぜか、理由について明らかにしていきます。

「主文」と言ってもまだ無罪か有罪かが分かりませんが、裁判長が、被告人「は」と言った瞬間無罪であるとわかり、被告人「を」と言った瞬間有罪であることがわかります。弁護人は、この「は」と「を」を聞き分けようと、固唾を飲んで裁判長の主文の朗読を聞くのです。

以上が、この小説を読み始める前に一読していただきたい刑事手続の概要の説明です。長くなりましたが、一読いただいてから小説部分を読み始めていただくと、その場面場面の登場人物の言動の持つ意味合いが、よりリアルにわかっていただけるはずです。

第一話

被害者・井藤《いとう》果歩《かほ》——一〇月三日

事件との遭遇

一〇月に入って三日目、冬用の制服を着るとまだ少し汗ばむ陽気の中、私はいつものように赤羽駅まで歩いて向かっていた。夏の制服は明るいブルーのスカートだが、冬は暗めのグレーのスカートになる。友達はブルーのほうがかわいいなんて言うけれど、私はグレーのほうが大人っぽくて気に入っている。だから衣替えの時期になると、少しくらい暑くても冬用の制服を着てしまう。

私は、いつもどおりの道を歩き、いつもどおりに赤羽駅の階段を上った。七時一〇分。時間もぴったりいつも通りだ。新宿にある私の学校まですぐに着ける。

ところが、改札を通って電光掲示板を見ると、いつもと違って電車のダイヤが表示されていなかった。

——また人身事故か……——

湘南新宿ラインは、小さい頃から使っている馴染みのある電車だ。ただ、その頃は人身事故なんて気にしたこともなかった。高校に入ってから毎日電車に乗るようになったのだから当然のことだけれども、最近は特に気になるようになった。この路線は沿線距離も長いためか、ひとたび人身事故が起きれば、完全な復旧までには時間がかかり、その間電車はとても混雑する。

駅のホームは、人であふれていた。スーツ姿の男性たちも、同じくオフィスに向かうであろう女性たちも、一様に機嫌が悪そうだ。会社に電話をかけて状況を説明している人、スマートフォンで別のルートを検索している人、みんなが慌ただしい。

こうした人身事故の対策というわけではないが、私は日頃から比較的時間に余裕をもって通学をしている。高校三年になって受験生となった今は塾も忙しい。だから学校についてはもっと適当でもいいのかもしれないと思うこともある。高校生活は三年の夏休み前まで、あとは受験に集中！　塾でもそんなことを平気でいう先生が少なくない。実際に、学校の友達は夏休み明けになって急に遅刻や欠席が増えてきている気がする。

今日の人身事故は、朝早い時間に発生していたらしく、電車はわりとすぐに来た。前に並んでいたサラリーマンたちが、一気に乗り込んでいく。私も無理をすれば乗れたと思うが、一本見送ることにした。この暑い中、あんなギュウギュウ詰めで、誰ともわからない人と密着したまま新宿まで行くのはとても耐えられない。一本後なら少し空いているかもしれないし、学校にも余裕で間に合う。

次の電車も、それほど間を空けずに駅に入ってきた。予想通り、さっきの電車よりは少しすいていた。電車内で単語帳くらいは開けるかもしれない。私は、背中に背負っていたリュックをお腹側に抱えるようにして、単語帳をすぐに取り出せるようにスタンバイした。

リュックを前に抱えるのは、満員電車で通学するときの基本だ。一度、背負っていたリュックが人に挟まって、なすすべもなくホームまで引きずり降ろされたことがある。後ろ向きのままホームに引きずり降ろされ、バランスを崩して尻モチをつくという、女子高生としては思い出したくもない失態だった。それ以来、満員電車に乗るときには、このスタイルを崩していない。

今朝は、列の前の方にいたこともあり、スムーズに電車に乗り込むことができそうだった。
と、思ったのも束の間で、車内に一歩踏み入れた次の瞬間、後ろから一気に車内に押し込まれた。思わず振り返ると、前の電車を一本見送った時よりも、むしろたくさんの人が後ろに並んでいたようだった。油断した隙を突かれ、対応が遅れてしまった。

ドア付近から椅子の方に逃げたけれど、つり革を確保するような余裕もない。目の前で立ち止まったサラリーマンを押しのけることもできず、そのまま後から乗り込んでくる人達に挟まれて、動けなくなってしまった。

身長が一五五㎝しかない私は、このレベルの満員電車に乗ると、とにかく体を固くして縮こまっているしかなくなってしまう。周りを見てみると、見事にサラリーマンに囲まれている。右も左も後ろも、体のいたるところが人と触れている。単語帳どころか、携帯すらいじれるような状況ではなかった。

ドアが二度、三度と開け閉めを繰り返し、やっと電車が出発した。

次の池袋駅までは一駅だが、比較的時間が長い。リュックを前に抱えているので、前のおじさんとの密着は避けられてはいるが、池袋で人が入れ替わるまでこのまま耐えるしかない。憂鬱だ。とにかく早くこの状況から解放されたくて仕方がなかった。

動き出した電車の中で、頭に冷たい風が吹き付けてきた。まだこの季節は冷房がついているようだ。電車の冷房の風は、いつもはとても寒く感じてむしろ不快だが、こんな満員電車の中ではとてもありがたい。誰かのあからさまな溜息や、つり革のきしむ音だけが聞こえていた。

一駅進んで、池袋駅に到着した。少しは人が減るかと思ったが、私の周りの人はあまり降りなかった。

むしろ、新たに乗ってきた人の方が多いくらいだった。体の向きも変えられず、周りにいる人たちの顔ぶれもほとんど変わっていないように思えた。あと一駅、あと一駅我慢すれば、この電車を降りられる。そう自分に言い聞かせながら、体を固くして立っていた。

やっと、電車が池袋駅を出発した。とにかく早く新宿駅に着いてほしい。さっさとこの満員電車を降りて、学校に逃げ込みたい。

私は、私の前をふさいでいる男の人達の肩越しに、ドアの上の車内広告を見ていた。最近の車両では、紙の広告だけでなく、動画広告が多くなってきた。初めて見たときにはそれなりに新鮮さもあったが、今では毎日同じような内容が繰り返されるだけで、正直そんなに気にはしていなかった。たまに、好きなタレントや、気になるイベントの告知などが流れると、それはそれで見入ってしまうときもあるのだが。私は何気なくその動画広告を見ながら、ただ電車が揺れるままに体を預けていた。

ふと、お尻の右側あたりで何かが動いている気がして我にかえった。誰かのカバンが当たっているにしては、柔らかいような感じがする。後ろの人の手だとしたら、電車の揺れで当たってしまっているだけだろうか？

それとも、……痴漢!?

私の頭を前に痴漢に遭ったときのことが駆け巡った。

私は、半年くらい前に一度だけ痴漢に遭ったことがある。

そのときも、最初はお尻の辺りに手を押し付けられるような感じだったけど、そのうちエスカレートしていった。たとえようのない気持ち悪さを感じたが、体が石のようになって動かず、声も出せなかった。私は目だけ動かして車内のどこかに救いの手はないか探した。他の乗客は身じろぎもせず、わずかに見える車窓とあみ棚の上の液晶画面だけが動いていた。そうする内に電車は駅に着いた。そして、誰が犯人かもわからないまま、何事もなかったかのように、乗客はホームに散っていった。

他の乗客とともに電車から押し出されるようにして解放され、やっと息を吐きだした私は、しばらくホームに立ちつくしていた。恐怖とも嫌悪ともいえるような、あるいはそのどちらとも少し違うような、そんな気持ちで呆然としていた。体は嫌な汗をかいていて、触られていたところも、それ以外も、とにかく気持ちが悪かった。

そのうち、なにか私だけが損をしたような気持ちが湧いてきて、やり場のない怒りすら覚え、そのときは、次に痴漢に遭ったら絶対に捕まえてやろうと決意していたのだった。

――私一人じゃなく、誰かが背中を押してくれれば捕まえられる、乗客じゃなくても誰か私に勇気を与えてくれればきっと――

今、私のお尻付近にあるこの感覚は一体どう表現すればよいのだろう。

――痴漢されているかもしれない――

そう思ってしまってからは、以前の経験も相まって、とてつもなく気持ち悪く思えてきた。この気持ち悪さは表現のしようがない。背筋が凍る。悪寒がする。初めてだろうが二回目だろうが冷静に対処できるようなものではないのだということを改めて思い知らされた。自分に触れている物体が、なにか未知の生物のような気持ちすらしてきた。

そうはいっても、もしこれが痴漢でもなんでもなかったら、私のただの勘違いだったら……。ただの勘違いなのにこんな静かな満員電車の中で声をあげたら、一斉に注目が私に集まる。私の声は、冷房の音やつり革のきしむ音をかき消して、きっとよく響くだろう。怪訝そうに私を見る「目」「目」「目」「目」……。

私が恥をかくだけではないか。もしかしたら、勘違いされたと思った誰かからすごく怒られるかもしれない……。

私は、どうしていいかわからず、ただ体を固くして息をひそめていた。

――え、嘘？　ちょっと……――

生温かい手が、私のお尻をなでまわしたかと思うと、指が、直接太腿に触れるような感触があった。ちょっと汗ばんでいる感じもする。これはもう、カバンではないし、電車の揺れで偶然手が当たってしまったというわけでもない。絶対ない。

痴漢だ。

その指が、そのまま下着の中にまで入ってくるのを感じた。これは、このまま放っておいたら「ヤバいやつ」だ。生温かい手の感触を肌でじかに感じて、鳥肌が立った。

ギュウギュウの満員電車の中で、私の体勢はかなり苦しかった。それでも、なんとか身をよじるようにして抵抗した。痴漢の手を払いのけたかったが、自分の手は体の前のリュックを抱えていて、そこから下に降ろすこともできなかった。胸の動悸が最高潮に高まって、変な汗が出てきた。

――気持ち悪い！――

そう心の中で叫びながら、思い切って無理やり顔を後ろに向けた。意外にも、かなり若い男の顔が目に飛び込んできた。短すぎない髪は整えられ、スーツを着ている。おそらくサラリーマンだろう。

その男は、私よりもかなり背が高かった。なんとか顔の全体を見ることはできた。端正な顔立ちだがどちらかといえば気弱そうなその男の顔は、これまでに赤羽駅で何度か見たことがあるような気もした。

「何？　こんなに若い人？」

思わず声が出そうになった。私は、必死にその男をにらみつけて牽制しようとして、男の顔に目を向けた。

一瞬、目があったような気がした。少しギョロギョロした大きな目だ。

反射的に声をあげそうになったその瞬間、下着とスカートの中からすっと手が抜けていった。私は目を見続けることはできず、自然と視線を元に戻した。

――あぁ、やっぱりこの男が犯人だ――

そう確信した。私が振り向いたのに気づいて、手をひっこめたに違いない。痴漢をするような人といえば、私よりもずっと年が上のおじさんばかりだろうと思い込んでいた。

私から手は離れたが、ついさっきまで私を触っていた男がすぐ近くにいるかと思うと、その後もとにかく気持ちが悪かった。

私は、身体の向きを変えることもできないまま、さっきの男がどうしているかも確認できずにいた。きっと、私に顔を見られたから、今頃は別の方向を向いたりしてごまかそうとしているに違いない。こうやって、声をあげられないような女子高生の痴漢ばかりしているのだろう。卑怯だ。

本当は、お尻のところにあった手を掴めばよかったのかもしれない。でも、もしまた同じようなことをされても、私にはとてもそんなことをする勇気は出ないだろう。おさまりつつある動悸の中でそう思った。痴漢に遭うと、とにかく気持ちが悪く、自分の身体すら思うように動かなくなってしまう。

と、そのときだった。

――え？　まさか、また…？――

明らかに、スカートの上から右のお尻に手が当たる感触があった。さっきは、戸惑ってしまったが、こうも連続すればさすがに間違えようがない。さっきと同じ手のはずだ。偶然に手が当たってしまったなんてわけがない。

もう高田馬場付近は通過していたはずだが、新宿まではまだ少し時間がある。その間、この気持ち悪さに耐えていられる気がしない。さっきみたいに、またスカートや下着の中に手が入ってきたら、本当に我慢できなくなる。

それにしても、一日に二回も、それも同じ電車内で連続して痴漢に遭うことなんてあるだろうか。なんで私ばっかり。今度こそ思い切って捕まえようか？

でも、犯人が、人違いだとか言って抵抗することも多いと聞いたことがある。それに相手は大の大人。女子高生の私が捕まえたとして、駅に降りた瞬間、逃げられる可能性も十分にある。それに、仮に捕まえられたとして、私にはなんの得もないのではないか。警察から親に連絡が行くだろうか、学校でも痴漢にあったと噂が広まるかもしれない。それか、もし私の勘違いだったら、私が責められるのだろうか。

いろんなことが頭を駆け巡る。

そうこうするうちも、痴漢の手は離れなかった。意を決して再度振り返ると、またさっきの男！　目を合わせないようにしている気がする。一度は落ち着いた動悸が激しくなってくる。

――もういい加減にやめてほしい！――

とっさに、お尻に触れるその手に向かって自分の手を伸ばしていた。お尻に触れていたその手の、手首のところを右手で掴むことができた。掴んだ手は絶対に離さない。

「痴漢です！」

気づくと、私はそう声に出していた。手を掴んだ時には、その後どうするかをまったく考えていなかったので、このことに自分でも驚いた。満員電車に響いた私の声に、周りの人たちが一斉にこちらをみた。その若い男は、小さく「えっ」と言ったまま、固まっているようだった。

すごく恥ずかしい。でも、一度手を掴んでしまったのだから、もう離したらダメだ。男は掴んだ手を振り払おうともせず、何か言葉を発することもなかったが、私は怖かった。怒鳴ってきたりしないだけマシかもしれない。でも、何を考えているかわからない男の態度が、たまらなく気持ち悪い。だから私は、できるだけその男の顔を見ないように、でも手は離さないように、右手に力を込めた。

このまま何もなく新宿駅について、速攻で駅員さんに男を引き渡して、それで私はすぐに学校に向かおう。それで終わり。この男のことは、あとは駅員さんと警察がなんとかしてくれる。私は、息が詰まるような気がした。

実際には手を掴んでからすぐ新宿駅に着いたのに、私の中では新宿駅がものすごく遠く感じられた。

私はその男の手を引っ張って電車を降りようとした。相変わらず男は何も言わない。

しかし、電車を降りた瞬間、男は私の手を振り払って走り出した。

見開いた私の目に、ホームの反対側の線路に飛び降りる男の姿が映った。一瞬のことだった。私はどうしていいかわからなくなった。

「ビーーーーーーーーーー！」

その時、けたたましいブザーの音が頭の上から降ってきた。誰かが非常ボタンを押してくれたようだ。

ホームにいた駅員さんが大声をあげた。

「おい！　線路に降りるんじゃない！　列車に轢かれるぞ！」

駅員さんも必死だ。しかし、駅員さんの怒声に追い立てられて、男もなりふり構わず逃げようと、男の手が宙を掻く。もっとも、男は、線路の石に足をとられて上手く走れないようだ。

その時、男の前に回り込んだもう一人の駅員さんが現れた。その駅員さんが広げた両手で抱きかかえるようにして男を捕まえるのが見えた。捕まえられた男は観念してその場に座り込んだ。男の両肩が激しく上下している。荒い息づかいがここまで聞こえてくるようだった。

私は、何が起きたのか理解が追いつかないまま、ただ佇んでいた。目の前の線路で繰り広げられている光景が、私のせいで起きたものだということすら忘れて、すっかり傍観者になっていた。

「どうしました？　大丈夫ですか？」

別の駅員さんに声を掛けられてはっとして我に返った。

「痴漢です。あの男に、お尻触られて……」

「そうですか……。これから学校？　ちょっと駅員室まで一緒に来てもらえる？」

「大丈夫です。行きます」

私は半ば放心状態のまま、その駅員さんについていった。駅員室では、駅員さんが二人で私の話を聞いてくれた。駅に着いてからの出来事が衝撃的すぎて、頭が真っ白になりかけていたが、話し始めるとスラスラと言葉が出てきた。私は、赤羽から新宿に着くまでのことを思い出せる限り話した。

駅員さんは、「相手の男も逃げようとしていたし、間違いないね」と言ってくれた。警察を呼んだから、警察の事情聴取にも協力してほしい、とも。

カチャカチャと何かの装備の音をさせて、制服姿の警察官が駅員室に現れた。駅員さんが「痴漢です。あそこにいる女子高生が被害者とのことです。犯人も別室に確保していますんで、引継ぎお願いします」というと、それを聞いて警察官の人が私に近付いてきた。その顔には「またか」と書いてあるような気がした。警察官は近くの警察署まで一緒に来てほしいと言う。ここで話をするのかと思ったのに。

――ああ、思った以上に大事になるんだな――

私も仕方なく時間通り学校に登校するのは諦めた。

面倒なことになったな。

はじめての警察署

警察署への移動はパトカーだった。警察官がパトカーのドアをうやうやしく開けてくれた。私が逮捕されたように見えてないだろうか？　気になってしょうがない。

警察署の入り口を入り、警察署ってこんなところなんだなと思った。たくさんの警察官が、せわしなく出たり入ったりしている。ひっきりなしに電話のベルが鳴る。警察署も朝は慌ただしいようだ。

警察署の二階の小さい部屋に通された。そこで話を聞いてくれたのは女性の警察官だった。さすがにそこは配慮してくれるのだな、などと思って少しほっとした。さっきの駅員さんは男だったけれど、話をしているときにはそんなことは気にもしていなかった。

ホッとしたからか、なぜか急に悲しくなってきた。

「なんで私がこんな思いしなきゃいけないんだろう……」

その女性の警察官が親に連絡してくれると言うのでお願いした。学校には親が連絡してくれるだろう。学校に行ったら友達からなんて言われるのかな？　白い目で見られたりするんだろうか……。

しばらくして、警察官から、犯人の顔だけ確認してほしいと言われた。部屋を出て、取調室の中が見える別の部屋に移動する。こちらからは部屋の中が見えるのに、向こうからは見えなくなっているらしい。中を見てみると、さっきの若い男が、机を挟んで刑事さんと向かい合っていた。

——本当にこんなシーンがあるんだ——

そんな、どこか他人事のような気持ちになっている自分もいた。その男の顔なんか見たくもないというような気持ちには、不思議とならなかった。

「あの男が犯人で間違いない？」

「はい、あの男です。池袋駅の前から私の後ろにいたと思います」

「あの男の顔、赤羽駅でも見た?」

「……はっきりとは思い出せないけど、一緒に乗り込んだ列にいたような気もします。前にも赤羽駅で何度か見たことあるような……」

その後は、自分で何か考える作業も、思い出す作業も必要なかった。女性の警察官がパソコンで書類をいくつか作って、私はそれにサインをした。

「ほんとうに辛かったね。でも、絶対許しちゃいけないことだから。私たちはあなたの味方。がんばろうね」

そんな言葉も、ぼーっとした頭でなんとなく聞き流すだけだった。お母さんが迎えにきてくれて、警察署をあとにした。時計を見ると、もう正午を回っていた。

弁護士・新橋将男《しんばしまさお》——一〇月三日

事件の配点

今にして思うと、あの電話はいつもと違う鳴り方がした。

弁護士事務所には一日何十件もの電話がかかってくる。どこの事務所もそうだろう。セールスの電話や、どうでもいいような用件もある。残念な結果を伝える電話もある。無機質でいつもと同じ着信音の連続、その間隙を縫って毎日仕事をしているようなものだ。しかし、忘れられない事件のきっかけになった、あの電話は違った。

午後三時前、事務所の空気が少しだれた感じになる午後の時間帯にかかってきたその電話は、弁護士会からの当番弁護士の配点、つまり派遣出動の依頼の電話だった。電話を受けて初めて、その日が僕の当番弁護士の待機日だったことを思い出した。「新橋先生、いつものようにすぐファックス送りますんで」と言ってその電話は切れた。

当番弁護士とは、弁護士会が行っている取り組みの一つだ。

逮捕された被疑者に、警察署の中の留置場で面会する。これを「接見」という。それまで被疑者は警察官に取調べを受けている。時に取調べは長時間になる。被疑者はいつ外に出られるかもわからない。逮捕されてショックを受けない被疑者などいない。そこに弁護士が現れる。アクリル板越しに話を聞き、アドバイスをする。初回の面会は無料だ。弁護士には弁護士会から日当が支払われるので、被疑者は費用を負担する必要はない。一回限りのサービスだが、それ以降も弁護士に弁護をしてもらいたいという被疑者は、懐に余裕があれば、その場でその弁護士に弁護を依頼できる。弁護人として雇うだけのお金に余裕がない場合も、当番で接見した弁護士が、国から国選弁護人に選任されることもある。

当番弁護士との面会は、逮捕された被疑者が、自分の味方に接する初めての機会だ。当番弁護士のアドバイスが、その後の事件の方向性を大きく左右することもある。

正直気分は乗らなかった。実は、刑事事件からはここしばらく離れていた。刑事事件というのは、どの弁護士でも頻繁にやっている仕事ではないというのが現状だ。刑事事件ならではの専門的な知識や、独特の熱意も必要とされる。

弁護士なら誰でも出来るような仕事でもない、というのが最近の僕の持論になっていた。持論というよりも、「言い訳」と言ったほうが正しいのかもしれないが。

そんなわけで、久しぶりに当番弁護の出動依頼の電話を受けて、重い石でも飲み込んだような気持ちになっていた。椅子から立ってファックスを取りに行く足取りは重かった。弁護士会から届いたファックスには、これから接見に行く警察署と、被疑者の情報が書いてある。「当番弁護士配点連絡票」だ。

留置されているのは新宿警察署。都内の警察署の中では事務所から近い方だ。すこしだけほっとした。接見室もいくつかあったはずだ。都内でも接見室が一つしかない警察署は相当あるので「接見渋滞」が頻発する警察署も少なくない。他の弁護士の接見が終わって接見室が空くまで、下手したら二時間近くも警察署で待たなくてはならない。一般人の面会も含めると四、五件待ちなんてこともある。考えるだけでぞっとする。

午後六時からのクライアントとの打ち合わせが頭をよぎる。ボスの顧問先の企業からの紹介案件だ。同時進行で数十件の案件を抱えている今の僕でも、最重要の案件だったので、その打ち合わせの前には、十分な準備をしておきたかった。今からすぐに事務所を出れば、接見をしてぎりぎり会議前に戻れるだろう。打ち合わせ前にもう一度案件のポイントをまとめた資料に目を通したかったが、それは無理かもしれない。弁護士になりたての頃は、当番の待機日に他に予定を入れていなかった。だが、仕事が忙しくなった今ではそんなことはやっていられない。

再度ファックスに目を通す。逮捕日は今日。罪名欄には「強制わいせつ」と書いてあった。生年月日を見ると二十四歳のようだ。

「随分若いな」

思わず呟いた。性欲を抑えきれなくなった青年が路上で見知らぬ女性を襲ったか、それとも知り合いの男女で起こった酔余の末のトラブルか。

この紙一枚からは事件の内容についてはなにもわからない。

どうせ被疑者本人から直接聞けばわかることだ。それに、どのみちやることは変わらない。大体は被害者と示談を試みることになる。刑事事件の多くは認め事件、つまり自分が犯罪を起こしたことを自白している事件だ。もちろん、被害者との示談というのはとても大事だ。手を抜いたことなどない。プロフェッショナルとして当然のことだ。それでも僕は、以前感じていた刑事事件に対する高揚感のようなものが、自分の中には二度と湧き起こることはない、そんな考えを振り切ることはできなかった。僕の頭にある言葉が浮かび、いつものように駆け回り始めた。

あの事件で駄目だったのだから。

もう三年は経つ。

彼を、依頼者を僕は救えなかった。僕の努力も、僕の技術も、僕の知恵も、結局は何の役にも立たなかった。いい勉強になった、なんて振り返り方なんてとてもできない。それほど僕は叩きのめされた。

この国の刑事司法は、僕のような普通の弁護士が成果を出せるような世界ではなかった。壁は高く、僕はあまりに無力で惨めだった。納得のいかないことばかりだった。

周りの弁護士の話を聞いても、僕の味わった惨めさは、特別なものではなかった。叩きのめされていたのは、僕だけではなかったのだ。刑事弁護を一切やらなくなった弁護士も大勢いる。そもそも刑事弁護は時間も労力もかかる分野だ。言い方は悪いが、もっと実入りのいい事件はたくさんある。国選弁護人の報酬に至っては、悲しくなるくらい低額なことも多い。一体誰が、そんな仕事を続けるというのだろう。

「当番の接見に行ってきます。六時までには戻りますので」

リュックを背負い、事務員に声をかけてドアを開けた。離れた席からのボスの、冷たい一瞥には、気づかないふりをした。僕は弁護士とはいえ、ボス弁、つまり事務所の代表弁護士から給料のような形で定期的にお金をもらって仕事をしている。毎月、決して安くはないお金を渡している弁護士が、たいした売り上げにもならない刑事事件で忙しそうにしていたら気に食わないことだろう。僕がボスでも、同じ反応をするかもしれない。

一〇月とはいえ日差しは夏のものだった。

チャコールグレーのスーツの背中がだいぶ汗ばんでいるのを感じた。モジャモジャの髪の毛をかき上げながら新宿警察署の受付で係員の女性に用件を告げると、留置係に内線を入れてくれた。そこの長椅子で少しお待ちくださいという。僕は、警察署のロビーに設置されていた自販機でどぎつい甘さの缶コーヒーを買って飲みながら、署内の長椅子に座って一息ついた。

座るとなんだかベルトがきつい。最近また太ったかもしれない。付き合いの飲み会も増えたし、運動もしていない。太るのも当然だろう。

刑事弁護は足を使う仕事だ。接見はもちろん、いろいろな事件関係者に会いにいくということもある。現場を見に行くこともしょっちゅうだ。ほんの数年前にはそれも苦にならなかった。ところが今や、膝にねばりつくようなだるさを感じている。単純に疲れがたまっているのか。あるいは、やはり心構えの問題なのかもしれない。ぼんやりと、そんなことを考えた。

厚すぎるアクリル板

接見室に入ると、白い壁が目立った。そこは横二メートル、奥行きが三メートルほどの密室だ。部屋は真ん中で壁によって仕切られているが、その壁の上半分は透明なアクリル板になっている。そして、アクリル板を挟んで向かい合うようにパイプ椅子が置いてある。

壁の向こうとこちらとで行き来はできない。アクリル板の向こうには扉があり、その扉を開けるとすぐそこに留置場がある。

アクリル板の向こうが自由を奪われた「異界」だとすれば、アクリル板のこちらは日常世界、「娑婆」だ。「異界」と「娑婆」を隔てるのは、一枚のアクリル板。接見室は身体拘束された被疑者や被告人が持つ「娑婆」との接点、アクリル板はまさに「異界」と「娑婆」の境界線上にある。

僕は、小傷の多いパイプ椅子を引いて腰掛け、「異界」との境界に向き合った。

接見室にしてはきれいな方じゃないか。昔よく行った郊外の警察署の、ひび割れた壁や何かによくわからない液体が掛けられた痕の染みが頭に浮かんだ。新宿の警察署のこぎれいな接見室。もっとも広さは他の所と変わらなかった。そして、接見室特有の密閉された空気も変わらなかった。

僕はネクタイを緩めたい誘惑にかられた。空調は効いているはずなのだが。この閉塞感は空調ではどうしようもない。

アクリル板に向かってパイプ椅子に腰かけたまま、僕はノートパソコンを起動した。留置担当の警察官が被疑者を部屋まで呼びに行っている頃だろうか。まだ被疑者が接見室に入ってくるまで時間がある。反対側の壁を見るくらいしか、やることはなかった。

アクリル板の中央の円形のくぼみに、いくつもの小さな穴があけられている。この透明なアクリル板が実はかなりの分厚さがある。小さな穴には、セロハンテープをはがしたような跡がある。それをただぼんやりと眺めていた。エアコンの音だけが空気を刻んでいた。

ここは、あまりに息苦しすぎる。


気づいたときにはドアが開いていた。目の前の椅子を引くこともなく、若者が立っていた。僕は慌てて、挨拶をするために立ち上がった。アクリル板越しに名刺を見せ、座るように促した。二呼吸ほど置いて、青年は目の前のパイプ椅子に腰かけた。

こちらを見つめる目は大きく開かれ、まぎれもなく不安に満ちている。

——若い——

短すぎない黒い髪とワイシャツ姿は一見してサラリーマン風だった。新入社員ということはないだろうが、入社して三年ほどかもしれない。留置場に備え置かれた使いまわしのスウェットを着ていないことから、彼が逮捕された直後であるとすぐにわかった。

「大林さんですね」
「はい」
「当番弁護士として来ました。弁護士の新橋です。当番弁護士を呼んだのは覚えていますか」
「……はい」

大林さんは僕の言葉をかみしめるようにしてから、頷いた。

——初犯だろうな——

根拠もなく確信した。アクリル板越しに感じる大林さんの当惑は、明らかに彼が生まれて初めて身体拘束されたこと、生まれて初めて自由を奪われてここにいることを示唆していた。そのように僕には思えた。それほど大林さんは落ち着きのない様子だった。それもそうだろう。僕と大林さんを隔てるのはたかがアクリル板一枚だが、そこには天と地ほどの違いがあるのだから。

特徴的な大きな目が僕の顔見ては視線を落とし、視線を上げてまたこちらを見ている。呼吸も浅い。やはり動揺し、困惑している。

——初犯に間違いない——

大林さんには、まず弁護士の役割、当番弁護士の役割をかみ砕いて説明した。

「あなたをさっきまで取り調べていた警察官と、弁護士は全く立場が違います。弁護士はあなたの権利や利益を守る立場にあります。警察が何を言っても、私はあなたの味方ということです。弁護士には守秘義務、つまり秘密を守る義務があります。ですから、私に言ったことが、大林さんの許可なく警察に伝わったりすることは絶対にありません」

今まで何度となく繰り返してきた説明を、この日も繰り返した。大林さんの視線は相変わらず定まらなかった。聞こえなかったはずはないのだが。多少不安になった。

「誰か、真っ先に連絡を取りたい人はいますか」

「会社に連絡しないと……出勤途中に捕まったので。どうしたらいいんでしょう」

「私から直接連絡してもいいし、ご家族から職場に連絡してもらってもいいでしょう。ご家族には私から伝えましょう」

大林さんの顔にほんの少しだけ安堵の表情が浮かんだ。

「ところで、事件の中身について、私はまだほとんど何も知りません。あなたが強制わいせつという罪で逮捕されたことしかわかりません。逮捕されるまで何があったのか、順番に教えてもらえますか」

「……電車の中で女性に触った、痴漢をしたと言われました」

——痴漢か——

当初の想定からは外れたが、よくある事件だ。出勤途中の痴漢事件。強制わいせつというからには、相当悪質な態様だろう。

いわゆる痴漢事件は、大きく分けて二種類ある。条例違反と、強制わいせつだ。条例違反というのは、「公衆に著しく迷惑をかける暴力的不良行為等の防止に関する条例」という、長々しい名前の東京都などの条例に違反することだ。他方、強制わいせつという罪は「刑法」という法律に定められている。平たく言うと、比較的「軽い」痴漢が条例違反とされ、「重い」痴漢は刑法に触れるとされるわけだ。服の上から体を触った場合だと、多くは条例違反が成立するだけだが、例えば下着の中にまで手を入れたような場合は、刑法上の強制わいせつ罪にあたるとされる。今回もそちらのパターンだろう。

「どんなことをした、と警察は言ってるのですか」

「女性の、その、パンツの中に手を入れたと……」

「それで……身に覚えはあるんですか」

「僕はやってません。警察にも、やってないと言ってます」

「あなたはやっていない？」

「はい」

「やっていないんですね……」

小刻みに振動するエアコンが、接見室の空気をいつまでも変わらずに刻んでいた。パイプ椅子にもたれかかった。軋む音が部屋中に響きわたる。

――否認事件か……。大変になるぞ――

六時からの打ち合わせと、事務所を出る際に見たボスの顔を、ふと思い出した。

大林さんの声は、張りのないものだった。

大林さんの話をノートパソコンに打ち込みながら、僕は何度も聞き返さなければならなかった。僕の前にあるアクリル板は厚すぎるのだ。彼の声を聞くにも、彼をここから出すのにも……。

認めなければ、出ることはできない⁉

先ほどよりは落ち着いてきた大林さんがぽつりぽつりと語った話はこのようなものだ。

大林さんは、大手広告会社に勤めるサラリーマンで独身。国立大学を卒業し、入社して二年目になる。赤羽で一人暮らしをし、毎日電車で、会社のある新宿まで通勤している。実家は三鷹で、母親が一人で住んでいる。父親は、小さいころに母親と離婚した。以後、ほとんど会ったことはない。今朝もいつもどおり、赤羽発の電車にのった。ＪＲ湘南新宿ラインだ。いつもと違ったのは、人身事故のせいで電車が遅れていたということだ。もっとも、人身事故での遅延自体、決して珍しいことでもないのだが。当然、電車は猛烈に混んでいた。

「スマホもいじれないくらいでした」

大林さんの言葉を借りれば、そんな混雑具合だったようだ。

さらに時間をかけてようやく聞けた話をまとめると、だんだんと事件の状況がわかってきた。乗客が詰め込まれた電車の中で、大林さんはやることもなく、ぼんやりと立っていた。左手には手提げかばんを下げていた。右手には何も持っていなかったが、手の届く範囲にはつり革はなく、仕方なく右手はそのまま下げていた。前にも、後ろにも、右にも、左にも人がいた。乗客同士の体はお互い触れ合っていた。他人の体温や湿り気が布を通じて伝わってくる。不快さから逃れるように、大林さんは目をつぶった。大林さんが考えていたのは、電車がいつ新宿に到着して、いつ自分が、周りの不幸な乗客たちと一緒に、この窮屈な空間から解放されるかということだけだった。

異変があったのは、電車が池袋駅を出て、新宿に着くまでの間だった。突然大林さんは、右手首を掴まれた。驚いて右手首を見ると、掴んでいるのは前にいた女性だった。こちらを振り返って右手首をつかんでいた。学校の制服を着ていた。随分背が低い。その目の前の女子高生がいつからそこにいたのか、大林さんにはまったくわからなかった。もちろん、初めて会う女子高生だった。その女子高生は叫んだ。

「痴漢です！」

耳を疑うような言葉だった。大林さんは驚いて「えっ」と言ったまま固まってしまった。

「手首を掴まれたときの右手はどういう状態だったのですか？」

「よくわかりません……。ただ、ずっと下におろしていたと思います」

「右手首を掴まれる前に、右手に何かが当たった感触はありましたか？」

「それがわからないんです。あれだけ混んでいたので、下におろしていた右手がもしかしたらその女子高生のお尻に当たっていたのかもしれません。でも当たっていたというハッキリした記憶もないんです。だけど、わざと触ったということは絶対にありません」

電車が新宿駅に着くまで、大林さんは手首を掴まれたままだった。周りからの視線が大林さんを突き刺していた。

このままでは捕まる。

駅員室に連れていかれてそのまま逮捕される。

駅員室に連れていかれたら人生が終わる。

人生が終わる。

そんな言葉ばかりが頭を駆け巡った。

新宿駅について電車のドアが開き、大林さんは女子高生に右手首を掴まれたままホームに降りた。そして大林さんは、女子高生の手を振り払い、走り出した。線路に飛び降りて、何メートル走ったのだろうか。急に自分の前方に現れた駅員に抱きかかえられるように捕まえられた。大林さんはその場に座り込んでしまったが、立たされてホームに引き上げられた。ホームに連れ戻されるまで、一分もかからなかった。そして彼は、駅員室から新宿警察署に連行されて来たのだった。

「線路に降りて逃げたのですか？」

思わず僕は聞き返した。死に物狂いで線路を走っていく大林さんの姿を思いうかべた。

遁走。

あまりに無駄な努力だ。


「ええ。前にインターネットで、『痴漢に間違えられた場合、駅員さんについていったら終わり。逃げるのが一番安全』みたいなことが書いてあったので。今振り返るとまずかったと思います。でもこれしかないと思ったんです……」

大林さんはうなだれた。

インターネットの、この手の無責任な情報には本当にうんざりさせられる。僕はまたため息をついた。今日何度目のため息だろうか。

確かに駅員室に連れていかれたら、その次に来るのは警察官だ。そして、気が付いたらすでに裁判や判決に連なる刑事手続は動き始めている。こうしたケースは、私人による現行犯逮捕、つまり警察官ではない一般人に逮捕されたということになる。普通の逮捕は、裁判官が発付した逮捕令状を警察官がもってきて「あなたを逮捕する」と言い身柄を拘束される。これが大原則だ。逮捕の前に裁判官が逮捕していいかどうかを審査しているから、誤認逮捕でないことが担保されているという前提に立つ。

しかし、現行犯という目の前で起こった犯罪については、犯人が罪を犯したことが明白なので、裁判官の令状審査がなくても犯人を逮捕できる。現行犯では誤認逮捕はなかろうと法律は考えているのだ。

> 刑事訴訟法第二一三条
> 現行犯人は、何人でも、逮捕状なくしてこれを逮捕することができる。

もちろん例外はあるが、現行犯で逮捕されてしまうと、後は警察署に行って取調べを受け、留置場に入るパターンが圧倒的に多い。けれども、それが嫌だからといって、線路を走って逃げるのは明らかに悪手だ。危険だし、逃走を図ったということは不利に働くこともある。逃亡を図る危険性が高いということで勾留が付きやすくなるし、裁判の場でも「やましいことがないのであれば、なぜ走って逃げたのか」という質問を浴びる可能性もあるだろう。さらに、鉄道会社から損害賠償請求もされかねない。だが、彼がそこまで冷静に判断できるような状況になかったことは、僕もよくわかっていた。

「……僕はいつまでここにいるんでしょうか」

大林さんがぽつりと言った。当然の疑問だ。僕は勾留の手続に関して、かみ砕いて説明した。

逮捕によって、自由は奪われる。そして、逮捕は当初の身柄拘束の時から七二時間というごく一時的な期間に限って認められているもので、その後にはそれ以上の長期間の身柄拘束手続が存在する。それが「勾留」だ。留置施設から自由に出られない状態が、さらに何日も続く。

あなたは逮捕されていることになっているから、今日は家に帰ることはできない。

明日検察庁にいく。検察官はあなたを取り調べ、勾留するべきと判断したら、裁判所に勾留請求をする。これはつまり、あなたは明日も家に帰れないという事を意味する。

明後日、裁判所は勾留請求に対する判断をする。裁判所が勾留を決定すれば、あなたは明日から数えて十日間、勾留が延長されれば二十日間家に帰れないということになる。

そのようなことを説明した。

「その……勾留というのがつくことは避けられないんですか？」

「そんなことはありませんから。勝算は無いわけではありません」

僕は大林さんを絶望させないように、かと言って希望を与え過ぎないように表現に気を付けて、重々しく大林さんに言った。

確かに、検察官が勾留請求をする可能性は相当高い。この事件は否認事件だ。大林さんは容疑を認めていない。この事情を検察官は重視するだろう。勾留の判断で問題になるのは、あくまで証拠隠滅や逃亡の可能性がどれだけあるかだ。事実を認めているか、否認しているかは、本来はその判断に関係しうる一つの事情にしか過ぎない。しかし、検察官にとっては、容疑を素直に認めていないということは、それだけで長期に拘束する理由になるようだ。

認めなければ、出さない。

それが当たり前だと彼らは信じているのではないか。今までの経験から、僕にはそのようにしか思えなかった。

過去に手がけた刑事事件でも何度も理不尽な思いをした。一〇〇%とは言わないまでも、この事件で明日検察官が勾留請求をする可能性は極めて高いだろう。そのように大林さんには伝えた。

勾留請求の翌日の裁判所の判断が勝負どころだ。裁判所は最近、痴漢事件に関しては、否認事件でも勾留しないことが増えてきた。証拠隠滅、要するに被害者とされる女性に会ったり、連絡をとって、「働きかけ」をする——偽証をするよう脅したり、頼み込んだりする——可能性が低いというのが、一番の理由だろう。

当然のことだ。痴漢事件で、被疑者と被害者は、偶然同じ電車に乗り合わせただけに過ぎないことがほとんどだ。つまり赤の他人だ。被害者の連絡先や名前や住所を知っていることなど、常識的に考えてほとんどあり得ない。どうやって「働きかけ」をするというのだろうか。念には念を入れて、偶然に再会してしまわないよう、通勤に使う路線を変えれば、被疑者が被害者に接触する可能性は、ほぼゼロに近づく。逃亡の可能性も低い。普通の社会人、今まで一度も捕まったことがない勤め人が、痴漢の疑いをかけられたからといって、家族や仕事を全て投げ打って逃亡するだろうか。警察や検察の呼び出しに応じず、行方をくらましてしまうだろうか。検察官や裁判官は、自分がそのような立場だったら家族や仕事も捨てて逃亡するのだろうか。

あり得ない。裁判所が最近やっと見せ始めている傾向は、むしろ、当然の市民感覚に沿ったものだといえる。

ただし、根本は変わっていない。そもそも裁判所は、事実を認めている事件よりも、否認している事件の方に対する方が、圧倒的に勾留をつけやすい。事実を否認している――争う姿勢を示しているから、「証拠隠滅の動機がある」「逃亡の動機がある」と裁判官は言うのだ。

こんな馬鹿な話はない。犯罪をしていない、自分は無実だ、と訴えている人ほど、一日も早く社会に戻す必要があるはずだ。自分にかかった疑いを晴らすために、何よりも自由を必要としているはずだ。

事実を争う被疑者に対しては、裁判をやる前から勾留という「罰」を与える。自由を奪い、人と会う機会も奪い、心と体を締め上げる。「もし事実を認めるのなら、早く出してあげてもいいですよ」という餌をちらつかせながら。

明らかに歪んでいる。物事の道理が逆転している。しかし、こうした運用はそう簡単に変わるとも思えないのだ。

「明日に検察官に意見書を出しますが、おそらく明日はダメでしょう。明後日には出られる可能性があります。できる限りやってみましょう」

そう言うと、大林さんの顔に少しの光が差したように見えた。

僕は大林さんに、もし釈放されたら、しばらくは実家に戻って、実家のある三鷹から通勤するよう言った。湘南新宿ラインを使わなければ、被害者とされる女性にも遭遇する可能性は極めて低くなる。

「それで出られるのであれば、絶対そうします」

大林さんは力強くうなずいた。

「黙秘します」とだけ答えてください

大林さんは、私選――つまり僕と契約した上で、僕を弁護人に選任したいと言った。それくらいの費用なら、学生時代からの貯金でなんとかなるということだった。

大林さんは僕の「依頼者」となった。接見室で、大林さんが、僕が今さっき差し入れた紙に湘南新宿ラインを使わないことを約束する文章をペンで書いていると、気がつけば五時になっていた。この書面は、明日に出す意見書につけるものだ。おろそかにしてはならない。でも急いで事務所に戻らなければならない。僕は手短に、しかし大林さんの頭に刻み込むようなつもりで、明日以降の取調べでどのようにすればよいのか説明した。

取調べの場に弁護人が同席することはできない。諸外国、たとえばアメリカでは、取調べの場に自分が依頼した弁護人を同席させて、アドバイスを求めることは、当然の権利として認められている。台湾でも、弁護人が取調べに立ち会うことを認める法律の規定がある。そもそも、法的な助言をするために存在している弁護人が、もっとも助言が必要な取調べという場に同席できないこと自体おかしな話だ。しかし、日本には、弁護人が取調べに立ち会う権利を明記した条文はどの法律にもない。警察も検察も、決して弁護人の立ち合いを認めようとしない。取調べを「密室」の中で行うことに、今もなおこだわり続けている。だから、僕が取調べの場で、どのように答えるかアドバイスすることはできないし、検察官や警察官が作成する調書の内容を一緒にチェックすることもできない。検察官の取調べの様子は、現在では録画されていて、誰の目も入らない場所での取調べが行われていた時代とは、確かに違う。しかし、録画されているといっても、弁護人のアドバイスを得られないことは変わらない。あいまいな記憶のままにしゃべった一言が、あるいは誘導に乗ってしゃべった一言が、そのまま録画されて不利に働くこともある。

この事件は否認事件だ。取調べでの不用意な一言が、裁判で事実を争うときに、大きな障害になるかもしれない。そういったリスクを回避する最も有効な方法は——黙秘権を行使する——つまり、取調べの場で何も話さないということだ。

「取調べでは、『黙秘します』とだけ答えてください。どのような質問に対しても、それだけ答えてください。何を聞かれても、受け答えをする必要はありません。また、どんな書類にもサインをする必要はありません」

「そのようなことをしたら、怒られたり、不利に扱われたりしませんか？」

大林さんの顔は少し引きつっているようにすら見えた。自然な反応だ。アクリル板の反対側にいるのが自分だったとしたら、同じ反応をするかもしれないな、と僕はふと思った。

「怒られたり、皮肉を言われたり、不快な目に遭うかもしれません。よくあることです。検察官も警察官も、あなたから話を聞きたいわけですから、黙秘をされると困るんです。でも、黙秘権は権利です。黙秘権を行使したとしても、それを根拠に不利に扱ってはいけないということになっています」

「『黙秘します』と言って、そのあとはどうしたらいいですか」

「とにかくどんな質問が来たとしても『黙秘します』と答え続けてください。目も合わせなくていいです。大林さんの方にも、警察官や検察官に色々言いたいことはあるかもしれないけど、あなたの言い分は、私がじっくり聞いて、必要があれば私から捜査官に伝えます」

黙秘権は権利だ。それを行使することについて、とやかく言う権限は、検察官にも警察官にもない。それでも現実には「黙秘します」といった後も、検察官や警察官は取調べを止めない。答えない被疑者に、質問を浴びせ続ける。心理的にプレッシャーを与えることもある。

弁護人に対する悪口を言ったりすることはよくあることだ。「弁護士はお前の人生なんて考えてくれないぞ。自分のことは自分で決めろ」とか、不利な目に遭うことを匂わせたりすることもある。「黙秘なんてしていると長引くぞ」なんて言われることはザラだ。

僕が今まで担当した中にも、唖然としてしまうような一言を警察官や検察官から言われた依頼者が何人もいた。彼らは黙秘をする権利を知らないわけではない。知っていながら、その権利を守る気がないのだ。

事務所での打ち合わせの時間が迫っていることは気になったが、取調べ対応についての説明はおざなりにはできない。最初の説明が肝心だ。

僕は大林さんに、検察官や警察官がどんな対応をしてくるか、可能な限り予想して伝えた。大林さんは、自分がどのように振舞えばいいのか、イメージができてきたようだ。それでも、キョロキョロと動く大林さんの目をみて、僕の中には不安が残った。気弱な性格の男だ。特に頻繁に接見したほうがいいかもしれない。

時間との闘い

警察署を出て駅までは走った。

いつものことだが、接見に時間がかかりすぎている。打ち合わせに間に合うかギリギリだ。駅で事務所に電話を入れようか迷ったが、ホームに止まっていた電車にすぐに飛び乗った。事務所に戻ったら、ボスはまた嫌な顔をするかもしれない。

電車の中で大林さんのことを考えた。やっていないと言っている弱気な若者。本当にやっていないのか。そんなことはわからない、と僕は思った。実は彼は痴漢をしたのかもしれない。

一回会っただけの弁護人に、本当のことを言わない被疑者はいくらでもいる。何回目かの接見で「先生、実は……」と切り出してくる。別に腹も立たない。都合の悪いことを隠したくなる気持ちは、わからないでもない。弁護士の仕事は、必ずしも法廷で真実を究明することではない。特に刑事弁護では、弁護士は、依頼者の利益を最大限守ることが使命だとされている。そのあたりについては、自分でもあきれるくらい割り切って考えていた。弱気そうな大林さんのことだ。恥ずかしさや警戒心から、僕に本当のことを伝えていない可能性もある。それでも別に構わない。大林さんは「やっていない」といった。それだけだ。

それに、と僕は思った。もし本当にやっていなかったとしても、起訴されたらどうするか？　無罪を勝ち取るのは至難の業だ。

弁護人が無罪を確信していようが、どこか依頼者が怪しいと思いながらだろうが、結局は弁護人の主張に対する裁判所の判断は厳しい。やれることを淡々とやるのが弁護人の仕事。いつしか僕はそう思うようになっていた。依頼者を信じるかどうかで、力の入れ方を変えるべきではない。信じられなくても、やることは変わらない。そして結果だって、結局同じだろう。

そんなことを考えながら電車に揺られていると、体の芯から疲れているのを感じた。座りたいが、帰宅ラッシュの前の時間帯でも、座席はどれも埋まっていた。

目の前の座席でうたた寝をする初老の男性がうらやましかった。

事務所に帰ったらクライアントとの打ち合わせに出る。そして、事務所での打ち合わせが終わった後は、すぐに大林さんの母親と連絡を取らなければならない。

被疑者の身柄拘束に関しては、捜査機関に厳しい時間制限があり、その制限時間内に捜査機関は動く。裁判所もそれに応じて身柄拘束の可否を決める。そうである以上、これらに対するカウンターを撃つ弁護人の仕事もその制限時間に合わせて行わなければならない。被疑者弁護は時間との闘いなのだ。

大林さんの母親には、なんとしても今日中に事務所に来てもらって、身元引受の書面を書いてもらう必要がある。帰宅後の監督者となる人がいるかどうかは、検察官や裁判官の判断を左右する一要素となる。それとともに、明日検察庁宛に大林さんの勾留請求はすべきではないという意見書を提出しなければならない。母親がどれだけ早く事務所に来られるかで、僕の帰宅時間が決まる。やることを淡々とやるというのは、こういうことだ。

僕は、溜まっている他の仕事のことを考えながら、こんな自分はいつまで刑事弁護をやれるのだろう、と思った。

かつて自分は「熱血」だと思っていた。弁護士になりたてのころには、どんな事件にも立ち向かってやろうと思っていた。体力だけは誰にも負ける気がしなかった。深夜まで記録を読み込んでも眠気はなかった。依頼者には僕しかいない、そのプレッシャーを感じる仕事を持てること自体がうれしかった。

しかし、もう僕は「若手」じゃない。体力も落ちてきた。体重だって増えた。そして、仕事の量も増えた。同期の中にも、刑事弁護を相変わらず一生懸命やっている弁護士はほとんどいない。

あの事件がなくても、どのみち僕の中の火は消えていたのかもしれない。

僕は電車の中で、窓ガラスにうつったモノクロの自分の顔を見つめた。人は変わるものだ。そういうものなのだ。

事務所から大林さんの母親が帰っていった後、結局終電ギリギリまでかかって、検察官宛ての意見書を完成させた。自分の息子が痴漢に疑われて警察に捕まった、その事実に激しく動揺していた母親。よりにもよって息子が性犯罪の犯人とされているのだから、動揺するのも無理はない。というより、法律事務所という「物騒な場所」に来ること自体、相当な覚悟が要ったのだろう。それも無理はない。それでも何とか動悸を収めようとしながら、母親は僕のいうことを、ひとつひとつ噛みしめるようにして聞いていた。身柄引受書に「被疑者の母」として署名した文字は震えていた。

「検察庁へのファックスお願いします」という付箋を意見書に貼って、とっくに退勤した事務員の机に置いた。

大林さんの会社に対しては、母親が事情を伝えることになった。事務所の電気を消して外に出ると、足取りの重さは耐え難いものになっていた。

弁護士・新橋将男——一〇月四日、一〇月五日

裁判所の判断

翌日一〇月四日、検察官は大林さんの勾留を請求した。

予想通りといえば予想通りだが、前日終電ギリギリの時間までかかって作成した検察官宛ての意見書は、効果がなかった。結論は、検察官の勾留請求を受けての今日一〇月五日の裁判所の判断に持ち越されることになった。

今日あさイチ、裁判所宛てに、今度は、検察官の勾留請求を認めるべきではないという意見書を出し、電話で裁判官と話をした。とにかく時間がなさそうな裁判官は、いら立った口調を隠さなかったが、僕は淡々と意見を伝えた。

確かに大林さんは否認している。しかし、被害者の連絡先も何もわからない。大林さんが被害者に接触して証拠隠滅をする、というような想定が現実的じゃないことは、裁判官もおわかりでしょう。勾留されたら、彼は間違いなく仕事をクビになるでしょう。そこまでの必要性はありますか？

若い男性の裁判官の反応は淡々としたものだった。

「今のお話を踏まえて検討しますので」

彼らはいつもこうだ。決まり文句だ。じっくり議論してくれる裁判官の方が少ない。それでも、反応

が淡々としているからといって、判断に期待できないというわけでもないのだが。

午後二時を過ぎた。そろそろ大林さんを勾留するかどうかの判断が出ているかもしれない。僕は東京地裁に電話をかけ令状部に電話をつないでもらった。大林さんの名前を告げて、担当に代わってもらう。勾留決定か、勾留請求却下か。保留音が突然止んで、担当者がおもむろに結果を告げた。

「えっ、もう一度お願いします」

聞き返しても、伝えられた結果は変わらなかった。

大林さんの勾留が決定された。

大林さんは新宿警察署で、少なくとも十日間拘束されることになった。

検察官・江藤《えとう》 恭介《きょうすけ》——一〇月四日

ありふれた事件

平成三〇年一〇月四日。朝。

さわやかな秋晴れ。

右手に日比谷公園を見ながら、官庁街の歩道を歩く。日比谷公園の木々の緑は濃く、秋晴れの空に枝を届かせんとばかりに茂っている。青と緑の二色は互いにその鮮やかさを競っているようだ。「清々しい」という言葉を絵にかいたらこうなるなと思った。夏の暑さはようやく通り過ぎ、ジャケットにネクタイを締めて通勤するサラリーマンがちらほらと見える。私もそんなサラリーマンの一人だ。いや、正確には、国家公務員。東京地方検察庁に所属する検察官だ。

僕は検察官四年目、ちょうど今年で三〇歳になる。所属は、東京地方検察庁の刑事部。刑事部というのは、逮捕された被疑者を取り調べ、被害者から事情を聞き、被疑者を裁判にかけるかどうかを決める部門だ。一度にたくさんの事件を抱え、毎日、次々と送致されてくる被疑者を取り調べる。妥協は許されない。被疑者に舐められてはいけない。毅然として取調べに臨まなければいけない。そのために僕は毎日スーツを着る。僕にとってスーツはまさに戦闘服だ。

東京は霞が関。二〇階建ての検察庁の建物の前で、もう一度ネクタイを締めなおす。エレベーターを上がって、四階。朝八時一五分。始業時刻の十五分前だ。僕は、いつものように自分の検察官室のドアを開けた。

「おはようございます！」

そうやって元気にあいさつするのは、いつも僕の日課だった。

白い壁に囲まれた部屋に、何人かの同僚がいる。多くの検察官は他の検察官と執務室をシェアしている。また、個々の検察官を補佐する検察事務官も机を並べている。

「男性の職場でしょ？」と言われることも多いが、そんなことはない。女性の検察官や検察事務官も多い。女性の検察官はここ十年で倍増し、今や五人に一人は女性である。検察事務官もしかり。うちの部屋も男女バランスよく配置されている。僕より年上の女性検察官と、男性の検察事務官のペアがいる。僕の仕事を補佐する検察事務官の大久保は女性だ。この日、大久保はいつものように僕より早く出勤していた。

僕のデスクは一番奥だ。大久保のデスクは僕のすぐ隣。僕のデスクから見ると、右斜め前の方向にある。直角にデスクが配置されているような感じで、被疑者などから話を聞くときには、正面にいる僕はもちろん、僕の斜め前にいる大久保も、被疑者を横から見ているような感じになる。

「おはようございます」大久保は自分のデスクで長い茶髪を整えながら、こちらも見ずに挨拶を返してくる。彼女は僕より三歳も若いが、時々僕の捜査に鋭い突っ込みを入れる。検察事務官は、検察官の仕事の中の事務的な仕事を任せられる役割だが、法律上は立派な捜査官である。僕にとっては、すでに相棒のような存在だった。

僕はデスクに座り、昨日やり残した仕事に手を付ける。取り扱っている事件記録の一つをキャビネットから取り出し、パラパラとめくる。電車の中での痴漢事件だ。満員の地下鉄の中で、女性の胸を触った。被疑者は罪を認めている。

「痴漢事件ばっかりだよなあ……」

検察官は定期的に転勤があるが、僕の前任地は甲府だった。東京に隣り合う位置にある山梨県だが、県庁所在地の甲府ですら電車通勤はあまりない。痴漢事件も、ゼロではないが数は少ない。それに比べて、東京の痴漢事件の多さは異常ともいえる。今年の四月に赴任してから、すでに何十件もの痴漢事件を取り扱ってきた。

今手にしているこの記録も、そんな痴漢事件のうちの一件だ。そうだ、昨日不在にしているときに、弁護人から電話があったんだった。僕は、自分の机にある電話から、弁護人の法律事務所に電話を掛けた。受話器を手に取る前からだいたい用件はわかっていた。示談の話だ。

痴漢事件に限らず、被害者のいる事件で被疑者に弁護人がついたとき、弁護人は、被害者との間で話し合いをしようとする。被疑者が被害者に謝罪したうえで損害賠償金を支払い、被害者も納得すればそれで和解が成立するわけである。これを、「示談」と呼ぶ。示談が成立すれば、被疑者も重く処罰されない。一方で、被害者も損害賠償を受けることができて納得するのであれば、事件の解決にも役立つ。

こうして、検察官は、被疑者側からの示談の申出を被害者に取り次ぐ役割を担うことがある。

「はい、被害者のほうも、弁護人限りでは連絡先を教えていいといっていますので、連絡先の電話番号をお伝えします。また示談の経過がわかったらご連絡ください」

そういって、僕は電話を切った。痴漢事件のうち、少なくない事件が容疑を認める事件――「認め事件」――であり、こうして「示談」で解決される。示談が成立した被疑者は、前科などがなければ大抵は起訴しないという処分になっていく。あえて裁判にかける必要もないというわけだ。

それを決めるのは僕だが、どんな検事も多くの痴漢事件をそうして処理しているだろう。たくさんの事件を取り扱う中で、痴漢事件は淡々と処理できるタイプの単純な事件である。

少なくとも今日まで、僕はそう思っていた。

弁護人との電話を終えるかどうかという時に、検察官室のドアをノックする音がした。朝の九時半。

おそらく、僕の仕事が増える合図だ。

検察庁の事務方の職員が入ってくる。検察庁には、大久保のように検事の相棒として捜査に携わる「立会事務官」のほかにも、庶務をしたり、庁全体の事務を取り扱う事務官もたくさん働いているのだ。入ってきたのは、僕より何歳か若いくらいの男性事務官だった。

「検事、新件です」

無機質な声で厚さ二センチくらいの書類の束を渡してくる。新しい事件の配点だ。僕はねぎらいの一言をかけて冊子を受け取る。表紙には、「強制わいせつ」と書いてあった。届けられたのは書類だけじゃない。この書類が届けられたということは、この事件の被疑者も、留置されている警察署から今この検察庁の地下に連れてこられている。

僕は表紙をめくる。事件の内容は、赤羽から新宿へ向かう湘南新宿ラインの中で、被疑者が、被害者のスカートや下着の中に手を入れて臀部から陰部付近を触るなどのわいせつ行為を行ったというものである。

「……また、痴漢か」

事件性、犯人性

この種の痴漢事件では、被疑者は、まず電車の中や駅で逮捕される。逮捕するのはたいてい被害者だ。法律上、一般人も犯罪を現認すれば被疑者を逮捕できる。被害者は、被疑者の手をつかんだりして痴漢を駅員や警察に申告するわけであるが、これが、被害者による逮捕と扱われるのである。逮捕された被疑者は、その後まもなく警察に引き渡され、警察の取調べを受けるが、逮捕されて一日〜二日後、検察官による聴取を受けることになる。いわゆる「検察官送致」という手続きだ。被疑者が警察署から検察官のところに送られてくるので「送検」ということもある。

逆算すれば、僕のもとにやってきたのは、おそらく一〇月二日か三日に逮捕された案件だ。

「大林英吾」

それが、この事件の被疑者の名前だった。

生年月日は、平成六年四月九日。年にすると二四歳か。自分よりもだいぶ若い。でも、被疑者が若いのは珍しくない。痴漢事件は、ごく若い人から初老と言われるような年齢の人まで被疑者は多種多様だ。普段は家庭を持ち、会社に通い、何の問題もなく社会生活を送っているような人物も多い。この仕事をしていると、性犯罪は世の中にあふれかえっているのではないかと錯覚する。

いや、錯覚ではないか。

きっと、僕たち検察官のところに送致されてくる「性犯罪事件」など、本当に世の中に起こっている性犯罪全体から見たら氷山の一角に違いない。

今回の被疑者は、どういう立場の人なんだろうか。通勤電車かな。サラリーマンなんだろうか。はたまた、もしかして公務員？　大林がどんな人物なのかに想像を巡らせつつ、僕は受け取った記録のページをぱらぱらとめくった。

僕の仕事に大事なのは、被疑者のキャラクターなんかじゃない。この種の痴漢事件では、最も重視すべきなのは被害者とされている人物がどういう話をしているかである。記録の中には、被害者とされる人物が警察に話した内容をまとめた供述調書という書類も綴じられている。

被害者は、井藤果歩さん。平成一二年生まれ。新宿にある私立高校に通う高校三年生だ。井藤さんが警察官に話した内容は、おおむね次のとおりであった。

被害者となった井藤さんは、赤羽駅で新宿方面へ向かう湘南新宿ラインに乗った。池袋駅を出発して少しした頃、被害者の右後方からお尻を触られるのを感じた。ただ触っているだけではない、撫でまわす感じだ。しかし、さらにエスカレートし、スカートの中に手を入れられ、下着に触れられ、下着の中に手を入れられた。お尻に生暖かい感触を感じ、気持ち悪かった。

痴漢されていると思い、自分の身をよじったりして抵抗したが、混雑しすぎていてあまり動けず、痴漢もやまなかった。

混雑する中、首だけを右後ろにひねって後ろを見た。すると、やせ形で短めの髪、スーツの男だった。その瞬間、スカートの中から手が離れ、痴漢行為が止んだ。この男が犯人に違いないと思った。

少し経って、再び自分の右後ろの臀部に手が触れる感触を感じた。また痴漢が始まったと思い、許せない、捕まえなければという気持ちになった。

人違いがあってはいけないので、そっと振り向くと、またさっきの男の顔があった。これは間違いないと思った。間違いなく捕まえようと思い、臀部に感触があるときに、自分の右手をそちらに伸ばし、手首をつかんだ。その手は、私が思った通りその男のものだった。

勇気をもって、「痴漢です」と叫んだ。周りの人たちが一斉にこちらをみた。男は、「えっ」というだけで、特に否定はしなかった。その男は、赤羽駅で顔を見たことがあるような気もする。

「なるほど……」

僕も、これまで検察官としてたくさんの事件を取り扱ってきた。甲府の前任地は今と同じ東京で、その時の一年と甲府から東京に転勤してきてからの約六か月と合わせて一年半、嫌というほど痴漢事件の捜査を経験してきた。もう、痴漢事件の勘所は心得ている。痴漢事件の捜査で慎重を期すべきはなのは「事件性」と「犯人性」だ。「事件性」とは、その事件が実際にあったのかどうか、という視点だ。被疑者は、よく「手が当たったかもしれないが、故意に触ったことはない」という弁解をする。たまたま当たってしまったが、「痴漢事件」ではないというわけだ。でも、この事件の被害者は、お尻を撫でまわされるところから始まって、かなり執拗なわいせつ行為を受けている。たまたま当たった、というような主張が許されるような状態ではない。

もう一つ、「犯人性」とは、その事件の犯人が誰であるのか、という視点だ。被疑者は、「触ったのは自分ではない」としばしば主張する。通勤時間帯の満員電車では、たくさんの人が密着している。隣の人が痴漢行為を行ったのを、取り違えてしまうことはあり得る。世間でも「痴漢冤罪」という問題として取り上げられてきた。犯人を取り違えてしまうのは最悪の事態だ。検察官としても、痴漢の捜査では一番気を遣うところである。ただ、この事件では、被害者は犯人の顔を何度も確認している。そして、犯人が被害者の臀部に触っているまさにその瞬間に、犯人の手首を捕まえている。被害者が犯人を取り違えたなんていうことは考えられるだろうか。いや、考えられないのではないか。

被害者の供述調書を読み終えたときには、もう僕はこうした思考を巡らせていた。

「大丈夫そうなんですかー?」

手持ち無沙汰になった大久保事務官が間延びした声で聞いてくる。僕の立会事務官になった当初はもっと丁寧な態度で接してきたのに、最近はいつもこんな調子だ。

「たぶんね。あとは被疑者の弁解がどうかだね。警察に対しては否定しているみたいだけど、とりあえず聞いてみよう」

そう答えて、僕は電話の受話器を手に取った。

「新宿警察署　強制わいせつの件、被疑者を取調室に入れてください」

おびえきった表情

午前一一時三〇分。

検察官室のドアが開く。ジャラリと、金属の揺れる音。三人の足音が響く。

二名の警察官に促され、手錠で両手をつながれた被疑者が入ってくる。腰には縄が巻かれ、その端を警察官が手にしている。

こんな物々しい風景も、僕にとってはもう慣れたものだ。記録をパラパラと見ていた視線を上げ、被疑者の顔を見る。年齢以上に幼そうな顔だ。おびえきったように見える表情。

すらっとして、身長は、一八〇センチほどある僕と同じか、ちょっと低いくらいだろう。もともと色白であろうその肌は、その表情もあいまって余計に青白く見える。警察署の留置施設で借りたに違いないグレーのスウェット上下は、被疑者が着の身着のまま逮捕されたことを物語っている。その目線は定まらず、震えているようにも見えた。

「そこに座ってください」

丁寧な口調で被疑者に話しかけ、自分のデスクの前に置かれたパイプ椅子に座すよう促す。僕が普段執務をしているこの検察官室は、検察官が被疑者を取り調べるための取調室でもあるのだ。おびえているような被疑者に向かって、できるだけ丁寧に、こう切り出す。

「大林さん、今日はあなたの話を聞く手続です。私は、検察官です。検察官は、警察とは別の組織です。警察官とは立場が違いますから、警察で言ったことをそのまま話さなければいけないわけではありません。言いたいことは何でも話してくださいね」

そういって、大林の表情を見やる。おびえた表情は変わらない。おそらく、逮捕されて検察庁に来ることなんて、人生で初めてだろう。大林に言ったことは嘘ではない。検察と警察はどちらも犯罪の捜査機関だがあくまで別の組織だ。警察官は検察官の指示の下で捜査をする。そして、起訴するかどうかは、あくまで検察官が決める。被疑者が、警察に話したこととは別のことを、検察官に話すというのもよくあることだ。

「あなたには黙秘権がありますので、言いたくないことは言わなくてもかまいません。それから、あなたには弁護人を選ぶ権利があって……」

続けて、淡々と説明していく。被疑者を取り調べるときには、黙秘権や弁護人選任権の告知をしなければならないことになっているのだ。ただ、目の前の大林の様子は、一言でいえば、うわの空という感じだろうか。僕の説明にうなづくこともなく、僕の顔でもない、何か空中を見ながら視線をさまよわせているだけだ。

そして僕は、大林に、今回疑われている内容を告げる。この取調べは、疑われている事実について、被疑者の弁解を聞くことが最も重要な目的である。大林が、被害者に対して電車の中で強制わいせつを行ったことで疑いをかけられていることを告げ、それに対する弁解を聞くのだ。

「今読み上げた事実で、どこか違っているところはありますか。何か言っておきたいことがありますか?」

大林の目を見て、尋ねる。

「…………」

沈黙。五秒。一〇秒。おびえた表情は、今は少しこわばっているようにも見える。口を真一文字に結んで、今度はまっすぐに僕のほうを見ている。

一五秒、二〇秒。たまらず、さらに尋ねてみる。

「特にないですか?」

「…………」

答えはない。仕方なく、警察から送られてきた記録をパラパラと見る。被疑者が警察官に対して話した内容をまとめた調書には、「私はその電車に乗っていましたが、わいせつ行為を行っていません」とある。

「電車に乗っていたことは間違いないんですかね」

「…………」

「警察官に対しては、わいせつ行為を否定していたようですけど、それでいいですか」

「…………」

「自分がやっていないとも話せませんか？」

「…………」

大林からの返答はない。重い空気が流れる。

一〇秒、二〇秒。僕がさらに質問を続けようと思った矢先、重い沈黙を破ったのは意外にも大林のほうだった。

「あの……えっと……」

震えた声で、言葉を絞り出そうとする大林。僕は、黙って次の言葉を待った。

「えっと……黙秘、します」


黙秘権の行使。

被疑者・被告人の憲法上の権利だ。被疑者は、取調べに対して終始黙っていることができると憲法や刑事訴訟法で権利として認められている。質問に答えなくてもいいのだ。被疑者を刑事裁判にかけるためには、検察官が、証拠によって被疑者の有罪を証明できなければならない。捜査機関が証拠を集める責任がある。被疑者側は、別に自分で無罪の弁明をしなくてもいい。無罪を証明する必要はもちろんない。そういう被疑者に、供述を強制することはできない。刑事手続の構造上、黙秘権というのは被疑者にとってとても重要な権利なのだ。

そのことは、僕自身もよくわかっていた。憲法や刑事訴訟法の勉強をして司法試験に合格した。司法試験に合格すれば、弁護士になる者も検察官になる者も裁判官になる者も司法研修所で一堂に会して一年ほどの研修を受ける。この研修は「司法修習」というが、司法修習でも、刑事弁護教官がことあるごとに黙秘権の重要性を語っていた。被疑者や被告人は、国家という大きな権力から責任を追及される弱い立場。彼らには絶対的な防御の権利が必要……そんなこと、頭では十分わかっているし、その重要性もいくらでも説明できる。

しかし。目の前の被疑者が黙秘権を行使するとき、とてももどかしい気持ちになる。もちろん黙秘する被疑者を取り調べるのは今回が初めてではない。最近は、黙秘権を行使する被疑者が増えてきたような気がする。

自分は確かに被疑者を取り調べる立場だ。でも、別に被疑者の言い分をつぶしたり、自白を迫ったりしたいわけではない。被疑者の言い分をよく聞いて、きちんと真実を見極めたいのだ。被疑者に言い分があれば、その言い分が正しいのかどうか、きちんと捜査によって見極めようとするし、実際、被疑者の言い分が正しいかもしれないと思って、不起訴、つまり刑事裁判にはかけないという判断をしたこともある。

でも、話してくれなければ、何の手がかりもないのだ。別にやってないならやってないでいい。まずは話してほしい。憲法や法律で保障された権利なのはわかる。でも、検察官としてきちんと真実を見極めるための正しい仕事をしたい。

そんな気持ちで、気づいたら僕は大きなため息をついていた。

「今日は特に何も話していただけないということでいいですか」

「……黙秘します」

「それでは今日はこれで終わりです。また呼ぶことがあるかもしれません」

記録を閉じて、大林に今日の手続の終わりを告げる。思わず、こう付け加えた。

「あなたがどういう主張なのか、どういう言い分なのか、私としても聞きたいと思っています。やっていないならそういってもらえれば、それが本当かどうかきちんと私も捜査をして判断したいと思っています。話してもらえないのなら、被害者の言い分だけを前提にせざるを得ませんよ。きちんとあなたの話を聞いて、ちゃんと真実を見極めて……」

思いが言葉となってあふれてくる。声が大きくなる。そのとき、大久保の視線を感じ、はっと我に返った。

真実発見のための説得を、黙秘権の妨害だとかいってクレームをつけてくる弁護士もいるのだ。そうなったらいちいち上司に報告しなければならない規則になっている。場合によっては、違法な取調べだとか主張されて、話がややこしくなることもある。ヒートアップしてもしかたないのに気持ちが高ぶってしまう僕の悪い癖を、大久保はよくわかっていた。

「終わりです」

大林の後ろの椅子に座っている警察官に指示して、退室を促す。

手錠と腰縄が施され、警察官に連れられて大林は部屋をとぼとぼと後にしていった。

「なんか真面目そうな人でしたね」

部屋の扉が閉まるなり、大久保が話しかけてきた。僕も全く同じ印象だった。痴漢事件では、こういうまじめなタイプの被疑者は少なくない。強盗事件とか、恐喝事件とか、そういうタイプの罪の被疑者とは違う。黙秘も、おそらく、昨日あたりに接見した弁護人と相談して決めたのだろう。弁護人に言われて、まじめに、黙秘権を行使しようとしていたのがよくわかった。

「しゃべってくれないなら、それ前提で進めるしかないですかねー」

「そうだねえ」

僕が適当に相槌を打っていると、大久保はさらに続けた。

「でも、ずっと黙ってた割に、話し出したのは被疑者のほうだったんですよねー。黙秘しますって。なんか、直感ですけど、沈黙に耐えられなかったんじゃないですか。本当は、話をしたいタイプの人なんじゃないかなーと思いましたよ。話したいことはあるけど、話せなくて、でも弁護士に言われているから黙秘しなきゃいけない！　みたいな。なんか、表情とかも、それで怖がっていたのかも」

いつもの調子だが、もっともらしい感想だ。そんなこともあるかもしれないなと思いつつ、僕は無意識に席を立った。

マグカップを持って、部屋にあるティーメーカーのほうに歩いていく。

茶葉の入ったカプセルを入れて、ボタンを押すと自動で熱いお茶が作れる最新式のやつだ。緑茶、紅茶、様々なフレーバーが選べる。最近のマイブームは、マスカットの香りがする紅茶だ。僕は、立ったまま、メーカーのボタンを押す。

取調べが終わった後に熱いお茶を飲むのは、いつのまにか僕の癖になっていた。

一呼吸おいて、事件に思いをはせる。これからの僕の判断は、もしかしたら被疑者の人生を狂わせる可能性もあるのだ。今僕が求められているのは、被疑者をさらに身体拘束するかどうかである。いや、拘束するかどうかを判断するのは裁判所なのだが、僕が勾留を請求しなければ、被疑者は今日釈放される。しかし、拘束を請求して裁判所が認めれば、被疑者は十日間、あるいは場合によっては二十日間拘束されることになる。この身体拘束を「勾留」といい、僕が行うのは「勾留請求」だ。

十日間という時間は、被疑者にとっては長い。致命的な時間になることもある。身元がしっかりしている人で、釈放しても証拠隠滅されたりするおそれがなければ、生活への影響を考慮して釈放することもある。

今回の被疑者も、四年制大学出身の広告会社勤務の若者だ。学歴や勤務先で差別をするつもりはないが、彼が勾留されたらそれなりに大変なことになるだろうということは、会社勤めをしたことがない僕でもわかるつもりだ。

でも。考えなければいけないのは、被疑者の事情ばっかりじゃない。

被疑者は若くて独身の一人暮らしだ。行方をくらますことなんてわけもない。それに、被疑者と被害者の家が近いのも気になる。公共の交通機関とは言ったって、偶然に遭遇する可能性だってある。確か、被害者も被疑者の顔を見たことがあると言っていたような……。

と、その時。

ガー、ガーッ。

検察官室のＦＡＸ受信機が紙を排出する音が僕の思考を中断させた。

「検事、弁護人から意見書です」

そういって、大久保事務官がＦＡＸ送付された意見書を持ってきた。見る前から中身はだいたいわかる。つまり、この意見書は、「被疑者を勾留請求してくれるな」というものだろう。弁護人も、こうした痴漢事件での勾留が被疑者の人生を左右することはよくわかっている。僕たち検察官とは違った立場だが、被疑者のもとへ接見に行って、書類を整えて今日の午前中に間に合わせる仕事には感服させられる。

ただ、中身は別の話だ。たくさんの弁護人が勘違いしているが、僕だって弁護人が考えることくらいわかっている。

「想定内の内容だな」

被疑者は新卒で会社があり逃げるはずはない、被害者が見ず知らずの女性であり、接触するはずがない……弁護人の意見の内容は、すでに僕自身もわかっていることばかりだ。母親の身元引受書が添付され、きちんと出頭するから釈放してくれという。また、被疑者は実家から会社に通うことで、今回乗っていた路線には乗車しないという。しかし、被疑者がそう言っているだけなのだ。一度釈放して、それを誰が保証してくれるというのか。

弁護人の意見書を斜め読みしてデスクのわきに置く。きちんと読むべきは、「意見」じゃない。「証拠」であり「事実」なのだ。

事件記録をもう一度最初から丁寧に読んでみることにした。「証拠」と「事実」。パラパラと記録をめくり、復習する。すると、思わず一つの書類の記載に目線が吸い込まれた。

「こいつ、直後に線路に逃げてるのか……」

さっきは見落としていた記載だった。警察が大林を逮捕した流れを記載した「現行犯人逮捕手続書」には、被疑者が逮捕後、被害者の手を振り払って線路に逃げたところを取り押さえられたという記載があった。

——事件を否認している現状で、もし被害者と遭遇したら？——

線路に逃げたのはパニックになったからかもしれない。でも、そんな被疑者が、もし被害者と偶然に遭遇したら？

被疑者の顔が頭に浮かぶ。口を真一文字に結んで、おびえた表情でこちらを見ている顔。

「あいつ、何するかわかんないな……」

マスカットの香りを楽しむ暇もなく、紅茶を一気に飲み干して、パソコンを叩く。もう慣れたもんだ。上司に決裁をもらい、事務方に電話を入れる。

「被疑者大林、勾留請求です」

翌日一〇月五日。裁判所から、大林が勾留されたとの連絡が届いた。

弁護士・新橋将男——一〇月五日（勾留決定から公判準備）

海の底のため息

午後八時半。事務員たちも退勤し、ボスも帰宅し、事務所には僕しかいなかった。

勾留決定に対する不服申し立て——準抗告——も認められなかった。

勾留決定が出たという連絡を受けて、僕はすぐ準抗告を申立てた。その結果が先ほど知らされた。準抗告を棄却するとの裁判所からの電話を受けた後、僕は重い体を引きずって、新宿警察署に向かった。

大林さんに説明をしなければならない。まだあなたはここから出られない。仕事もクビになるかもしれない。勾留も延長される可能性があるから、二十日以上出られない可能性もある。それを伝えなければならない。

なぜだ、と思った。確かに強制わいせつという罪名は軽くはない。否認をしているから、認めている事件よりは勾留が付きやすいことも確かだ。それでも典型的な痴漢事件で、被害者との接点は限りなく乏しい。同じ被害者を付け回したり、待ち伏せたり、何度も痴漢行為を繰り返すようなストーカー的な事案とは全然違う。なぜ証拠隠滅を疑って大林さんを勾留する必要があるのか、僕は全く理解できなかった。

敗因が思い浮かばない。不条理、その三文字が頭にちらついていた。

接見室で、大林さんは落胆を隠さなかった。うなだれたまま身動きもしなかった。

僕の話が終わってから三十秒ほどして、大林さんは口を開いた。

「こんなことってあるんですね」

空調の音の中で、ため息が響いた。アクリル板越しでもしっかり聞こえるため息。この空間、この境遇の人にしか出せないため息だ。

僕はドアを開ければ、この海の底から出られる。外の新鮮な空気が味わえる。彼は出来ない。何日も何日もできない。

彼が戻るのは、窓のない殺風景な相部屋だ。

「色々やっていただいてありがとうございます。でもびっくりです。いつもどおり電車に乗ってただけなのに。それで仕事も何もかもなくなるんですね。本当に何が起こるかわからないです」

大林さんは気弱に笑った。

「第一志望の会社だったんですよ。就活も結構必死になってやって、職場の雰囲気もよかったんですけどね」

「非常に残念です。勾留延長の請求がされるタイミングで、延長を阻止できないか、やってみます。ただ、今は敗因を分析する必要があります。準抗告に対する決定書を見れば、理由がわかるかもしれません」

準抗告に対する決定書には、実質的な理由がほとんど書いていないこともある。そこまで言うかは迷ったが、言わないことにした。

まずは十日間辛抱してもらうしかない、それを大林さんに伝えた。不起訴になれば、勾留の最終日には釈放される。起訴されたとしても、保釈は認められるだろう。だからそれまでは頑張ってほしい。なるべく頻繁に面会に来る。

「ありがとうございます。先生、母親に伝言をしてもらっていいですか？」

「いいですよ。なんと伝えますか」

大林さんは急に黙って下を向いた。空調の音だけが響く。泣いているのか、怒りをこらえているのか。自分が大きく唾を飲み込んだのがわかった。僕に視線を合わせないまま絞り出された大林さんの声は、柔らかく、か細いものだった。

「心配かけてごめん。俺は大丈夫だから。苦労して入った会社だけど、縁がなかったみたいだから、また他のところで頑張るから。そう伝えてください」

僕は自分の無力さを呪った。僕は彼のために何もできなかったのだ。

「わかりました。他に伝えることは何かありますか」

「俺はやってないから。信じてほしい。頑張るから」

大林さんの目が、光を集めていた。涙が滲んでいるように見えた。

「必ず伝えます」

そうつぶやいた。

弁護人にしかできないこと

警察署を出ると風が強くなっていた。

僕は無力だ。

また頭の中で繰り返した。それでも、僕は弁護人だ。僕にあきらめる権利なんてない。大林さんがあきらめていないのに、僕にあきらめる資格なんてない。僕はスマホを取り出し大林さんの母親に電話をかけた。

大林さんの母親は気丈な人だった。電話口で泣き出すことも、取り乱すこともなかった。成果を出せなかった僕を責めることもなかった。淡々と僕に話した。

「私には先生を信じることしかできません。息子がやっていないということはよくわかっています。だから、先生、お願いします」

大林さんの母親との電話を切った後、事務所に向かう足取りは、不思議と軽かった。初回の接見の時に、僕の体にまとわりついていた疲労感は、不思議と消え去っていた。

あの気持ちの正体は、あきらめだったのだ。

自分に対するあきらめ。依頼者や弁護人を取り巻く環境へのあきらめ。割に合わない、どうせ変わらない、そういう思いだ。大林さんの言葉や母親の言葉を聞いた後では、その諦めに完全に身をゆだねる気には、到底なれなかった。

この国の制度は明らかに間違っている。明らかに歪んでいる。

しかし、弁護人がぶつかり続ければ、変わらないはずがない。いや、変わろうと変わるまいと、ぶつかり続けなければならない。それができるのは、弁護人しかいないからだ。大林さんにはできない。その家族にもできない。弁護人である僕にしかできないことだ。

湧き上がって、僕の体を動かしているこの感情は、怒りに近いような、やさしさに近いような、勇気に近いような、そしてそのどれとも違うものだった。この懐かしい感情が自分の中に残っていたことが何よりも嬉しかった。

検察官・江藤恭介――一〇月九日

被害者の涙

一〇月九日。月曜日。

秋口らしい冷たい雨だ。

一日の業務がひと段落した午後六時。僕はまだ自分の部屋にいた。大久保も一緒だ。

普通の「公務員」なら、もう業務を終えて帰途につく頃なのだろうか？

同じ公務員だが、僕たち検察官はそうはいっていられない。拘束された被疑者の取調べは僕たちの都合に合わせて日中に行えるが、被害者からの事情聴取は被害者の生活にできるだけ負担がかからないようにしなければいけない。井藤さんのような学生の場合、学生生活に支障が出ないよう、放課後の時間に合わせて事情聴取を行うことが多い。

そう、僕は今、被害者から話を聞くために待っているところなのだ。残業代？　そんなものはまったく出ない。毎日一〇時まで働いていた一年目の初任給をもらったときに必死に調べた。詳しいことはもう忘れてしまったが「管理職員」とかいう建前で、法律上残業代などは支給されない仕組みになっているようなのだ。

実際は現場であくせくと働き、時間外にも書類をまとめ、時には休日出勤し、そして決断には上司の決裁を必ず仰ぐような立場なのに。一昔前に話題になった、ファストフード店の「名ばかり管理職」の気持ちが誰よりもよくわかる気がする……と。こんな愚痴はもう検察官として三年以上も働きながら言い飽きたのが僕である。理不尽を感じることもあるが、しかし正義の実現のためならやむを得ない。

別件の書類を整理している最中で、電話が鳴った。検察庁の一階の受付からだ。

「検事とお約束の井藤さんがいらしています」

慌てて書類を片付けて、少し髪の毛を整える。

ほどなくして、井藤さんは検察官室に現れた。

ショートカットに整えた黒い髪。白いブラウスの上にブレザーを羽織り、下はグレーのスカートをはいた制服姿。おそらく、事件があった時と同じ服装だろう。こちらを上目で見やり、井藤さんはおそるおそる口を開いたように見えた。

「……よろしく、お願いします」

気の弱そうな静かな学生だ。

「学校や受験勉強でお忙しいところ、ありがとうございます。検察官の江藤恭介と申します。事件についてお話を聞かせていただきます。辛いことを思い出させるようで申し訳ありませんが、そんなに長くはなりませんので、ご辛抱くださいね」

性犯罪の被害者からの事情聴取は、気を遣う。それはいつまでたってもかわらなかった。男性である僕には、女性被害者の心情を理解しようとしても限界がある。だから、できるだけ丁寧に接しようと心掛けている。

丁寧に、一つずつ、事件当時の事情を聞いていった。

赤羽駅で新宿方面へ向かう湘南新宿ラインに乗ったこと。池袋駅を出てお尻を撫でまわされるのを感じたこと。スカートの中に手を入れられたこと。下着の中に手を入れられたこと。首をひねって犯人の顔を見たこと。再びお尻に触られる感覚を感じたこと。まさに触られているその時に犯人の腕をつかんだこと。警察官のところで話した記録に記載されているところと、全くぶれるところはない、ほとんど同じ話の内容だった。

「供述の一貫性」……。

司法修習時代に学んだそんな用語が一瞬頭をよぎる。話が一貫して変わらないなら信用していいという意味だ。

が、そんなものはどうでもよかった。被害者が嘘をついている感じはまったくない。直感ではあるが、それも大事だ。

僕は、被害者の話を聞いて、被害者の供述調書を作ることにした。

被害者の話の内容を僕がまとめて、それを大久保に伝える。そのとおりに、大久保はパソコンでワープロ打ちし、それを印刷して、間違いなければ被害者に署名をもらうつもりだ。その調書を作っている途中に、被害者から突然質問が入った。

「あの……」

「どうしましたか?」

「あの、犯人は、何と言っているんでしょうか?」

よくある質問。そして、時に、答えにくい質問だ。もちろん、今回もそうだった。

眉間にしわが寄る少しの間、無音の刹那が過ぎる。でも、伝えなければならない。

「……それが、否認しています。えっと、否認っていうのは、つまり、自分はやっていないと、そういっています」

顔色をうかがいながら、僕はそう説明した。

「そうですか……」

少し、落胆したように井藤さんはつぶやく。僕は、調書を作る作業の続きを始めた。井藤さんの話した内容を、僕の言葉でまとめて、大久保にパソコンで作成してもらう。だいたいできた。大久保に印刷をお願いしようとして、僕の視線は伊藤さんの顔を見て止まった。

泣いている。

声こそ出さないが、井藤さんが泣いていた。大粒の涙が零れ落ちて、痴漢の犯人に撫でられたという制服のスカートを濡らしていく。

「……井藤さん」

僕も少し動揺した。こんなことは検事をやっていて初めてだ。想像を巡らせる。どんな気持ちだったろうか。悔しさだろうか。もどかしさだろうか。被害を思い出した辛さだろうか。

かける言葉は見つからなかった。時間が重い。雨音だけが、部屋に響いている。

大久保も、いつにもまして神妙な面持ちだ。

「……すみません」

井藤さんが口を開いた。一度呼吸を整えて、井藤さんがさらに言葉を重ねる。

「このあと、どうなるんでしょうか?」

何を聞きたいかはわかる。被疑者が否認を続けていたら、痴漢の事実があったことについてはどうなるのか。もし痴漢の事実がないということになってしまえば、自分の悲痛な叫びはどこに消えてしまうのか。でも、そういう判断をしなければいけないこともある。そういう可能性もきちんと説明しなければいけない。僕はそういう立場だった。

「井藤さん。僕は、いろいろな証拠を見て、被疑者が本当に痴漢をしたかどうかを見極めたいと思っています。

井藤さんの話や、被疑者の話、そのほかの証拠を見て、被疑者が痴漢をしたことが間違いないと判断できれば、被疑者を裁判にかけることになると思います。ですが、そう判断できない場合もあります。そのときはお伝えしますが、ご理解ください」

井藤さんは、神妙な面持ちで、僕の説明を聞いているように見えた。

「裁判になっても、このまま被疑者が否認していたら、井藤さんにも裁判で証言していただくことになると思います。その時は、ぜひともご協力いただければと思います」

「裁判ですか……」

井藤さんの表情がこわばったように見えた。

無理もない。こんな経験は初めてなのだ。勇気を出して訴え出た被害が、ないものにされてしまうかもしれない。裁判で、また話したくもないことを話さなければいけないかもしれない。不安になるのも当然である。たまらず、僕はこう続けた。

「井藤さん。でも、僕は、今日井藤さんの話を聞いて、井藤さんの話には一点の疑いもないと思っています。井藤さん。気を落とさないでください。大丈夫です、正義は勝ちますから」

明らかに言いすぎだった。でも、井藤さんもあまり真剣に聞いていないように見えた。事態を飲み込めていないように見えた。

調書にサインをし、挨拶をして、井藤さんは足早に検察官室を出て行った。

時刻は、もう夜の八時を回っていた。

事情聴取を終えて一〇分もたたずに、僕は検察庁を後にしていた。マスカット風味の紅茶よりも、一人で焼酎でも飲みたい。そんな気分だった。

とにかく、大林の主張を直接聞かなければいけないと思った。しかし、大林はあれ以来、警察にも口をつぐんだままらしい。

「やってないなら、やってないなりに説明すればいいのにな……」

井藤さんの話を聞いた翌々日も、僕は大林を呼び出したが、大林は何も語らなかった。

検察官・江藤恭介――一〇月一二日（勾留期間の延長請求）

勾留の期限は十日間。あっという間に十日目が迫っていた。

井藤さんの話は聞いた。井藤さんの話が嘘だとは思えない。どこかで勘違いや人違いの可能性はあるだろうか？　それも思い当たらない。

だけど、何かどこかで引っかかる感じもした。はっきりと何がとはいえない。でも、被疑者の顔、被害者の涙。この事件のことを考えると、いろんなことを思い出した。ここ一週間、心なしか雨の日が多いような気がする。この事件を扱うようになった日の快晴はどこかにいってしまったようだ。季節の変わり目か、はたまた僕の気がそう感じさせているだけか。

ふと、警察官が逮捕後に依頼した「繊維鑑定」の結果が帰ってきていないことに気が付いた。

「繊維鑑定」は、痴漢事件などで逮捕された被疑者の手指から、被害者が着ていた服などの繊維が検出されないかを科学的に確かめるものである。決定的な証拠になることは多くないが、しかし、被疑者が犯人かどうかの手掛かりにはなる。このようにまだ捜査が十日間で完了しない場合、検察官は裁判所に勾留期間の延長を請求することができる。延長を認めるかどうかは裁判所次第だが、裁判所は比較的検察官の捜査の都合を聞いてくれる印象はある。

繊維鑑定の結果がまだ出ていないということもあるが、なにより、もうちょっと考えたいと思った。検察官だって、無実の人を裁判にかけて苦しめようと思っているわけではもちろんない。被疑者が無実かどうかを真剣に検討して、しっかりと見分けるのが検察官の役目だ。無実の者が処罰されてはいけない。しかし、事件を起こした者が黙って処罰を免れることも許してはいけない。集められるあらゆる証拠を集めて、処分を検討しなければならない検察官にとっては、十日間という期間は短すぎるのだ。

僕は勾留十日目に向けて勾留期間の延長の請求を行い、裁判所はこれを受け入れた。一〇月一三日。あと十日間で何ができるか。

検察官・江藤恭介――一〇月一八日

被疑者の嗚咽

一〇月一八日。朝、僕は意を決していた。

今日は、大林を取り調べることのできる事実上最後のチャンスだ。

普段、被疑者取調べに気合を入れることはほとんどなくなっていた。検察官になって一、二年目こそ、被疑者が容疑を否認している事件での取調べには気合が入ったものだ。でも、いつのころからかそれも日常業務の一環になっていた。

だけど、この事件は何か普段とは違う感じがしていた。

今日こそ、大林に話を聞こう。これまで口をつぐんでいた大林を、最後まで説得してみよう。別に無理やり白状させるためじゃない。とにかく、あの大林のこわばり切った表情を解いてあげたい。

本当は言いたいことがあるんじゃないか。言いたいことがあれば、言わせてあげたい。なんとも表現し難い気持ちだった。捨て犬をほっておけないような。困った人に手を差し伸べる牧師のような。真実を知りたいというよりも前に、大林の顔を思い浮かべていた。

顔を洗い、髪の毛を整える。

そして、僕は赤いネクタイに手を掛けた。今日のスーツは紺だ。赤は情熱の赤。気合の入る仕事の時は、赤いネクタイと決めている。紺のスーツに赤いネクタイは、人の話に説得力を持たせるといわれている。学生時代に何かの本で読んだ。アメリカ大統領がここ一番の演説をするときには、紺のスーツに赤いネクタイをするらしい。

ネクタイを締めて、鏡を見た。我ながら、タイト目なスーツが決まっている。紺に赤いネクタイが映える。なんなら今からここで誰かに今回の事件についてプレゼンテーションをしてもいい。

僕は、大林の顔を思い浮かべた。大林と話している自分を思い浮かべる。

「僕はあなたの話が聞きたいだけなんです。真実が知りたいんです！」

力を込めて説得してみる。この事件にかける全身全霊の思いを込めて、力を込めて説得してみる。しかし、力を籠めれば籠めるほど、大林はさらに口をつぐんでしまう姿しか思い浮かばなかった。

「これじゃないな」

僕は赤いネクタイを外し、緑系のストライプのネクタイを手に取った。緑には、「安心感」「穏やかさ」「自然体」などの意味がある。ネクタイを選んでいる間に始業時間に間に合う電車に乗り遅れそうだ。被疑者に合わせてネクタイを選ぶなんて、これまでしたことがあっただろうか。もちろんない。そのことにすら自覚がないまま、僕は急いで家を出た。

久しぶりに、よく晴れた朝だった。

午後一番に大林を取調室に呼んだ。その後は五時半の終業時刻まで、予定はない。入れなかったのだ。四時間も取り調べるつもりもなかったが、予定を入れる気にもなれなかった。

午前中はよくしゃべる前科三犯の覚せい剤の再犯者の取調べだった。

自分の尿から覚せい剤が検出されているのに、自分は使ってないと言い張っている。じゃあなんで覚せい剤が出てるんだと聞いても、得意の黙秘権だ。

「検事さん、司法取引しましょうよ。俺認めますから、求刑ちょっと負けてくださいよ。あ、それかこうでもいいや。俺黙秘やめますから、保釈きませんかね。え？　保釈は裁判所が決めること？　やだなあ、検事さん。検事さんも保釈していいか意見を言うんでしょ。俺知ってますよ。何回裁判受けたと思ってんですか。ねえ、取引しましょうよ」

……だから、司法取引はそういう制度じゃないっつーの。

聞き流しながら、午後の取調べの時間が近づいてくる。もう覚せい剤の件は起訴すると決めているのだ。頭の中は、だんだんと大林とどんな話をするかで占められていった。

お昼を挟んで一三時。

いよいよ大林の取調べの時間だった。

時間ぴったりに、検察官室のドアが開く。大林は真っ白なシャツにチノパン姿だった。きっと、誰かに差し入れてもらったのだろう。大林も最後の取調べで身なりをきちんとしてきたというのは考えすぎだろうか。でも、表情はこれまでと変わらなかった。

おびえるような目。こわばった表情。きっと、今日も黙秘するのだろう。

「こんにちは」

「…………」

「今日で来てもらうのは最後になります」

「…………」

「今まで何もお話ししてもらえませんでしたが、今日は何かお話しいただけることはありませんか？」

できるだけ丁寧な口調で、質問する。

「…………」

やはり答えはなかった。

「大林さんは、今回の事件で疑われている事実について、心当たりはありますか。それとも、やっていないということですか？」

「……黙秘します」

「やっていないならやっていないで、もちろんかまいません。大林さんの言い分をできる限り尊重した処分をするためにも、できれば話してほしいんです」

「……黙秘します」

「今日が最後の機会なんですよ」

「…………」

「僕は心配なんです。僕たちが処分を決めるときに、大林さんの話を聞かないまま決めてしまっていいのか」

「…………」

「被害者とされている方の話も先日聞きました。被害者の方も嘘をついているようには見えませんでした。でも、もしかしたら、被害者の方が何か思い違いをして、大林さんを犯人だと勘違いしているかもしれない。もしそれなのに大林さんが処罰されるようなことがあったら、僕は後悔することになると思うんです。

このまま取調べを終えて、大林さんをこの部屋から警察署に帰してしまうのは簡単ですよ。でも、もし大林さんがこのまま起訴されて、無実の罪で処罰されるようなことがあったら、僕は今日のことをずっとずっと後悔することになると思うんです」

「…………」

「だから話を聞きたい。少しだけでも話してくれませんか」

「……黙秘します」

「ちょっともだめですか？」

「……黙秘します」

「やってないならやってないって言ってほしいんです」

「…………」

だんだんと、説得のカードがなくなっていく。同じようなことを言い換えては、大林に黙秘されるだけだ。

お互いに沈黙する時間が多くなる。今日もダメか。

「もうこれで最後の質問にしますね。もう、この事件については、何も話すことはないということでいいですか？」

取調べが始まって一時間。半分あきらめかけて最後の質問を投げかけたときだった。

「うわっ、うわっ」

突然、大林が声を上げて泣き出した。大粒の涙が、膝の上に置いた両手にぽたぽたと落ちる。井藤さんの陰部を撫でまわしたと疑われているその手の上に。

「うっ……うっ……やってないんです」

感情がこぼれ出たのだろう。一度、深呼吸をして、さらに大林は続けた。

「やってないんです。本当にやってないんです」

「……他に話せることはありますか？」

できる限り大林が自由にしゃべれるように、僕は水を向ける。すると、大林は、少しずつ、当時の話をし始めた。両目は真っ赤だ。でも、僕の目を正面から見ていた。こんな大林の目を見るのは、もちろん初めてだ。

「全然、身に覚えがないんです。電車に乗っていたら、突然、目の前の女子高生風の女の子に手をつかまれて……。一瞬何が起こったかわからず、パニックになってしまって。それで手を振り払って逃げてしまって……ううう……うっ」

自分の行動に後悔があるのか、線路に逃げた話になって、再び泣き出してしまった。でも、その涙は、大林の話に信憑性を与えているような気がしてならない。

「お話ししてくれてとてもうれしいです。さらにいくつかお聞きしてよいでしょうか？」

大林は涙を流しながら頷いた。

「電車の中はどんな様子だったのでしょうか」

痴漢事件で周囲の状況を聞くのは鉄則だ。大林の涙に感情を揺さぶられている場合ではない。検察官としての頭に切り替え、事実を聞き取っていく。

「正直、細かくは覚えていないんです。スーツ姿の男性が多かったと思いますが……でも、ぎゅうぎゅう詰めで身動きが取れないくらいです」

「電車の中では何をしていたんですか？」

「……何ということは特にないんですが……いつこの満員電車から降りられるのかということと……おそらくあの日は、会社で翌日大事なプレゼンが控えていた日だったんです。僕はすぐ緊張しちゃう性格なので、何日か前からプレゼンのことで頭がいっぱいで。たぶん、プレゼンのことを考えていたんだと思います」

「手はどうしていましたか？」

「左手には手提げかばんを持っていて、右手は下にだらっと垂らしていたと思います。でも、それがどうなっていたかとか、誰かに当たっていたかとか、全然わからないんです。というか、電車が混みすぎて、そんなことを意識することもあんまりないので……すみません」

「謝らなくてもいいですよ。それで、電車を降りた後はどうして逃げ出してしまったんでしょうか？」

「前、インターネットで、痴漢を疑われたときは駅員室に連れていかれたら終わりとか、なんとか。そういうのを思い出しちゃってパニックになって……うううう」

大林がまた泣き出す。

「逃げたことでそんなに自分を責めなくて大丈夫です」

もう一度なだめて、僕は大林に取調べの終わりを告げる。

大林の話をまた調書にまとめようとしたが、それは先に大林に制止された。

「調書にだけは署名できません」

こういうとき、調書にサインしようものなら弁護人に怒鳴られでもするのだろうか。大林の主張をきちんと僕が証拠に残そうとしているのに。だけれども、今日の大林にはこれが精いっぱいだろうと思った。よくがんばりました、などと言いそうになるが、それをいうような立場でも役割でもない。

「今の大林さんの話を踏まえて、あと数日で処分を決めます」

そう話して、僕は大林を連れてきた警察官に退出を促した。

手錠をかけられ、部屋を後にする大林。

ジャラリ、ジャラリという音と、部屋を立ち去る足音。

もう、僕は大林に会うことはないだろう。この事件の捜査ではもちろん、おそらく、今後の人生においても。

ふぅーっと大きなため息をついて、僕は自分の椅子に背中を預けた。


「なんか今日の江藤さん、包容力ありましたね」

大林が退出して、隣に座っている大久保が何気なく話しかけてくる。

「いつもは猪突猛進なのに、ちょっと違いました」

——うるさい、ひとこと多いんだよ——

でも、緑色のネクタイが功を奏しただろうか。これから、黙秘する被疑者の取調べは緑色のネクタイにしよう。

そんなことを考えながら、僕はいつものとおり緑茶のカップに口をつけた。

時計を見ると、ちょうど三時だった。五時三〇分の終業まで予定がなかった今日の残り時間は、大林の事件の検討に充てることにした。もとい、そうせざるをえない気持ちだった。

わずかな可能性

大林が嘘をついているようには、どうしても思えない自分がいた。

大林が、涙を流して、自分の無実を信じてくれといわんばかりの訴えは真摯だった。

「冤罪」

そんな二文字が頭をよぎる。自分がそういうものを生み出してはいけない。自分が検察官になったのは、被疑者を起訴して処罰するためではない。社会正義の実現だ。

僕は、額に汗が流れるのを感じた。今日は暑く、僕の部屋には一〇月以降冷房が入らない。検察庁では「節電」といって、一〇月以降冷房が入らないのだ。でもこの汗はきっと、そのせいではない。

痴漢事件は証拠が少ない。被害者とされる人物の話が最大のよりどころだ。もし、大林が真実を話しているとすれば、なぜ井藤さんは大林を犯人と思い込んでいるのだろうか。僕はおもむろに井藤さんの調書を見た。

まず、右後方からお尻を触られるのを感じた。これは撫でまわす感じだ。さらにスカートの中に手が入ってくる。むろん、痴漢だ。たまたま当たったという可能性はない。そして後ろを見て、大林の顔が目に入ってきた。それで痴漢がやんだというのだ。

「ん、この段階では、首をひねっただけ。そこに大林の顔があっただけってことか……厳密に言えば、それまで触っていた手が大林の手だという確認は、取れていないわけだな」

その後また、少し経って痴漢が再開する。お尻の右後ろに、手が触れる感触。また痴漢が始まったと思い、触れている間に捕まえた。

また痴漢……が？　ちょっと、これは……。

右頬に汗が伝う感覚。

「大林は、右手を下に垂らしていたと言っていた……。井藤さんのいう二回目の痴漢は、一回目のものほど激しいものではないぞ。もし、大林の手がたまたま当たっていたのを被害者が二回目の痴漢と勘違いしていたら……。最初に痴漢行為をした犯人は、大林とは別人なのに、井藤さんが大林の手がたまたま当たっていたのを、痴漢だと勘違いしたとしたら……」

……あり得るんじゃないか？

すでにスーツの上着は脱いでいたが、シャツが汗ばんで濡れている。

……あり得るんじゃないか？

井藤さんの供述に問題はないと思っていたが……。それでも大林が痴漢をしていない可能性が、あり得ないとは言い切れないんじゃないか。

「どうしたんですか？」

大久保が察して声をかけてくる。

「大久保さん、もう一度、明日、井藤さんを呼びましょう」

きょとんとした表情で、大久保はうなずいた。

検察官・江藤恭介——一〇月一九日

被害者の確信・検察官の迷い

翌日、学校での授業を終えた井藤さんが、再び検察庁を訪れた。前回のような雨の空ではなく、真っ赤な夕焼けが窓の外に広がっていた。

「何度もお呼び出しすることになり、申し訳ありません」

僕がそう謝罪すると、井藤さんはにこりと微笑んで、大丈夫ですとばかりに会釈をした。

前回呼び出した時と打って変わって、しっかりした表情だ。

事情聴取の口火を切ったのは、僕の前に座った井藤さんのほうだった。

「あの、前回、犯人がやってないといったら私が裁判にでなければいけないと聞きました。私、行きます。裁判に、出ます」

驚いた。前回会った時とは違う、はっきりとした口調。何かにおびえているような表情は、雨雲とともにどこかへ行ってしまったようだ。しかし今日、僕の懸念はそこにあるわけではない。

「井藤さん。確認したいことがあります。最初に痴漢をしてきた人物と、一度離れて再び痴漢をしてきた人物が、違うということはあり得ますか?」

単刀直入に聞く。「えっ」と驚くような井藤さんの表情。

「井藤さんの話を疑っているわけではもちろんありません。二回目の痴漢が、偶然に手が当たっていただけという可能性はありますか？」

「…………」

しばらく沈黙する井藤さん。

答えに窮しているわけではないだろう。きっと、あまり考えてもいなかったことを突然言われて、戸惑っているのだ。少し困った時に長い黒髪を触る仕草は彼女の癖なのだろう。このとき気づいた。

「……勘違いは、絶対にないと思います」

そうか、絶対にとまで言うのか。

「何か根拠みたいなものはありますか？」

「……根拠。でも確かに、一回目で振り返った時の犯人の表情は、少しびっくりしたように見えたんです。それで痴漢もやんで……。二回目も同じ方向から触られた気がするんです。触られた感触も、たまたまとは思えませんでした。感覚的な話ですけど」

「どんな感覚でしたか？」

「……ちょっとはっきりとは……でも、一瞬触れられたとかではないんです。何分ってはっきりした記憶があるわけでもないんですけど、しばらく触られていたような感じです。だから、たまたまではないと思います」

はっきりとはしないが、井藤さんの感覚が誤っているとも思えない。

またも、僕は直感した。なにしろ、触られたのは彼女しかいない。実際の事件現場での素直な感覚を知っているのは彼女しかいないのだ。少しだけ被疑者側に傾いていた気持ちが、被害者側に振れる。

僕は井藤さんの調書をまとめた。

一回目で振り返った時に犯人が少し驚いて、同時に痴漢もやんだ。二回目に触られたときも同じ方向だと思ったし、感触もたまたまとは思えない感覚だった。時間も、一瞬ではなく、しばらく触られているような感じだった。——それに二回目に振り返ると同じ男がいて、目を合わせないようにしている。

簡単な調書を作成し、井藤さんにサインを求める。

「ありがとうございました」

はっきりそう言い、井藤さんは部屋を後にする。

笑顔だった。同時に、そこには何か力強いものが感じられた。僕自身の迷いとは裏腹に、井藤さんはもう闘う覚悟ができているように見えた。


正直、迷っていた。

警察から、頼んでいた繊維の鑑定結果が出てきた。結果は、被疑者の手から、スカートと「同種」の繊維が発見されたというものだった。でも、今やそんな鑑定結果は僕の悩みを解決するなんの助けにもならなかった。

鑑定の結果、スカートの繊維は一般に大量に流通しているごくありふれたものであった。それに加え、今考えられる現実的な可能性は、大林の手がたまたま井藤さんのスカートに触れたのを、井藤さんが痴漢と勘違いしたのではないかというものだ。もしそうなら、大林の手から井藤さんのスカートの繊維が出ていても、なんの不自然さもない。

少し整理して、考えてみよう。

まず、井藤さんが嘘をついている様子はない。なんの利害関係もない高校生だ。嘘をつくような動機も見当たらない。

井藤さんの話はかなり具体的だ。最初に痴漢行為をされた態様は生々しいほどに具体的に語られた。最初に警察に聞かれたときからも一貫している。話の内容にも不自然なところはない。

一回目の痴漢行為は振り返って終わり、さらに続いたので手を捕まえたという流れも自然だ。捕まえた手はまさに大林の手だった。少なくとも、二回目に大林の手が井藤さんのお尻に触れていたこと、井藤さんがこれをつかんだことは間違いがない。

一瞬頭に浮かんだ疑問も、もう解消されたのではないか？

二回目の痴漢行為も、一回目と同じ方向から、それなりの時間、たまたまとは思えないような感覚。再度振り返って確認もしている。痴漢行為が続いていたとしか考えられないのではないか。

普通に考えれば、犯人は大林だろう。

普通に考えれば、起訴できるはずだ。普通に考えれば、有罪になるはずだ。

——普通に考えれば……——

でも、あの涙は何だ。大林のあの訴えを、本当に嘘と言い切れるのか。

たしかに、これまで何人も否認する被疑者を見てきた。証拠がそろっているとみれば、否認している事件でもいくらでも起訴してきた。そして、起訴した事件は有罪になってきた。これまで、僕が起訴した事件で無罪になった事件は、一件もない。でも、今、大林の話を嘘と言い切る自信がない。ずっと黙って、黙って、最後の取調べで開いたその言葉が、嘘であるとは思えない。思いたくないだけか？　ぐるぐるぐるぐる、頭の中に井藤さんと大林の顔が交互に浮かぶ。

バン！

机をたたいて立ち上がっていた。驚いて大久保がこちらを見上げている。

「一人で考えていても仕方がない。副部長に相談しに行こう」

小説や映画と事件処理は違う

検察庁には、「決裁」というシステムがある。

事件を担当する検察官も、自分自身だけの判断でその事件の処分の結論を決めるわけではない。

ここ東京地方検察庁で捜査を担う部門である刑事部――裁判を担う部門の公判部は別にある――は、いくつかの班にわかれ、その班を統括する副部長という上司に決裁を仰ぐのが習わしとなっている。僕が大林を勾留請求した時に決裁をもらったのもこの副部長だ。

担当検事が被疑者を起訴しようと思えば、副部長に証拠を説明して決裁をもらわなければならない。処分を決める場合以外でも、事件の内容について相談したいことがあれば副部長にまず相談すればいいし、自分より経験のある上司の言葉が役に立つことも大いにある。

僕が上司に事件の中身について相談に行くのはいつ振りだろうか。もしかしたら、東京に来てからは一度もなかったかもしれない。起訴や不起訴の決裁は頻繁に行くが、事件の方向性について迷って、それを相談しに行くなんてことはしばらくしていない。

副部長の部屋は一つ上のフロアだ。記録を愛用の紫色の風呂敷に包む。検察庁で支給されたものではなく、自分で選んで買ったお気に入りの風呂敷だ。柄はない紫一色の風呂敷だが、上質なやつだ。階段を上がる。どんな厚さの記録も包める風呂敷は、全国の検察官がみんな持っている必需品。だが、今日風呂敷に包んでいる記録は、包む必要もないくらい薄い厚さ数センチの記録だ。

こんな単純な事件で副部長に相談するなんてどうかしてる。今まで、僕は淡々とたくさんの事件を処理してきたはずだ……。そんなことを考えているうちに、僕は副部長の部屋の前までたどり着いていた。

コン、コン。

「……失礼します」

ノックをし、部屋の中に入る。

十畳以上はあろうかという広い部屋に、机が一つ。棚には重大事件のファイルがたくさん並べられている。部屋の殺風景さは、副部長の人柄を表しているようでもあった。

刑事部の中川副部長。男性で、今年の四月から僕の直属の上司だ。年は五十代はじめくらいか。直接聞いたことはない。飲み会では少し笑顔で話すところを見たことはある。でも、酒を飲んでいる姿を見ることと自体ほとんどない。

僕が部屋に入ると、中川副部長は何かのファイルを読んでいる顔の位置を変えず、視線だけこちらによこしてきた。いつも通り眼鏡のレンズの奥から、鋭い眼光がこちらを向く。まるで、獲物をにらむ肉食獣のようだ。僕も最初はちょっと怖いと思ったものだが、もうある程度慣れた。この人は怖いのではない。検察官としての職務にいつも真剣なのだ。

ただ、今日の副部長の表情はそうした厳しさだけを物語っていなかった。本来であれば、この日この時間、副部長の部屋を訪れる理由は何もなかった。副部長は、突然の訪問に驚いているようにも見えた。あるいは、僕の心がそう見えたように感じさせたのだろうか。

「副部長。お忙しいところ申し訳ありませんが、否認事件の終局処分でご相談があります」

単刀直入に、切り出す。

「……珍しいね。君が処分の相談なんて。何の事件なの？」

抑揚のあまりない静かな声が、二人しかいない部屋に響き渡る。

「実は……今扱っている痴漢の否認事件なのです」

こうして、僕は事件の説明を始めた。

有罪の根拠となる証拠は被害者の供述のみであること。被害者に嘘をつく動機はないこと。被害者の供述は具体的であること、そして、最初からずっと一貫していること。被害者は犯人に触られているところで手をつかんでいること。犯人の特定も問題ないし、たまたま触れていた手を痴漢であると勘違いした可能性は低いと考えられること……。被害者の話を聞いて自分が分析していたことを、論理的に話していく。こういうプレゼンテーションは得意だ。

「ですから、基本的に、被害者の供述は信用できると考えます」

「……うん。それで？」

そういわれて、一瞬言葉に詰まる。もう、説明は尽きている感じがした。しかし、自分の悩みは、その先にあった。その先の疑問を、目の前にいる中川副部長がどう受け止めるか。僕の論理は、その答えを持っていなかった。

「…………」

少しの間、沈黙が走る。

「相談ってのは？」

「……実は、ちょっと引っかかるものがあるんです」

法律的でもない、論理的でもない、直感的な何か。

「被疑者は、ずっと黙秘をしていました。僕の二回目の取調べまで、僕に対しても、警察官に対しても、ずっと黙秘を貫いていたんです。でも、この間の二回目の取調べで、最後の最後で口を開いたんです。……やっていません、って」

副部長の目を見て、懸命に気持ちを伝えようとした。

「彼は、涙ながらに語りました。やってません、それだけじゃなくて、その日あった出来事を、彼の感じるままに、話してくれました」

副部長も、僕の話を真剣に聞く。眼鏡のレンズの奥からこちらをにらむような視線は、僕の目から一時も離れない。

「弁護人の指示に背いてまで口を開いてくれたんです！　やってませんと言って、彼の話の内容に、納得できないところはほとんどありませんでした。被害者が本当なら、彼は嘘をついていることになりますが……全くそんな風には思えませんでした。彼の話が嘘であると断言できる自信がありません。この事件は……冤罪かもしれないと思うのです。直感的にですが」

ついに最後まで言葉を尽くし、副部長の反応を待つ。副部長は、いったん目を閉じた後、しばらくの間をおいてこう切り出した。

「……私は、小説や映画はあまり好きじゃなくてね」

脈絡のない言葉。だが、その意味を解説するように、さらに言葉が紡がれていく。

「小説や映画は感情をかき乱す。そうだよね、それが創作者の目的だ。でも私は、感情をかき乱されるのが嫌いだ。いちいち、そんなものに左右されて生きていきたくない。……まあ、私のことはどうでもいい。

事件の処理において、検察官は感情をかき乱されてはいけないんだ。感情は、正しい判断をするための目を曇らせる。私も、今まで何人も、何十人も、自分の前で泣く被疑者を見てきた。必死の思いで、泣きながら自分は無実だと訴えるんだ。でも、その中には、証拠が真っ黒黒でどう考えても有罪という事件もたくさんあった。必死で泣きながら訴える被疑者を、私は冷たい目で見ていただろうね。感情なんてそんなもんだ。もし私が感情に流されてしまうことを好んでいたら……間違った判断をし続けていたかもしれないよ」

語気が、少し強まる。

「当事者の感情にいちいち揺れていてはこの仕事は務まらないんだ。君の言う『直感』とは感情に揺さぶられた末のものじゃないのか？

目の前の証拠を見よう。目の前の証拠の評価をして、裁判で有罪がとれそうなら、それは黒ってことだろう。さっきの説明ではどうだ？　どっちだったんだ？　私から助言できるのはそれだけだ。もう一度考えて、今度はちゃんと、決裁をとりに来てくれ」


副部長の部屋を出た僕は、なぜかこれまで自分が読んできた本のことを考えていた。

僕の好きな本のジャンルは小説だ。漫画も好きだが、小説がいい。

特に好きなのは、刑事ものや推理ものだ。巧妙な犯罪を刑事が推理で解き明かしていく。それによって犯人を検挙し、犯人が自白をするシーンは、溜飲が下がる思いがする。ドラマや映画も好きだ。「正義の味方」があるやつがいい。

中学生のころやっていた検察官のドラマは、僕が今の職業についていることに無関係ではない。なんかラフな格好をした検察官が事務官と一緒に事件を解決し、ハッピーエンドになるドラマだったなあ。事件を解決して被害者と喜びをわかち合う姿に、幾度となく涙した記憶だ。

でも、だからといって、自分は感情に流されてきたわけではないと思っている。副部長の言っていることは正論だ。でも、なんとなく、悔しいような、もどかしいような気持ちもある。小説や映画と事件処理は違う。そんなことはわかっている。そんなことはわかっていますと、副部長に反論すればよかったか。

「……反論なんてできないよ」

そう呟いて、自分の検察官室に戻る。反論できないのは、上司だからではなく、そうは思っていながら自分が感情に流されていない自信がどこにもなかったからだ。そんなことはわかっている。

辺りはもう暗くなり始めていた。


大久保は、帰ってきた僕を見て、何かを察したようだった。

「あまり望むような答えがもらえなかった、って顔してますね」

別に僕だって何か結論ありきで相談に行ったわけじゃない。何か結論を望んでいたわけでもない……。それとも、それなら不起訴にしていいんじゃないか、という副部長の言葉を望んでいたのか、僕は。

「副部長は起訴の意見ですか?」

「いや、そんなところまで話がいかなかったよ」

そう言って、バツの悪さをごまかそうとしたが、実際そんなところまで話はいかなかった。もう一度よく考えろと言われただけだ。勢いで、大久保に尋ねてみる。

「大久保さんはどう思う?」

大久保は少しきょとんとした表情をした後、淡々と言葉を重ねた。

「私は、被害者の話のほうが信用できると思いましたよ」

またもや、被害者側の意見だ。

「ふつう、手が触れてたら気づきませんか? 一瞬ではないし。いま世間ではよく『痴漢冤罪』とか言われてるんですから、お尻に手が触れちゃってたりしたら、まずいって思って、勘違いされないように手を引っ込めたりするんじゃないかなあ?」

確かに言われてみればそうだ。結局自分が感情的になっているだけなのか。僕はなぜか机の上の受話器を取り、新宿署の担当の刑事に電話していた。こんなタイミングで、刑事に電話をすることなんてまずない。

「ええ、検事、どうしたんですか。他にわかったこと？　いやいやいや、もうこの事件はだいたい証拠挙げたでしょう。だいいち、被害者の供述に信用できないところがどこかあるってんですか？　検事、なんで弱気なんですか。あいつは黒に決まってますよ。だって黒じゃなかったらなんで逃げる必要があるんですか？」

警察官も正論だ。冷静になればなるほど、自分の疑問なんて取るに足らないように感じる。

「検事、帰りませんか？　思いつめると、ドツボにはまりますよ。今日は金曜日なんだから週末ゆっくりして頭をリフレッシュさせてきて下さい」

大久保は若いのに使う言葉が古い。

憎めない大久保の言葉が、今日は正しいような気がした。

検察官・江藤恭介——一〇月二二日

週明けの一〇月二二日、僕は記録を愛用の紫の風呂敷に包んで、副部長の部屋に向かっていた。金曜日と変わらない風呂敷、金曜日と変わらない記録。一つ違うところがあれば、記録には「起訴状」という書類が新たにつづられていた。

> 公訴事実
> 被告人は、平成三〇年一〇月三日午前七時四〇分から同日午前七時四五分までの間、東京都豊島区西池袋一丁目一番二一号東日本旅客鉄道株式会社池袋駅から同都新宿区西新宿一丁目一八番新宿駅に至るまでの間を走行中の湘南新宿ライン内において、被害者井藤果歩（当時一七歳）に対し、強制わいせつ行為をしようと考え、同人の臀部を掌で撫でまわし、その下着の中に手を差し入れて陰部をもてあそぶなどし、もって強いてわいせつな行為をしたものである。
> 罪名及び罰条
> 刑法一七六条前段

昨日の帰宅後は、思いつめるとドツボにはまるという大久保の言葉に反して、この事件のことばかり考えていた。そこに突然、司法研修所時代の古い友人から電話がかかってきたのだ。

とても仲は良かったが、僕と彼の進路は異なり、彼は弁護士として、刑事事件をたくさん扱う事務所に入所した。最近はスポーツ関係の仕事にも手を伸ばしているような話も聞いたが、刑事事件を熱心にやっていることには変わりがないらしい。

僕は検察官で彼は弁護士。職業としては敵対する立場なのだが、彼は守秘義務に反しない程度に、よく僕に意見を求めてくる。彼は電話口でこういった。

「依頼人の主張が信じられないんだよね」

意外な相談だった。被疑者の弁解を嘘だと思えない検察官と、自分の依頼人の主張を本当と思えない弁護士の会話は、瞬く間に盛り上がった。

「依頼人が信じられなくても、目の前の証拠を見て立証が薄そうなら……弁護人は徹底してそこを突いていくべきじゃないかな?」

「検察官の立証に穴があって裁判で無罪がとれそうなら、それは白かもしれないってことじゃないか?」

僕は精一杯のアドバイスをした。彼は僕の話をよく聞いてくれる。電話の向こうで、うんうんとうなずく彼の姿が目に浮かぶ。

「いやぁ、ありがとう。なんか助かったよ。さすが、伊達に検察官やってないな。やっぱ冷静だわ、いつも」

「そんなことないよ……でもさ、逆に弁護士って、証拠上は無罪が厳しそうなのに、依頼人の主張が本当かもしれないって思うことってあるの？」

「ある」

「そしたらどうする？」

「どうするもこうするも、何とか戦略を練って弁護するだけじゃないかな。あとは、有罪を覚悟する」

有罪を覚悟する……。検察官にはない感覚だ。

「白かもしれないのに有罪になっていくのは辛くない？」

「辛いね。でも、法律家は神様じゃない。真実はわからない。それは検察官だって、それこそ裁判官だってそうだろう。弁護士にできるのは、証拠を評価して依頼人にとって最善の防御をすること……なんか、人の話だと、冷静に議論できるんだよな」

彼は笑いながら言っていた。彼は引っかかっていたものが取れたようだった。そしてもちろん、それは僕も同じだった。僕にできるのは、証拠を評価して、適切な処分を決めること。証拠に照らして、痴漢があったのが間違いないかを検討すること。そう冷静になれば、答えははっきりしていた。

導き出した結論

副部長の部屋のドアをノックして入室する。

「決裁に上がりました」

記録を副部長に手渡し、僕は改めて被害者の話が信用できることをプレゼンテーションする。話していることは金曜日とほとんど同じだ。しかし、そこに迷いはない。

「土日二晩寝て何が変わったんだ？」

僕の様子を見た副部長が、尋ねる。

「僕は……小説やドラマや映画は好きです。……けれども、事件処理はそれとは関係ありません。感情は、正しい判断をするための目を曇らせますからね」

普段は笑わない副部長が、くすっと笑みを浮かべた。


翌日、平成三〇年一〇月二三日、僕は被疑者大林を起訴した。

被害者・井藤果歩——一〇月五日

家族の気遣い

一昨日、家に帰った後はお母さんもお父さんも事件のことはそれほど聞いてこなかった。気を遣ってくれているんだ、とわかった。弟は何もわかっていないし、私も誰かに話そうという気にもならなかった。

昨日からは、普通に学校にも塾にも通っている。もちろん、満員電車に乗るのが嫌な気持ちはあるが、電車を使わないわけにもいかない。あの犯人も逮捕されているし、その後は人身事故にも遭遇していない。きっともう大丈夫、関係ない。そんなことを考えていたのに、思ったようにはいかなかった。

「連休明けの火曜日の放課後、ケンサッチョウに行ける?」

いつものように夜九時過ぎに帰宅した私に、お母さんが聞いてきた。

その一言だけで、あの事件のことだというのは十分にわかる。火曜も塾のある日だ。ただ、お母さんは塾を休んでいいという。

私にも、ここで断るような勇気はない。この前話をしたのは警察官、今度は検察官。検察官は、裁判で弁護士と闘う人だということは知っている。

つまり、あの男は裁判にかけられるということなのだろう。もしかして、私も裁判で話をしなければいけなくなるのだろうか?

被害者・井藤果歩――一〇月九日

検察庁での動揺

九日の火曜日、授業が終わった後に私は、一人で霞が関の駅に向かった。

こんな駅に一人で来るのは初めてだ。中学の社会科見学で裁判傍聴に来たけれど、そのときもこんな街だっただろうか？　似たような建物が並ぶ中から、お母さんに教えてもらっていた検察庁の建物に入った。もう夕方で外は暗くなってきていたが、中に入ってもなんだか暗い印象のある建物だ。

受付をして、言われたとおりに一階で待っていると、エレベーターホールから女性が小走りで出てきて、そのまま、上の階に案内してくれて、部屋に通された。


「この人が検察官……？」

私が勝手にイメージしていた「検察官」とは少し違っていた。男性だけれど、とても若い。怖そうな感じもしない。再放送のドラマで見た、ジーンズ姿の検察官みたいな人は、さすがに現実にはいないのだろうとわかっていたが、それでも少し驚きだった。

「辛いことを思い出させるようで申し訳ありませんが、そんなに長くはなりませんので、ご辛抱ください ね」

その検察官は、ゆっくりと、そして丁寧な言葉で話し始めた。検察と警察とは違う組織だから、警察には話したかもしれないけれど、事件のことをまた一から説明してほしい……。

そう促されて話し始めると、思ったよりもスムーズに言葉が出てくる自分に驚いた。あの日以降、事件のことなんて思い出さないようにしていたのに。警察で女性の警察官に話をして、書類にしてもらって、自分の頭の中でもよく整理されているのを感じた。

検察官も、時折質問を挟むだけで、私の話に耳を傾けてくれた。そのうち、検察官の隣にいた女性が検察官の言葉をパソコンに打ち込み始めた。何気なく見ていた私は、場の空気にも慣れ、少し気持ちに余裕が出てくるのを感じた。

ふと、あの男が今どうなっているのか聞いてみようという気になった。

「あの、犯人は、なんと言っているんでしょうか？」

「…………」

検察官が、一瞬答えを悩んだような気がした。

「……それが、否認しています。えっと、否認っていうのは、つまり、自分はやっていないと、そういっています」

私は、一瞬耳を疑った。

検察官は、少し間をおいて、また書類を作成する作業に入った。

まるで私がそう話しているかのように、一人称で検察官の口から語られる物語、そして、それを女性が素早くパソコンに打ち込む音を聞きながら、急に涙があふれてきた。なぜかは自分でもよくわからなかったが、犯人の男に対する怒りというわけではないと思った。もちろん、あの男を捕まえた自分の行動を後悔しているわけでも、間違いではないかと不安に思っているわけでもない。私は、たしかに自分のお尻を触っていた男の手を掴んだし、そのまま電車も降りた。あの男の顔は二回も見ている。何より、あの男は電車降りたとたん逃げだした。大丈夫……私は間違ってない。

なぜ泣いてしまったのかは、自分でもわからないままだった。

検察官が困っているのがわかった。でも涙が止まらなかった。検察官は、泣いている私を困ったように見ながら、それでもゆっくりと書類の作成を続けていた。

私は、おそるおそるもう一度口を開いた。

「このあと、どうなるんでしょうか？」

検察官は、この先のことを丁寧に教えてくれた。

私の思い過ごしかもしれない。でも、検察官は、私がその質問をすることをわかっていたようで、それでいてその質問を受けることをどこか心苦しく感じているように見えた。

「裁判になっても、このまま被疑者が否認していたら、井藤さんにも裁判で証言していただくことになると思います。その時は、ぜひともご協力いただければと思います」

駅員さんが男を捕まえてくれたあの時、あるいは警察署で「あれが犯人で間違いない」と女性の警察官に説明した時、私の中で、この事件は終わったと思っていた。いや、そう思おうとしていたのかもしれない。両親にも、友達にも事件のことをあまり話したりせず、必死に忘れようとしていた。

「裁判で証言をする」ということがどういう意味なのか、詳しくはわからない。でも、私が中学の裁判傍聴の時に見たあの証言台で、事件のことを話さなければならないということだろう。検察官に対して、「それは嫌です」と言うこともできなかった。私がただ嫌だと言って、断ることができるものなのかどうかもわからなかった。

「大丈夫です、正義は勝ちますから」

本気でそう言ったのか、私を元気づけるために言ったのか、検察官はそんな言葉を最後に私にくれた。それでも、私の心はその言葉に反応する余裕はなかった。私は、建物に入るときには予想もしていなかったショックを引きずったまま、検察庁をあとにした。

被害者・井藤果歩――一〇月一九日

もう、怖がる必要はない

また、検察官から呼び出しがあった。前回検察庁に来てから二週間も経っていない。

前回、自分がなぜあんなに取り乱してしまったのか、それは今でもよくわからない。多分、突然思ってもいなかった方向に話が進んで、驚いただけ。

お母さんやお父さんとも話をして、刑事裁判のことも少し調べた。今はまだ捜査段階で、あの男を裁判にかけるかどうかは検察官が決めるということ、裁判になってあの男が罪を認めなければ、私が法廷で証言する必要があるということ。

「知らない」ということは、怖いことだと思った。逆に言えば、これから自分が何を求められるのか、どうするべきか、それを知っている今の私は、もう怖がる必要はないのだ。

そう言い聞かせながら、検察庁の建物に入った。前回とは違って、どこまでも空が続いていくような夕焼けだ。

前と同じ部屋で、同じ検察官と向かい合って座った。検察官が、私のことを探るような目で見ているのがわかる。前回の様子を見て、私が揺れていないか不安になっているのだろう。でも大丈夫。私は間違ったことをしているわけではないのだから。

「私、行きます。裁判に、出ます」

私は、自分からそう口火を切った。検察官は、何も言わずにうなずくと、私にこう問いかけた。

「最初に痴漢をしてきた人物と、一度離れて再び痴漢をしてきた人物が、違うということはあり得ますか？」「二回目の痴漢が、偶然に手が当たっていただけという可能性はありますか？」

少し予想外の質問だった。

私は、これまでも、事件のことについて嘘は一度もついていない。一回目のときに犯人の手を目で見てはいない。痴漢だと思って後ろを振り向いたら、あの男の顔が真後ろにあっただけ。でも、勘違いはない。あの時、私と目を合わせないようにしていた男の顔と、駅について線路に飛び降りて逃げようとした男の必死な顔、あの顔は絶対に忘れない。お尻だって、たまたま手が当たったのか、撫でられたのかぐらいさすがにわかる。

どう答えるべきか一瞬考え、断言した。

「……勘違いは、絶対にないと思います」

検察官に対してというよりは、私自身に言い聞かせるようなつもりだったかもしれない。

検察官が私の言葉を信じてくれたのか、それは私にはわからなかった。検察官からは、その根拠も聞かれたが、それは自分でも言葉にするのは難しかった。それでも、絶対に間違いないという感覚、それは私の中にはっきりと残っていた。検察官は、少し考える顔をしてから、前回のように、事件のことを質問し始めた。一通り質問が終わり、前回のように、書類の作成が終わった。検察官は、少しほっとしたような、でも、どこかまだ何か悩んでいるような顔をしていた。

それから三日後、検察官から家に電話があった。

「あの男を起訴することになりました。我々の取調べに対しては、最後まで否認でした。裁判では、おそらくあなたに証人として話をしてもらうことになると思います」

こうして私は、「強制わいせつ被告事件」の「被害者」として、裁判所で証言することになった。

弁護士・新橋将男——一一月五日（起訴、そして裁判へ）

薄い証拠のファイル

「主文、被告人を……」

七三分けにした小柄な裁判官の冷たい声を聞いたかと思った瞬間に目を覚ました。

暑さの盛りはとっくに過ぎたというのに全身に汗をかいている。まだ、窓の外は真っ暗だ。隣からはスースーという気持ちよさそうな妻の寝息が聞こえる。時計に目をやると、その針は五時四〇分を指している。起床時間までは、あと五〇分ある。もうひと眠りできそうだ。

——しかし——

心臓の鼓動が止まらない。あの裁判官の声が脳裏に焼き付いて離れない。

三年前の事件、僕は無罪を確信していた。

検察官の主張には無理があった。裁判官は理解してくれると思っていた。だが、依頼者は有罪となった。控訴してもその結論は変わらなかった。依頼者には前科もなかった。妻子もある、ごく平凡な家庭を、幸せな家庭を築いているサラリーマンだった。自分はやっていないとずっと一貫して主張していた。その主張は十分に納得ができるものだった。検察官の証拠も弱かった。しかし、二度の敗北は依頼者を絶望させるには十分だった。地方裁判所で有罪。控訴して高等裁判所でも有罪。それで彼は争うことに疲れてしまったのだ。僕の説得もむなしく、最高裁判所への上告を自分で取下げ、彼は刑務所に入ることを選んだ。本当は何もしていないのに。決して短くない刑期なのに。

それ以来、彼からは連絡はない。彼の家族からも連絡はない。ただ、ふとした拍子に、苦い思い出となって僕の心を握りに来るだけだ。

あれ以来、僕は刑事弁護の世界から少し遠ざかっていた。生涯その痛みと付き合うことの覚悟は、今でもできているつもりなのだが。

「もう眠れないな」

六時一〇分を指そうとしている時計を横目に見ながら、妻を起こさないよう静かにベッドを離れた。

もちろん、あの裁判官の夢を見た理由はわかっている。

事務所に到着すると、僕の机の上に一つのファイルが置いてあった。

「強制わいせつ被告事件　大林英吾」

検察庁から送られてきた証拠を、事務員がファイルにまとめてくれたものだ。

検察官は、起訴した事件の有罪を立証する責任を負っている。ただし、その立証のために、検察官が収集した証拠をすべて裁判所に提出するわけではない。有罪を立証するのに必要最小限の証拠だけをピックアップして裁判所に提出する。それを「請求証拠」と呼んだりする。請求証拠は、起訴されてから概ね二週間～三週間後に弁護人に開示されることになっている。僕の机の上に置いてあるファイルは、その請求証拠をまとめたものだ。請求証拠には二種類ある。被告人自身のことに関する証拠が「乙号証」、それ以外の証拠が「甲号証」と呼ばれている。

机の上に置いてあったファイルは、想像していたよりもずっと薄かった。この時点で、決定的な証拠は存在しないのではないかという予感があった。

大林さんは、今はもう勾留されていない。起訴された当日にした保釈の請求が認められたからだ。裁判所に保釈金を納付して、釈放された。

しかし仕事は失った。

彼は今、実家で暮らしながら、新しい仕事を探している。裁判が終わるまで、新しい仕事を見つけるのはなかなか大変だろう。失われたものは戻ってこない。今後の彼の人生のために、僕は意地でも彼にかけられた疑いを晴らさなくてはならない。

それができるかどうかが、このファイルにかかっている、というわけだ。

事務所の奥にある冷蔵庫から大好物の甘納豆を一袋取り出す。わざわざ金沢から取り寄せている甘納豆。中でも「青えんどう」がお気に入りだ。湧き出てくるはやる気持ちを必死に抑えようとする。デスクトップの脇に食べ終えた甘納豆の袋が置いてある。その脇に無造作に甘納豆を置き、椅子に深々と腰をかけ、靴を脱いであぐらをかく。モジャモジャの髪の毛をかきあげる。

これが記録を読むときのスタイルだ。甘納豆は早々に無くなってしまうのだが。

――慎重に――

自分に言い聞かせながら、ゆっくりとファイルを手に取り、食い入るように一枚ずつページをめくっていった。

やはり、この事件には目撃者はいないようだ。被害者の身体や衣服から大林さんのDNAが出たという証拠も、手から繊維片が出たという証拠も、この請求証拠の中には存在しない。大林さんが犯人であるという証拠は、被害者の供述だけだ。

その被害者の供述調書は、次のような内容になっていた。

> 私は、毎朝、学校に通うために赤羽駅から新宿駅まで湘南新宿ラインに乗って通学しています。いつも赤羽駅を午前七時二〇分に出発する電車に乗っていますが、この日は人身事故で電車が遅れていて、ホームもいつも以上に混雑していました。私は混雑を避けて一本電車を見送った後、二

番目に来た電車に乗ろうとしました。電車を待っていた場所はこの日もいつもと同じように一番後ろの車両の一番前のドアの位置で、そこにできた列に並んでいました。

このとき、犯人の男も、同じ列の後ろに並んでいました。

犯人の男は、同じ時間に同じ列に並んでいることが多いので、以前から顔は知っていましたが、名前は知りませんし、何も関係はありません。

この日、電車内も、赤羽駅のホームに入ってきたときからぎゅうぎゅう詰めでした。赤羽駅では降りる人もそれなりにいるので、二〇人ほどが降りてから、ホームで列をつくって待っていた人たちが車内に入りました。私は後ろの人たちに押されるようにして乗車し、電車内の真ん中付近に位置取りました。

このとき、私は進行方向に対して左向きに立っていて、犯人の男は私のすぐ後ろで私と同じ方向を向いていたと思います。車内はぎゅうぎゅう詰めだったので、私は手に持っていたバッグを両手で抱きしめるような形で持ち、電車の揺れに備えようとしていました。

次の停車駅は池袋駅でしたが、池袋駅でどのくらいの人の乗り降りがあったかについてはよく覚えていません。ただ、私は赤羽駅を出発した時と同じ体勢で同じ方向を向いていたことは間違いありません。池袋駅を出発して少ししたころ、何者かが、私の右後方から、私のお尻に手を触れてきました。最初は手が当たっただけかなと思いましたが、次第に手のひらで円を描くように撫でまわしてきたので、私は、

痴漢だ

と思いました。私はどうしていいかわからず、新宿駅に到着すれば解放される、それまで我慢しようと思っていました。

ところが、その痴漢は、さらに私のスカートの中に手を入れ、下着の上からお尻を触ってきました。その手が、右後ろのお尻から下着の中に手を入れ始めて、お尻に直接触れ、さらには陰部のほうに指先を進めようとしてきました。

私は、

陰部だけは直接触られたくない。

と思い、揺れてバランスを崩したふりをして自分の身をよじったりして抵抗しました。そのたびに陰部付近から指は遠のくのですが、下着から手を出そうとはしませんでした。私は、痴漢をされることがどうしても許せなくなり、犯人が誰なのかを確認しなければならないと考えました。そこで、体の向きは混雑して変えられないものの、首だけを右後ろにひねって後ろを見ました。そうしたら、今回逮捕された犯人の男と目が合いました。その今回逮捕された犯人の男と目が合ったその瞬間、スカートの中から手が離れ、痴漢行為がいったん止んだのです。

このことから、私は、

この男が痴漢の犯人だ。

と思いました。

しばらくすると、再び自分の右の臀部に手が触れる感触を感じました。私は、

また痴漢をしてきた。

と思いました。
そこで、顔を後ろに向けると、さっき目が合った男と同じ男がいました。犯人の男は、今度は目を合わせないようにしていました。私は、男を捕まえることが怖くなって、どうしようか悩みましたが、やはり捕まえなければならないと思いました。そこで、撫でられている手のほうにゆっくりと自分の右手を伸ばしていき、その男の手首をつかみました。その時、私は、
痴漢です
と叫びましたが、犯人の男は、
えっ
と言うだけで、自分は犯人ではないとか否定をすることはありませんでした。
しばらくして電車は新宿駅に着いて電車のドアが開き、私は犯人の男の手を持ったまま車両を降りました。ですが、降りた瞬間、犯人の男は私の手を振り払って逃げ、線路に逃走しました。
その姿を見て、私は
　やっぱりこの男が犯人なんだ
と確信しました。

「ああ、そういうことだったのか。」
思わず口に出してしまった。

あれだけ争った勾留。今回のケースでは当然すぐに釈放を勝ち取れると考えていた。が、依頼者は勾留された。それがずっと不思議でしょうがなかったのだ。被害者は、大林さんの「顔を知っている」と言っている。そうすると、被疑者も被害者の顔を知っている可能性があると裁判官は考えたわけだ。だから、被疑者を釈放すれば、被害者を探して脅すのではないかと考えた。被疑者が、駅のホームに張り付いて、被害者が来るまでずっと探し続けると考えたわけだ。まったくあり得ない、笑い話のような話だが、現在の日本ではそのような考えのもと簡単に人を勾留してしまうのだ。本来、憲法や法律が全く想定していない運用であると、僕は考えているが。

被害者が、二回触られたと言っているのは意外な点だった。

当然のことながら、大林さんからそんな話は聞いていない。今度念のため確認してみるか、そう考えながら甘納豆の袋に左手を伸ばしてみたが、そこにはもう甘納豆は存在しなかった。

それ以外の証拠としては、被害者が被害にあったときの様子を警察で再現した写真が貼られ、その下にその状況の説明が記載されている犯行再現調書、事件当日の被害者の姿と着衣についての写真撮影報告書、事件当日の大林さんの姿と着衣についての写真撮影報告書、この路線の平均乗車率が記載されているホームページの写しくらいしかない。

乙号証、つまり大林さんに関する証拠としては、大林さんの身の上や経歴について述べられている調書しか存在しない。

――よしよし、大林さんはちゃんと指示を守って黙秘してくれていたんだな――

捜査段階では弁護人に証拠は開示されないので、ある意味乙号証を見るのは緊張の一瞬だ。そして、ちゃんと指示を守ってくれていると、すごくほっとする。余談だが「ちゃんと黙秘していますよ！」なんて言っている依頼者に限って、起訴されてからたんまりと供述調書が出てきてうんざりしたりする。

「さて、と」

左手を伸ばして受話器を手に取る。久々にあの甲高い声が聞けると思うと、少し怖い気もしたが、嬉しくもあった。刑事弁護の師匠に、新たな刑事事件を受任したことと、方針についての相談をするのだが、しばらく刑事弁護から離れていたことをなじられそうな気もしていた。

「おう、新橋君か。ようやく戻ってきてくれる気になったかね！」

仏川弁護士は、底抜けに明るい声で僕の電話を歓迎してくれた。その声の明るさに僕は心の底から安堵した。また、教えを請うことはできそうだ。まあ、この人の声はもともとカン高いことで有名なのだが。

仏川弁護士は、刑事弁護の世界では誰もが知るトップランナーの一人。気さくで、若手の弁護士からの相談にも快く乗ってくれる。ダイビングと料理を趣味にしているが、若手弁護士からの事件相談に乗ってくれるときはいつも、月島もんじゃの店で自らヘラを振るってくれる。

勝負は反対尋問

数日後、僕は月島のもんじゃ焼き屋の掘りごたつで足を伸ばし、一人ビールを飲んでいた。仏川弁護士との約束の時間はすでに一〇分ほど過ぎているが、まだ顔を見せていない。

「大先輩を待つ身で勝手にビールを飲んでいても許されるのは、弁護士業界の特殊なところなんだろうなあ。……いや、ボスの前でやったら怒られるか。変なのは刑事弁護業界だけか……」

枝豆をつまみながらビールのジョッキが半分ほど空いた頃、仏川弁護士が登場した。

「久しぶりだなぁ。弁護士会館でも全然見かけないと思ってたけど、元気にしてた？」

「ご無沙汰です。ボスにしごかれていまして……。忙しくてなかなか刑事事件もできないんですよ」

最近、刑事事件を受任しないようにしていた本当の理由を誤魔化し、少し後ろめたく感じた。仏川弁護士は、こちらの気を知ってか知らずか、さっそくジャケットを脱ぎ、メニューを広げた。仏川弁護士がお勧めのもんじゃ焼きを選び、ほかのつまみや焼き物を僕が注文する。

「さて、突然電話してきて驚いたけど、どうした？」

もんじゃ焼きの具を鉄板に移しながら、仏川弁護士が切り出した。

「実は……」

僕は、良い匂いを漂わせながら着々と完成していくドーナツ型の土手を見ながら、大林さんの事件について説明を始めた。

「まぁ、なにはともあれ、まずは食べながら考えよう」

気づけば、鉄板の上には見事のもんじゃ焼きが出来上がっていた。仏川弁護士が、小さいヘラで器用にもんじゃを掬い取り、口に運ぶ。お酒を飲まない仏川弁護士がもんじゃと一緒に流し込むのは、ウーロン茶だ。僕は、ぐっとビールを飲み、鉄板の上でじゅうじゅうと音を立てるもんじゃを一口食べた。

「おいしいです。相変わらず。弁護士になりたてのときにごちそうしてもらった味を思い出します」

「そうかー？　まだそんな『昔』を振り返るほどの歳じゃないだろう」

そんな話をしながら、しばらくもんじゃを堪能していると、仏川弁護士がおもむろに口を開いた。

「厳しい事件だな。勝たなきゃいけない、でもこちらから積極的な立証はできそうにない……か。とにかく、被害者の反対尋問が勝負だな」

やはり、仏川弁護士をもってしてもそういう見立てになるのか……。僕自身も、被害者の証言をどこまで崩せるか、というラインで闘う事件になると考えていたが、どこかで一発逆転のアイデアを期待していたところがあったのだろう。もんじゃを食べつつも、気分が冷え込んでいく兆しを感じた。しかし、そんな僕にかまわず、仏川弁護士は早口で次から次へと僕に質問をぶつけてきた。

「繊維はあまり問題にならないな。『同種』で、かつ一般的な繊維なのだとすれば、有罪の決め手にはならないはずだ。彼としては、目の前にいた被害者に手が当たったりしたということはないの？　もしそれがあるなら、彼の手が被害者のスカートに当たって繊維がついたとしてもおかしくはないしな。彼の手のどの部位から繊維が採取されたのかは確認してる？」

そういえば、まだ確認していなかった。確かに重要なポイントだ。

「彼と被害者の身長差、周囲の状況を再現して実験もしてみてもいいかもしれないな。実際に体動かしてみないとわからないこともあるから。今、電車内の状況ちょっと紙に描いてみたりできる？」

――いや、今はちょっと……――

「周囲に真犯人がいたという線でいくなら、周囲にどんな人がいたのか、彼から詳しく聞く必要もあるだろ。そのあたりはもう確認してる？」

なるほど……この点も大林さんからは細かく聞いていなかった。

「被害者、女子高生で若いよね。警察官とか検察官の誘導に乗って供述しているということはないかな。説明があいまいだったり、事件直後から話が変わったりしているところはないの？」

――あるかもしれない――

「いずれにせよ、問題は、なんで被害者が『彼が犯人だ』と供述しているか、だな。嘘をついているという線でいくのか、痴漢されたこと自体が勘違いだという線なのか？　痴漢はされていて、真犯人と彼を取り違えてしまったという線なのか？」

「気になるのは、被害者の言う『痴漢』が二回にわかれているところだね。その二回の『痴漢』は、どちらも間違いなく痴漢なのか。そしてどちらも間違いなく彼の手によるものだとなぜ言えるのか。このあたり、新橋君はどう考えてるの？」

僕は、仏川弁護士の怒涛の質問攻めに答えるので必死だった。

ポイントになり得ると考えてもいなかった点についての、厳しい質問も多く含まれていた。僕なりの見立てや意見を挟もうとすればきちんと耳を傾けてくれるだろうが、その余裕もないほどに。

仏川弁護士たち、刑事弁護の世界で闘い抜いてきた弁護士たちは、「厳しい事件だ」などというところでは立ち止まらない。一見勝ち目がなさそうに見えても、彼らの思考は決して回転をやめない。検察官の想定するストーリーや、証拠の内容に少しでもおかしいところはないか。なぜ、依頼者の話と一見矛盾するような証拠が存在するのか。依頼者の記憶の中で、ウィークポイントになり得るのはどのあたりか。その記憶の穴を、客観的な証拠でどのようにフォローするのか。そして、裁判官をどのように説得していくのか。事件を受けてから、法廷に立つその日まで、何度も何度も記録を検討し、一緒に闘う弁護士と議論をし、そして足を使い、事件現場に通って思考のヒントを探しに行く。

思えば、僕もそういう弁護士の姿に憧れて法曹を志したはずだった。

自分の依頼者の利益を守るため、傍からみれば泥臭い活動にも全力を投じ、戦略を練って検察官や裁判官と交渉し、法廷で闘う。その姿にこそ魅力を感じ、司法試験の勉強に打ち込んできたはずだった。

いつ忘れてしまったのだろう。

「反対尋問の準備の仕方は教えたよな。さっそく、被害者の尋問のターゲットを絞っていこう」

仏川弁護士の声を聞いて、はっと我に返った。

そうだ、仏川弁護士に感心している場合ではなかった。僕が動かなければ。大林さんを救えるのは、弁護人である僕だけなのだから。

僕は、心の底から湧き上がってくる感情を自覚していた。

依頼者にはそんなこと言えないが、正直に言ってしまうとワクワクした気持ちだ。久しぶりの刑事事件。あの雪辱を晴らす時がやってきた。

「反対尋問の構成、少し考えてあります！　まず……」

鉄板の上では、仏川弁護士が二つ目のもんじゃを焼き始めていた。

弁護士・新橋将男——一二月七日

初公判

「被告人は、証言台の前に立ってください」

初老の女性裁判官の声が法廷に響いた。

この裁判で裁判長を務める女性裁判官。穏やかな表情をしているが、緊張感のある凛とした声だ。

そして、裁判長から見て右側には七三分けにした小柄な男性裁判官が、左側には黒髪のストレートヘアが胸のあたりまで伸びている若い女性裁判官が座っている。

——またか——

担当裁判官三名の名前を聞いた時、僕は少なからず気落ちした。

あの裁判官がまたしても立ちはだかるのかと。

何十人も裁判官がいる大きな裁判所で同じ裁判官と何度も別事件で顔を合わせるというのは、珍しいことではない。しかし、よりによって三年前のあの事件の裁判官が、大林さんの事件の担当裁判官だとは思いもよらなかった。だが、今回はあの裁判官が一人で審理する事件ではない。あの裁判官は、今回は三名いる合議体のうちの一人、右陪席裁判官だ。これならまだチャンスがあるかもしれない。評議は多数決のはずだ。裁判長と左陪席を説得できれば、あの裁判官に無罪判決を書かせることができる。

初回の裁判は、検察官が有罪立証をするために請求した証拠のうち、弁護人が法廷で取り調べることに同意した書証の読み上げだけで終わった。時間にして十五分程度だ。次回期日がいよいよ被害者の尋問だ。こちらも準備に抜かりはない。

僕は、この事件は次のような経緯で、大林さんが犯人と間違えられてしまったのだと考えた。

つまり、池袋駅を出た後最初に被害者に痴漢をしたのは他の人間だ。被害者は、後ろを見ただけで触られている手が大林さんのものかまでは目で確認していない。大林さんとは別の人間の可能性がある。

一方、二回目に被害者のお尻に触れていたのは大林さんの手だろう。お尻に触れている手を掴んだと被害者が言っている以上、それを覆すのは厳しそうだ。だが、満員電車の中で、わざとではなく、たまたま触れてしまった可能性はある。過失で触れてしまった場合には、犯罪は成立しない。

以上を前提にすれば、被害者に対する反対尋問のターゲットとしては、

①一度目の被害の際には犯人の手と依頼者の結びつきを確認していないこと、

②二度目の接触の際には、犯人の手（大林さんの手だ）が故意に動いているような様子はなかったこと

ということになる。

——これはいけそうな気がする——

すでに、何度も頭の中で反対尋問のシミュレーションを行っている。今なら、仏川弁護士からの追及にも全て答えを用意できる。その胸には、今度こそ無罪が取れるのではないかという淡い期待が芽生え始めていた。

弁護士・新橋将男——平成三一年一月九日

被害者尋問

「では弁護人、反対尋問をどうぞ」

一月九日、東京地方裁判所五〇三号法廷。

証言台には、高校の制服を着た黒髪のショートカットの女の子が座っていた。どこか気が弱そうな雰囲気がありながらも、澄んだ目はある種の覚悟を感じさせるものだった。弁護人の反対尋問の前には、検察官が彼女に質問をする主尋問が行われていた。

その主尋問の彼女の様子から、僕は彼女の覚悟を感じ取っていた。

主尋問に対して彼女が答えた内容は、ほとんど検察官調書と一緒だった。

彼女は、自分の証言で僕の依頼者を有罪にする覚悟をしてこの法廷に来ている。こちらも、覚悟して質問をしなければならない。そう思いながら、黒革の椅子からおもむろに立ち上がった。モジャモジャの髪の毛をかき上げながら尋問を始める。

「弁護人の新橋から質問します。一度目に触られた時のことについてお聞きしますね」

普段から〝態度がでかい〟〝声が大きい〟とよく言われるため、可能な限り紳士的に、丁寧に聞いた。

「先ほどの主尋問で、後ろを向いたら目が合ったとおっしゃいましたね」

「はい」

「首だけを後ろに回した、そうおっしゃいましたよね」

「はい」

「首だけを回したのは、身動きが取れなかったからですよね」

「そうです」

「身動きが取れなかったのは、車内が混雑していたからですよね」

「そうですね」

「あなたの右側も左側も前も後ろも人でいっぱいで、体がぶつかっていたんじゃないですか」

「まぁ、確かにそんな状況ではありました」

「ぎゅうぎゅう詰めだった、そうですよね」

「そういえるかもしれません」

我ながら慎重すぎるかもしれないと思った。

電車が混雑していたことは争いがない。それでも、ここは我々の主張――つまり、他の人の犯行の可能性――の前提となる部分だから、急に自分の周りは空いていたと言われても困る。少なくとも、これで電車内が人でいっぱいだったという事実は出せただろう。

「首を後ろに回した時、あなたを触っている手を見ることはできましたか」

「手は見ていないです」

「その男の右手がどこにあったかわかりますか」

「わかりません」

「その男の左手がどこにあったかはわかりますか」

「……私の下着の中に手を入れていたと思います」

「あなたはその男が左手を下着の中に入れているのをその目で見たのですか」

「……見てはいません」

「その男が左手を下着やスカートの中から抜いたところも見ていませんね」

「はい」

「つまり、あなたは結局、最初に痴漢されたとおっしゃる際には、犯人の手は全く見ていないんですよね」

「…………」

「最初に痴漢をされたとおっしゃる際に、犯人の手を見ていたら教えてください」

「……その時には見ていません……」

よし！　一番引き出したかった証言を引き出せた。あとは、たまたま目に入った大林さんを、そのまま犯人だと思い込んでしまった状況を聞き出せばミッション・クリアだ。

「ところで、首は右後ろに回したんですよね」

「はい」

「そこで右後ろにいたこの男が目に入った」

「はい」

「左後ろは見ていないですよね」

「はい」

「あなたの真後ろに誰がいたかはわかりますか」

「わかりません」

「男か女かもわかりませんね」

「わからないです」

「あなたが見たのは、右後ろにいた男性の大林さんだった」

「はい、そうです」

よし。最初の痴漢行為についてのパートは順調に来ている。

やはり彼女は最初の痴漢の時は誰に痴漢されていたのかわかっていないのだ。なんとなくの方向と、その方向にいた大林さんを見て犯人だと思い込んだのだ。この調子で、二度目の痴漢が一度目とは全く違い、過失で触れてしまったにすぎないことを明らかにする尋問を続けよう。

「二度目に触られた時のことについてお聞きしますね」

「はい」

「あなたの話だと、右のお尻に手を押しつけられたということなんですか」

「そうです」

「その手は下着の中に入ってきていませんよね」

「はい」

「スカートの中にも入ってきていませんよね」

「はい」

「スカートの外から手が触れたんですよね」

「はい」

「その手でお尻を鷲掴みにされるということもなかったですよね」

「……はい」

かなり素直に答えてくれるようだ。二度目の痴漢と感じた行為は、過失により当たったもの、つまりわざと触ったのではないというのが僕の考えだ。鷲掴みにされたことはないと言ってくれたのであれば、「撫でられたこともない」という点を肯定してくれそうだ。質問と質問の間の一瞬で頭の中を思考がかけめぐる。決断だ。ここは一歩踏み出して聞いてみよう。

「上下に撫でられるということもなかったですよね」

「はい」

「左右に撫でられるということもなかったですよね」

「はい」

「あなたがおっしゃる一度目の痴漢と二度目の痴漢、触られ方は全然違いましたよね」

「……確かに違いました」

これで十分だ。二度目に触られたのは、大林さんの過失なのではないか、なんてことをぶつけてもしようがない。絶対に私の勘違いではありませんと反発されるのがオチだ。ここでスマートに終わるのが反対尋問の鉄則である。

「弁護人からの質問は、以上です」

よかった。反対尋問の結果はほぼ、想定通り。いや、完璧と言っていいかもしれないと思った。一度目の痴漢については、第三者の可能性が十分にあることは出せたと思うし、二度目の痴漢については故意ではなく過失の可能性があることは十分に出せたのではないだろうか。これであの裁判官でもさすがに無罪判決を書くはずだ。黒革の弁護人席に深く腰を掛け、モジャモジャの髪をかき上げながら大きく息を吐いた。

「では、裁判所からもいくつか質問をしますね」

裁判長が切り出すと、左陪席は小さく首を縦に振り、真っすぐ前を向いた。

「まず、裁判官の和久田から質問します。二度目に触られた時は、手を押しつけられただけだったのでしょうか。指を動かされたとか、何かほかの感触はありませんでしたか？」

「ほかの感触……。そういえば、指が動いていたように思います」

「指はどのように動いていたんですか？」

「どのように……。うーん、くすぐるような感じというのでしょうか」

――えっ……そんな話、今初めて聞いたぞ――

裁判官からの質問ではこういうことがある。誰も聞いていないことを聞いて、新しい話が出てきたりすることも多い。時に鋭い質問もある。時には検察官の有罪立証を助けているんじゃないかと思えるときもある。そして、裁判官の質問で依頼者が一気に不利になったりもする。今回はどうだ。やはりくすぐられたというのは不利か。いや、本当にそうだろうか。

「さっきは検事さんからの同じ質問に対して、指が動いていたという話はしなかったと思いますが、どうして言わなかったんですか？」

――そう……それだ！――

新たに出てきた発言に、僕の頭はフル回転している。もう一度反対尋問の機会をもらうべき発言なのか、それとも放置しても良い発言なのか、一瞬の判断が依頼者の将来を決める。

「えっと。指が動いていたかどうかは聞かれなかったからです」

「そう……ですか」

左陪席は怪訝そうな顔をした。痴漢の被害にあったことを訴えに来ているのに、聞かれなかったから答えないというのはおかしいだろう。この証人は少し話を盛ってしまっているのではないかと左陪席も感じたはずだ。話を盛っているでしょう！　などとドラマよろしく反対尋問で聞いても否定されるに決まっているから、そのことは弁護人の最終意見である弁論で指摘すれば十分だ。

「一度目の痴漢と二度目の痴漢の間はどれくらいの時間が空いていましたか？」

「えっと。三分くらいは空いていたと思います」

「一度目に触られた時、触っていた手が被告人の手だと判断した理由っていうのは、あなたが見た瞬間に手が離れたから、ということのほかにないいんですよね？」

「……はい」

左陪席は質問を終えた。左陪席の質問中、左陪席と右陪席とが、目を合わせ、左陪席が「えっ」と言ったように見えたが、それはたいしたことではないだろう。もしかしたら左陪席は今の質問で無罪の心証を得たかもしれない。左陪席を味方につけるにはどのような弁論をするのが効果的か。今の証言のところから弁論を始めようか。

僕がそのように頭を回転させていた直後、右陪席がやや慌てたように自分の前にあるマイクを右手で掴み、自分の口元にマイクの先端を伸ばしていった。

「右陪席裁判官から質問しますね。一度目の痴漢の時だけど、被告人と目が合った瞬間に手が離れたと言っていましたよね」

「はい」

「それで目があった男が犯人かもしれないと思ったんだよね」

「はい」

「手が離れたときに、被告人の右か左の肩が動いたりしなかったかな？」

「……」

「よく思い出してみてくれるかな？」

――こいつは何を言ってるんだ？　そんな話はどこにも出て来ないぞ？――

「そういえば、左肩をもぞもぞ動かしていたかもしれません」

——おいおいおい。なんじゃそりゃ——

「そうすると、あなたは、被告人と目が合ったことと、目が合った瞬間に下着から手が離れたことと、そのときに被告人が左肩をもぞもぞさせたことから、被告人が犯人だと思ったということでいいのかな?」

「異議があります!」

思わず立ち上がった。右陪席裁判官は、間違いなく有罪判決を出そうとしている。とにかく止めなくてはならない。

「誤導です。彼女は検察官からの主尋問でもそんな話はしていません」

「違ったら違うって言っていただいて大丈夫ですからね。今、男性の裁判官が聞いた質問はあなたの記憶と違うかしら、それとも一緒かしら」

「……一緒です」

裁判長は、異議の裁定をすることなく、直接被害者にそう聞いた。

——おいおいおいおい。そんなこと捜査段階の検察官にも、この公判での検察官からの主尋問でも答えていなかったでしょうよ——

「二度目の痴漢の時のことも聞きますね」

右陪席が質問を続ける。嫌な予感しかしない。

「あなたの先ほどの話だと、痴漢だと明確にはわからないんじゃないかと思うんだけど、何か明確に痴漢だと思った理由があるんじゃないかな。思い出せていないことがあればゆっくり考えていいから、思い出してくれるかな」

「……痴漢だと思った理由……方向と……時間と……私の感覚……かな……」

彼女はそうつぶやいてうつむいた。もう何も新しい話が出てこないことを祈るしかなかった。が、彼女は何かを思い出したようにパッと前を向いた。

「思い出しました！　これまでお尻に手が触れたと言っていましたが、お尻を揉まれていました。お尻を揉まれながら、凄い嫌な気持ちで手を掴んで駅員さんに突き出すかどうか考えていて、でもなかなか踏ん切りがつかなくて。それで、パッとあみ棚の上の液晶画面を見たら、動画で私が好きな五代目パンクボーイズが〝痴漢は犯罪〟〝勇気を出して〟と言っている広告が流れたので、それで捕まえなきゃと思って捕まえたんでした。今思い出しました」

——衝撃——

無罪への淡い期待を木端微塵に打ち砕く余りに具体的な証言……。

右陪席は、得心したような顔をして質問を終えた。裁判長からの質問はなかった。

僕は何とか挽回しなければならないと思い、裁判長に質問の機会を与えるように申し出た。

「二度目の時のことについて聞きますね。あなたは事件後、警察にも検察にも事件の話を聞かれましたよね。警察にも、検察にも、一度も『犯人の男が左肩をもぞもぞさせた』という話はしていないですよね？」

「左肩をもぞもぞさせたかは聞かれなかったので……」

「どうして大林さんが犯人だと思ったのかという根拠について聞かれたのではないですか？」

「左肩の話はされなかったので、ちょっと思い出せなかったです」

「……。二度目のことについても、お尻を揉まれたとか、車内の動画広告の話も一度もしていませんよね？」

「あれ？　そうでしたか。じゃあ違うのかな。いや、動画は見たと思うんですよね。もし言っていなかったとしたら、それは本当に申し訳ないと思います。本当に忘れていました。当時はパニック状態だったので。今、裁判官の方から質問されて、記憶が蘇りました」

「警察には事件の話を事件当日に話していると思いますが、それでも忘れていたのですか？」

「そうですよね。でも今は覚えているんです。痴漢を捕まえるなんて初めてだったので、パニックになってしまったのだと思います……」

これ以上、彼女から有益な情報を引き出す術はなかった。

一度目の痴漢については、裁判官の誘導に乗っているだけのように見えたし、それでも手を直接見たわけではないから犯人ではないという主張は十分に可能だと思った。しかし、二度目は直接手を掴んでいることから、被害者のお尻に触れていたのは大林さんの手であることには問題がない。そのうえで「お尻を揉んだ」という証言が信用できるとなると、依頼者は有罪になってしまう……。

最も僕を困らせたのは、彼女が嘘をついているようには全く見えなかったことだ。

――なんなんだ……一体――

途中まではうまくいっていたと思ったのに、こんな流れになるとは……。とてつもない違和感と無力感を抱えたまま、法廷を後にすることになった。

弁護士・新橋将男——平成三一年一月一九日

思いかけず見つかった「武器」

あれから十日。次の裁判の日まであと二週間ほどしかない。

この間、依頼者の尋問（被告人質問）の練習を重ねていた。ただ、依頼者は実際にはやっていないから、「知らない」という話しかできない。有罪につながるような話はもちろん全く出てこないが、反面、無罪の決め手となるような話も全くない。

なぜ彼女は急に話を変えたのか。二回目の痴漢などに至っては、「手を押し付けられていた」から「指でくすぐる」に変わり、それがさらに「手で揉まれた」に変化している。それ自体、話がコロコロ変わっているので、信用できないと弁論で主張するのも一つの手だ。

しかし、彼女は動画広告の話を始めた。それがきっかけだったと。確かにもっともらしいエピソードではあるし、彼女が嘘をついているようには見えなかったことは認めざるをえない。そのことが問題なのではなく、それを理由に、裁判官同士の話し合いの中で、あの右陪席裁判官が猛烈に有罪方向に議論を持っていきそうであることが問題なのだ。それに抗う武器を、裁判長と左陪席に渡したい。

何か武器となるようなものはないか。

無いな。

このような思考を、かれこれ一週間リピートし続けている。


「また事件のこと考えてるでしょ」

声のする方向に目を向けると浴衣姿の妻がいる。目の前にはお造りが並べられ、熱燗を入れた徳利が二本並べられている。行き詰まっている私を見た妻が、何も言わずに温泉旅館を予約してくれたのだった。久しぶりの夫婦二人の温泉旅行。絶妙なタイミングでこういったイベントを計画をしてくれる妻に頭が上がらない。

「すまん、すまん。今日は忘れるって決めてたのにな」

「どんな事件なんだっけ？」

徳利を右手に持ち、お猪口に熱燗を注ぎながら、妻は僕に聞いてくる。

「実は依頼者が電車内の痴漢の容疑者とされていて、その弁護に苦労しているんだよ。僕が話せるのはここまでかな……」

「そっか。守秘義務があるんだもんね」

と妻はいつものように口をふくらませながらそう言った。普段から飯がまずくなるから、食事中に仕事の話をすることはない。特に事件の内容を話すことは、守秘義務があるので妻であってもできない。

「電車の中の痴漢の事件ね……。そういえばＪＲ東日本の電車内の痴漢防止の動画広告は、今はＫＲ

N31がやってるんだよね」

さすがアイドルオタクの妻。

暇を見つけては友人とライブに行ったりしている。電車の動画広告もしっかりとチェックしているらしい。ファンになるアイドルというのは異性のグループの方が多い気がするが、妻はそうではないらしい。まあ、僕は特に興味がないのだが。

「KRN31ってまだ頑張っているんだね」

と言うと妻が再びふくれることはわかっているのだが、つい言葉に出してしまう。案の定、目の前でほっぺたをふくらませている妻を見て苦笑しながらも、ふとあることが気になった。

——今はKRN31が痴漢防止の広告をやっている。……待てよ、今は⁉

「え？　今はKRN31がやってるの？　いつから？」

「去年の九月からだよ！　もう！　今度一緒にライブに来たら？　本当に彼女たち凄いんだからね！実物をみたら、絶対あなたも応援したくなるよ！」

後半部分はまったく耳に入らなかった。

もちろんライブに行きたいわけじゃない。去年の九月から？　そうだとしたら被害者は事件当日に五代目パンクボーイズの広告動画なんて見ようがないじゃないか。これが本当だったらかなり大きい事実だ。

早速スマートフォンで検索をしてみる。

……本当だ。

ネットで検索してみると、ＪＲ東日本の五代目パンクボーイズの広告は去年の八月三一日で終わっている。同じＪＲ東日本の痴漢防止の車内ＣＭは、九月一日からはＫＲＮ31にバトンタッチされている。五代目パンクボーイズとＫＲＮ31を見間違えるというのは考え難い。

ただ、被害者が嘘をついているようにも思えなかった。

そうすると、被害者は別の機会にされた痴漢、つまり去年の八月三一日以前の痴漢と、今回の二度目の痴漢のシチュエーションを混同して証言しているに違いない！　つまり、尻を揉まれたのは去年の八月三一日以前の痴漢の際の話であり、今回の話ではない。

「もう一杯ちょうだい」

ＫＲＮ31の凄さを延々と熱弁する妻にお猪口を差し出した。妻は話を続けながらお猪口に熱燗を注いでくれている。が、その話はまったく耳に入ってこない。全身の毛穴が開き、アドレナリンが出ている感覚がある。

「顔、赤いよ。今日は酔いが回るのが早い？」

いや、酔っ払っているんじゃないんだよ。

裁判官・和久田真実《わくたまみ》――平成三一年一月九日

誤判という深淵

マグカップを持った手が、わずかに震えている。さっきの法廷で右陪席の安西稔《あんざいみのる》から注がれた視線のあまりの冷たさに、ポットから注がれたお湯の暖かさを感じられずにいる。

普段よりも広く感じる裁判官室で、私は寄る辺のなさを感じていた。安西は自分のデスクに座り、手元の書類に視線を落として、身じろぎもしない。裁判長も無言で目を閉じている。先ほどの法廷での証人尋問の光景を反芻しているようだ。壁にかけられた時計が淡々と時を刻んでいる。クリーム色の壁紙も、本棚にぎっしりと詰まった判例集も、私から体温を吸い取っていくようなよそよそしさを感じた。

「一度目に触られた時、触っていた手が被告人の手だと判断した理由っていうのは、あなたが見た瞬間に手が離れたから、ということのほかにないんですよね?」

私は、法廷で、被害者への補充尋問としてこう聞いた。

補充尋問とは、検察官と弁護人の尋問が一通り終わった後、裁判官がする質問だ。

裁判官になって五年目の私だが、この裁判体では一番「下っ端」の裁判官であり、法廷に向かって裁判長の左の裁判官席に座るので、「左陪席」と呼ばれる。左陪席の裁判官は、通例、三人の裁判官の中で最初に補充尋問をする立場にある。ためらいなく補充尋問ができるようになったのは、ここ一年くらいのことだ。裁判官になりたての頃、補充尋問の場面で「特にありません」と言って、当時の裁判長に叱られたこともあった。そんな消極的なことでは裁判官は務まらないと。

学生時代、応援部のチアリーダーとして、人目もはばからず大声を張り上げ、手を振り上げ、足を蹴り上げ、時には、仲間に持ち上げられて二～三メートルの高さからジャンプする。そんなことをためらいなくやっていた。そんな私は、自分自身のことを思い切りがいいと思っていたのに……。

裁判官として「やっていいことと悪いことは何か」ということばかり気にしていた私が変わったのは、この裁判体に配属されてからだ。

補充尋問は右陪席にも裁判長にも事前に相談もせず、自分の関心に基づいて自由にしていいと、この裁判体に配属された初日に裁判長から言われていた。その裁判長の一言が、ようやく私に元来の思い切りの良さを取り戻すきっかけを与えてくれた。

法廷で聞いた被害者の証言には、被告人を犯人と特定した際の根拠について、どうしても隙があるように思えてならなかった。

私のこの質問に対して、被害者である女子高生は、「はい」と言って力なく頷くだけだった。

「一度目の痴漢と二度目の痴漢の間はどれくらいの時間が空いていましたか？」

私はこうも聞いた。

被害者は「三分くらい空いていた」と答えた。

――三分――

三分あれば、一度目の痴漢をした犯人が、何食わぬ顔をして手をひっこめ、痴漢の痕跡を消し去ることが可能だ。私の脳裏に、真犯人の手が被告人の手と入れ替わる様子がよぎる。真犯人の口元が、思わず出た笑いにゆがむ。

私の足元には、大きくて暗い落とし穴がぽっかりと口を開けている。

――誤判――

裁判官としての人生を歩み始めてこんなにすぐに、私は、この恐ろしい深淵を覗き込むこととなった。這ってでもそこから遠ざかろうと、身をよじる思いに囚われてしまっている。だから私は聞いたのだ。どうしても、その瞬間の真実を知りたかった。

ところが、私が質問をした刹那、私の右の方から、冷たい視線を感じた。その視線に気づいて、目だけをそちらに向けると、そこには、安西の、怒りと侮蔑に満ちた眼があった。その眼は私を捉えて、瞬きすらしなかった。

〝君は何でそんな補充尋問をするんだ〟

安西の目を見た瞬間、そんな安西の声が聞こえた気がした。

「えっ」

驚きを隠せなかった。私は思わず、そう口走っていた。前にいる書記官の岡田がわずかに私を振り返る。被害者の答えが聞こえなかったのか？　と岡田の表情が言っている。違う、私は被害者に言ったのではない。安西の視線に驚いただけなのだ。驚きを隠せなかっただけなのだ……。

その日の審理が終わり、裁判官室に帰る間中、安西は私に一瞥もくれず、一言も発しなかった。ただ黙々と、法廷から裁判官室へ続く廊下を、裁判長の後に続き、それに私が続いた。

裁判官室に戻り、せめて暖かいお茶で一息つこうと思ったが、そんなことさえ上手くいかなかった。

安西稔、四七歳。司法修習期は五三期。今年で任官一八年目を迎えるまさに中堅の裁判官だ。スーツは黒か紺だけ。いかにも量販店で吊るしのものを買ったというういで立ちで、ワイシャツは白しか見たことがない。髪はいつだって七三分け。

そんな安西についてはよい話を聞かない。年上の書記官に横柄な態度を取る。ましてや気に食わない弁護人を、恫喝することさえあるという話だ。安西にとって一番大事なのは一言で言って「出世」。手堅い有罪判決を重ねて、同期の中で一番早く出世する。それが彼の目標らしい。

そんな安西の目に私は、「ひよっこ」、「青二才」、「あまちゃん」。そうとしか映らないはずだ。

私の存在など、三人で囲んだ雀卓に現れた四人目。

その心は……。居ないと困るが居るだけでいい。反対に言えば、余計なことをするなということだろう。

俺の出世の足を引っ張るな、さっきの法廷での視線には、そんなメッセージが込められていたのではないか、はたと気づいて、濡れた手で頬を撫でられたようにぞっとした。

合議の潮目

「まさか無罪と考えているんじゃないよね」

法廷で見た冷たい視線そのままの言葉で、安西が話しかけて来た。それが「合議」の始まりだった。

「いいえ、私はただ、被害者の犯人を特定したときの供述が、いまいち腑に落ちないだけです」

「有罪に決まってる。あの被告人が犯人に決まってるじゃないか。被害者供述のどこに疑問があるっていうの？」

「被害者は、被告人を犯人と特定した根拠として、振り向いて被告人を見た時、痴漢をする手が引っ込んだと言っていますよね。でも、そうだとしたら、被害者が振り返って被告人を見たときに、真犯人が慌てて痴漢を止めたということもあり得るんじゃないでしょうか？」

「だったら被害者が嘘をついているっていうわけ？　君も聞いたでしょう？　その時に被告人の左肩がもぞもぞしたって被害者が言っていたでしょう」

「お言葉かもしれませんが、あれは安西さんの誘導に乗っただけだと思います。今日以前にそんな供述は一切していなかったと弁護人が確認していたじゃないですか。そんな重要なことを、捜査段階で供述してなかったなんておかしいです」

「それじゃあ聞くけど、君は検察官の主尋問の締めくくりを聞いてなかったっていうの？」

「た、確かに……。いや、でも……」

安西の追及に早くも私は、二の句を継げず、言葉に詰まった。

確かに、検察官は、主尋問の締めくくりとして証言台に立つ被害者にこう聞いた。

「あなたに痴漢をした犯人は、あなたの右に居る男性で間違いないのですか？」と。

被害者は、気負うことも、装った平静さを見せることもなく、証言台から被告人を見据えて言った。


「はい、間違いありません」


嘘をついているとは到底思えなかった。

「でも、あのように法廷で断定していても、断定の根拠が誤っていたとしたら、どうなるんですか。私も被害者が嘘をついているとは思いません。でも、勘違いということはあると思うんです。その勘違いが今日まで続いているという可能性を捨てきれないんです。疑問があるんです、そこに。偉そうに言わせてもらえれば、私の胸に今あるのが『合理的な疑い』だと……」

震える声を振り絞った私の言葉に、安西が目を剥くのがわかった。私の言葉を遮るように安西が言う。

「ははあ。君か？　司法研修所の模擬裁判で、裁判官役の修習生のうち一人だけ無罪だって言い張って譲らなかったっていうのは？　教官をやっている同期から聞いたぞ。無罪判決を連発しそうな奴が今度任官するってね。前代未聞だってさ。君は根っからの無罪かぶれなのか？」

「まあまあ」

黙って聞いていた裁判長が割って入る。

「議論が横道どころか、どこか違うところに飛んで行ってしまっていますよ」

裁判長が穏やかに微笑んでいた。

清水京子《しみずきょうこ》、五五歳。司法修習期は四五期。この裁判体の裁判長だ。セットアップスーツに、上品なグレーのハイネックのプルオーバー。紺色のツイードのジャケットには控えめにラメが散りばめられている。スカートの丈といい、「色香」を微塵も醸し出さず、かといって女性らしさを上品に演出する。そして、そんな「おしゃれ」は法服の下に完璧に隠れるようにしている。同じ女性として、裁判官として、清水さんの姿にはいつも感服させられる。

女性の裁判官は、私を含め、現在、全国の地裁、家裁、高裁、そして最高裁を含めておよそ七〇〇名いる。ただし、主に刑事畑を歩いてきた女性裁判官は珍しいと言っていいだろう。清水さんは数年前、当時配属されていたある地方裁判所で、全国紙にも報道された重大事件の裁判長を務めた。その時の、毅然とした訴訟指揮、法廷での振る舞いは、全国津々浦々の裁判所に轟いていた。おそらく、全国の女性裁判官はその姿に自分を重ね、奮い立つ思いをしたに違いない。

この東京地裁、そしてこの部に、私が初任あけで配属された時、清水さんは私を官舎に招き、手料理をごちそうしてくれた。多忙な裁判長が手ずから作ったとは思えないほどの色とりどりの料理が、私の目の前に並んだ。私の出身地である宮崎からわざわざ取り寄せてくれたという地鶏の炭火焼きも並んでいた。

ワインを傾けながらの清水さんの話には、身一つでこの世界に飛び込んだ私の不安を払しょくするのに十分な温かさがあった。

女性の裁判官として、時として向かい風を受けながらも、長い長い年月を裁判所という厳しい世界で生きてきた清水さんは、「あなたにも十分に務まるわよ」と言って私を励ましてくれた。

そんな言葉を聞き、ワインの酔いも手伝って、私は、自分でもやっていけると思った。

「しかし、被害者が言う犯人の手を掴んだきっかけは、車内の動画広告だったわよね？　和久田さん、これはどう考えるのかな。あの被害者の証言は、とても具体的だし、実際に被害に遭っていなければ出てこないものよね。とても作り話とは思えない。私はあの証言で有罪の心証を得たわ」

裁判長があくまで冷静に言った。私の肩から力が抜けた。ふと見ると、安西は勝ち誇ったように私を見ていた。

「判決日前に、もう一回合議しましょう。議論のたたき台として、和久田さん、判決起案をお願いね。有罪という結論で、取りあえず書いてちょうだい。もちろん、判決を書いていて疑問があったら、合議で言ってね」

合議で言ってねとは言うものの、有罪という結論のダメ押しに違いないこの裁判長の一言を潮に、この日の合議は終わった。

裁判官・和久田真実――平成三一年一月一九日

刑事司法という巨大装置

ちっちゃな水槽で、赤い金魚がきれいなヒレをなびかせながら、何かを見ている。時おり、気が付いたように水面近くまで上がってきて、何かを探している風だ。

エサか……。

エサをやっていないなあ、そういえば。前にエサをやったのはいつだったっけと、水槽の底に溜まった、ふやけた残りエサを見ながらぼんやりと考えた。

私はボーっとした意識の中で、ほんの少し現実感を取り戻す。そういえば、水も替えてあげてない。本当は一週間に一回、水槽の水を捨てて、ベランダのバケツに張った水と交換しなければいけない。

もう十日も水替えしてない……。

あの合議から十日間、私は何かと言えば、あの事件についてばかり考えていた。

被害者供述の信用性、確かに信用できると思える供述部分がある。でも他方で、本当にそう言い切れるのか？「勘違い」、「思い込み」、被害者の供述にそれらが潜んでいるのではないか？という疑問が必ず頭をもたげる。被害者は「間違いない」と断言していたではないか？

でも……。

考えても、考えても、思考はグルグルと同じところを巡り、自分を納得させられるものを獲得することができなかった。

私には叔父がいた。

地方の小さな信用金庫に長く勤めていた。叔父の人生は、実直という一言で言い表すことができる、そんな叔父だった。ところが、ある時、信用金庫の中で使途不明金が出た。叔父が疑われ、警察に呼び出される事態となった。幸いにして、その後不正を働いていた行員が名乗り出て、叔父の嫌疑は晴れた。後日、叔父に付ける弁護士を紹介した私の父親のところに、叔父が報告に来たが、警察での取り調べでは「お前が使い込んだんだろう」と決めつけられ、何を言っても信じてもらえなかったと言っていた。それまで何十年もの間、コツコツと積み上げてきていた「信用」という実績を、頭ごなしに否定された。それが何より堪えたと、そう話す叔父の手は震えていた。

叔父はほどなくして信用金庫を辞め、その後体調を崩し、ちょうど一年後、静かに亡くなった。亡くなるまで叔父が明るさを取り戻すことはなかったという。

私は、刑事司法という巨大な装置が人の人生をいともたやすく狂わせることを痛感した。

私は無罪にかぶれているわけではない。叔父の人生を狂わせた巨大な刑事司法の中に身を置くことを志し、実際にそうなって、私は絶対に冤罪を生まないと心に誓っているだけだ。

裁判官・和久田真実──平成三一年一月三〇日

上の空の裁判官

「大丈夫ですか？」と、また書記官の岡田さんに声を掛けられた。その日の法廷が終わり、裁判官室に戻った時のことだ。

今日、考えられないミスをした。覚せい剤取締法違反事件の判決で、あろうことか、私は別の事件の記録を法廷にもってきてしまった。

「青木被告人ですね？」

「え、違いますけど……」

証言台に立った被告人が、怪訝そうな顔を向けている。

私の前に座る岡田さんが、青い顔をして私の手元にあった記録をひったくるようにして手に取り、被告人名を確認する。

「違いますよ、これ。青木被告人の記録じゃないですか！　今日は、宮本被告人の公判ですよ！」

できる限りひそめた声で岡田さんが言った。

岡田さんの顔が上気している。私だってこれ以上ないくらい顔が真っ赤だ。アワアワとする私の視界に、あきれた表情の検察官や弁護人が映った。いけない。視界の端が滲んできた。まさか法廷で泣くなんて。

留めようのない情けなさが、私の両目から丸い水滴を押し出す直前、法廷に声に響いた。

「四〇一号法廷の岡田です。和久田裁判官の机にあると思うんだけど、宮本被告人の記録持って来て！　至急！　頼むよ！」

岡田さんが内線を取り、書記官室にいた事務官の久野さんに電話をしてくれた。

裁判長はもちろん、所長からもお叱りを受けるかもしれない。

やれやれ、あの痴漢事件を担当してから、そしてあの合議の日からは明瞭に、私はどうかしている。

裁判官・和久田真実――平成三一年二月一日

被害者の見たものは……

そんな私の心のモヤモヤを晴らしたのは、その事件の弁護人からの追加の証拠調べ請求だった。

新橋弁護人が調査したところによると、被害者がいう動画広告は事件時である一〇月三日にはすでに放映が終わっていたとのことだった。

本来であれば被告人質問だけ行われる公判期日に、その証拠が取り調べられた。

被害者が見て勇気づけられ、被告人の右手首を掴むきっかけとなったという五代目パンクボーイズの動画広告は、確かに八月三一日を最後に放映がなされていなかったと判明した。

するとどういうことになるのか。

被害者が五代目パンクボーイズの動画広告を見たという事実自体がない、あるいは、動画広告を見たことは事実であるが、事件があった日のことではないということになるはずだ。

動画広告を見る直前、被害者は、「犯人からお尻を揉まれた」と証言した。この証言は、動画広告を見たという証言とセットだから、「お尻を揉まれた」という証言までもが本当なのか疑問になってくる。

一度目の痴漢行為は被告人とは別人によるもの、二度目の行為は「痴漢行為」とは言えないものという弁護人の主張が、俄然色彩を帯びてくる。

この公判の日、私はいつものように地下鉄に乗って帰路についた。

裁判官である私も、多くの勤め人同様、というか私も勤め人なのだが、電車で通勤している。黒塗りのハイヤーが自宅と裁判所の送迎をしてくれるというのは、所長クラスの裁判官だけだ。

いつものとおりの日比谷線。午後六時過ぎの北千住行に乗った。日比谷線でも動画広告を映すスクリーンが設置され、次から次へと動画広告が映し出されている。

あなたにもチャンス！

期間限定のチャンス！

残されたのはあと三日！

このＣＭもあと三日！

最近売り出し中のお笑い芸人がスクリーンの中で絶叫している。ご丁寧に、期間限定キャンペーンの残り日数をカウントダウンしているのだ。明日になれば、「あと二日！」になっているのだろう。

あと三日、

あと二日、

あと一日、

今日で終わり

今日から四日後にはこのＣＭは映っていないんだろうな。私は日比谷線の中でひたすら動画広告を凝視していた。

毎日毎日繰り返される通学風景。その中で起こる痴漢の被害。犯人の手を掴むかどうかの逡巡、その時目に映る動画広告。もし、被害者がこの件とは違う日の記憶と、事件の時の記憶を混同させてしまったとしたら……。

やっぱり被害者は勘違いをしている。

私の意識を占めているのはその一事だった。その思いは、高まる鼓動に比例するかのように、次第に確信と呼んでもよいほどに強くなっていった。

裁判官・和久田真実——平成三一年二月二四日

ジャンプ！

「被告人は無罪」

日曜日の昼下がり、誰もいない裁判官室で、私は一人、判決主文を声に出して言った。法服ではなく、ジーンズにパーカーという姿で。

週末をこの事件の判決起案だけに取られてしまった。だけど、その甲斐があった。私のパソコンでは、あの事件での無罪判決がほぼ出来上がった。

一頁目の一行目で、私は被告人を無罪と断じていた。

裁判長から言われていた有罪という結論を導く判決起案ではない。誰にも頼まれていない無罪判決起案だ。これを裁判長や安西に見せた時、どんなことを言われるのか？　まだ安西から「無罪かぶれ」と言われないか？　考えなかったわけではない。

でも、私は確信した。被告人は犯人ではない。私はそれを説得する。安西と、そして裁判長を。

チアリーダーのユニフォームは着てはいないが、私はひらりとジャンプした。

「争点に関する当裁判所の判断。

被害者は、本公判廷で、『一回目に痴漢被害に遭った時、被告人の顔を見たところ、被告人と目が合って、その瞬間に自らに痴漢をする手が引っ込んだ』と供述している。また、その時、被告人の左肩がもぞもぞ動いたとも供述する。

しかしながら、これだけでは被告人が痴漢行為の犯人であるとまで認定することはできない。

次に、被害者は、本公判廷において『二回目に痴漢行為にあった時、自分はお尻を揉まれていた。お尻を揉まれながら、駅員に突き出すか逡巡していたが、意を決して犯人、すなわち被告人の手を掴んで捕まえた』と供述をしている。

しかしながら、この供述中『尻を揉まれた』とする部分は、揉まれたとされる時に『五代目パンクボーイズという被害者がファンであると自認するタレントが出演していた車内の動画広告を見た』という記憶を根拠になされたものであるところ、証拠に拠れば、当該動画広告は、本件犯行があったとされる平成三〇年一〇月三日にはその放映期間は終了していて、放映されていなかったという事実が認められる。

この事実に照らすと、被害者が『被害当日、この動画広告を見た』という供述部分は、被害者の積極的な虚偽供述とまでいうことはできないものの、動かしがたい事実との齟齬が認められ、結局、その直前に、臀部を揉まれたという被害者の供述も事実と齟齬しているという疑念を抱かせる。この被害者供述の動かしがたい事実との齟齬は、弁護人の主張する、被害者は、そのタレントの動画広告を見たという時に遭った別の痴漢被害の記憶と本件の二回目の『痴漢被害』とを混同しているとすることにより説明が可能となる。

また、同供述は捜査段階ではなされていなかった供述であると認められるところ、被害者は二回目の痴漢被害時に、尻を揉まれたこと、及び、動画広告を見たことを、『痴漢を捕まえるのが初めてでパニックになっており忘れていた』とする。しかしながら、如何に動転していたとしても、被害者が痴漢犯人を捕まえる直前の被害について忘れるということは考え難い。被害者の同供述の信用性は、その供述経過に照らしても疑問があるといわざるを得ない。したがって、動画広告を見たという供述だけではなく、尻を揉まれたという供述にも信用性が認められず、そのような事実があったと認定することできない。

そうすると、本件で二回目の被害者の身体への接触行為は、せいぜい『お尻に手が触れる感触があった』というものに過ぎず、果たして故意による痴漢行為であるか否か不分明という他なく、被告人が、この点を明瞭に否定している中で、被告人が被害者に対して痴漢行為をしたとは認めることはできない。

要するに、被害者供述に拠っても、一回目の痴漢被害の時の犯人と被告人とを同一人物であると認定するには証拠としての証明力に限界があり、また、二回目の接触行為は痴漢行為と認めるに足りない。被害者の供述以外に被告人が他人であると認定する証拠がない本件では、結局のところ、被告人が公訴事実記載の犯行を行ったと認めるには、なお合理的な疑いが残ると言わざるを得ない。

したがって、本件公訴事実については、犯罪の証明がないことになるから、刑事訴訟法三三六条により、被告人に対し無罪の言渡しをする。

平成三一年三月二二日

東京地方裁判所　刑事2部
裁判長裁判官　清水京子
裁判官　安西　稔
裁判官　和久田真実」

一気に書き上げたものだったが、内容は納得のいくものだった。誰にも頼まれていないけど、私の心証をそのまま文字にした。これを裁判長に読んでもらおう。

だが、私には嫌な宿題があった。裁判長から指示された有罪判決の起案だ。次の休みの日をその起案に充てることとし、私はパソコンをシャットダウンした。

裁判官・和久田真実——平成三一年三月三日

二つの判決文——オセロの駒

「被告人を懲役一年六月に処する。

この判決が確定してから三年間その執行を猶予する。」

「被害者は概要、次のとおり本公判廷で供述をした。

すなわち、一回目の痴漢被害に遭った時、犯人は誰なのか確認しようと首を右後ろにひねって後ろを見た。すると、被告人と目が合い、目が合った瞬間、痴漢行為を行っていた犯人の手が自らのスカートの中から離れ、痴漢行為が止んだ。

弁護人は、この時、被害者は、右後ろを見たのみで、被害者のスカートや下着の中に入れられた犯人の手を掴むなどしていないし、その他に犯人と被告人の同一性を認める根拠がない旨主張する。しかしながら、被害者は、右後ろを見た際に、被告人の左肩が『もぞもぞ動いた』旨の供述もしているところ、これは、被告人が痴漢行為を止め、手をひっこめる際の動作の一部と考えるのが合理的である。

さらに、被害者は、二回目の痴漢被害の際に、犯人から臀部を手で揉まれていた旨供述し、さらに、臀部を揉んでいた手そのものを掴んだところ、その手は被告人の右手であったとしている。

この時被害者が掴んだ手が被告人の右手であった点については争いがないところ、弁護人は、この二回目の行為は『痴漢行為』ではなく、電車内の混雑等の事情から被告人が過失により自らの手を被害者の臀部に触れさせてしまったものであり、犯罪ではないと主張する。その前提として弁護人は、被害者が見たというタレントの動画広告は事件当日には放映されていないとの事実に照らし、その直前に被害者の『臀部を揉まれた』とする供述は、虚偽ないしは勘違いであることは明らかであり、信用性がないと主張する。

しかしながら、確かに証拠によれば、当該タレントが出演する動画広告が事件当日放映されていなかったとの点は弁護人の主張どおりであるが、被害者が『尻を揉まれた』とする供述部分それ自体は迫真的かつ具体的であり、真実、痴漢の被害に遭っていなければできない供述である。

また、弁護人は、本公判廷で証言する以前に、被害者が二回目の痴漢被害に関して『尻を揉まれた』と一度も供述していないとも指摘し、被害者の供述は信用できないと主張する。しかしながら、被害者は『痴漢を捕まえるのが初めてであったため、パニックになっていて忘れていた』と供述しているところ、そのような心情は十分に理解可能なものである。

したがって、弁護人の主張はいずれも採用できない。

結局、被告人は、被害者に対して、公訴事実記載の日時・場所において、スカートの下の下着にまで手を入れる痴漢行為をしたこと、その後被害者に睨まれるなどしたために一旦は痴漢行為を止めたものの、再び被害者に対し、その臀部を揉むという痴漢行為をした事実が認められる。」

裁判官室の時計を見ると、もう午後一一時を過ぎていた。無罪判決の起案をしてからちょうど一週間後、私はこの週末も、土曜日だけではなく日曜日もこの事件のために費やさざるを得なかった。

有罪判決を書き終えると、ドッと疲れを感じた。今の時点での自分自身の心証は？　と聞かれれば、間違いなく無罪だ。それにも関わらず、有罪だとする理屈を文章化する作業が、こんなに苦痛だとは思わなかった。

特に、一回目の痴漢行為の時に、被告人の左肩がもぞもぞ動いたという被害者供述について信用性を認める箇所や、五代目パンクボーイズの動画広告を見たとする部分を排斥しながらも痴漢被害は事実だとする箇所は、どう考えてもそう思わないという私の本音がパソコンのキーを打つ手を止めた。結局私は数時間もパソコンのモニターとにらめっこをすることとなった。

筆が進まない中、ひねり出した理由づけは、見る人が見れば「理由になってない」と見破られるに違いない。さらに私に追い打ちをかけたのは、有罪判決の量刑部分だ。私はこう書いた。

「被告人は同一の被害者に対して二回もの痴漢行為に及んでおり、執拗で悪質である。それだけではなく、各行為についてみれば、一回目に関しては下着の中にまで手を入れるというものであり、二回目にしても被害者の臀部を揉むというものであって、大胆かつ悪質である。

それに対して、被告人は、一回目の行為については自分ではないとし、二回目の行為については『手が触れただけだ』と主張し、いずれも不合理な弁解に終始していて反省がない。

それらを考慮して、主文のとおりの刑に処することとする。」

無罪の叫びが「不合理な弁解」とされ、まして「反省がない」とまで言われた被告人はどう思うのだろう？　ここに至っては、私はパソコンのキーを押す手の震えを抑えられなかった。

オセロの駒がひっくり返り、白から黒に変わる。黒い表面に立つと白いところは視界のどこにも見当たらない。

無罪、有罪双方の判決を書き終えた私は、オセロの駒の表と裏を順番に見て、その間から真実が透けて見えないか必死に探しているような感覚に襲われた。

同じ証拠関係なのに、証拠の評価で結論が一八〇度違ってくる。あるいは、結論が決まれば証拠の評価もそれに添って変えることも十分に可能だ。

しかし、私たちが眉根を寄せて考えているのは玩具ではなく、被告人の人生そのものなのだ。

私は再び、ほの暗い深淵を覗いていた。

どうか神様、真実を教えてください……。

「あら、二つも判決を起案したのね」

月曜日の朝、無罪・有罪二つの判決起案を渡した時、裁判長は意外そうだった。

「ゆっくり読ませてもらうわ。金曜日の午後は法廷がないから、合議はそこでしましょう」

それを聞いた安西の苦笑いを私は見逃さなかった。やれやれ、往生際の悪い左陪席だとでも思っているんだろう。

裁判官・和久田真実——平成三一年三月八日

裁判官室だけに灯る明かり

合議の日、金曜日は、あいにく朝から冷たい雨が降っていた。厚い雲が重なる空は、私の味方は私だけという不安をそのまま表したような空模様だった。

午後一番で合議は始まるというのに、私は昼ごはんを抜いた。というよりも、何も食べたくなかった。いつもは裁判所の地下の食堂で、同じ部の仲の良い書記官と一緒に食べたり、同期の裁判官と誘い合わせて食べるのだが、気が進まず、この事件の記録を裁判官室で眺めながら合議の時間が来るのをただ待った。

「合議する必要ありますか？　出来が悪いことは置いておいて、有罪判決でいいでしょ？　私が少し直しますんで、後は裁判長がチェックしてください」

今回も、安西のこんな発言から合議が始まった。

想定内。

ただでは済まないと思っていた私に、この程度の冷や水はどうってことない。

「ちょっと待ってください。被害者供述は、動かしがたい事実と齟齬していますし、重大な欠落があります。それを無視して判決は出せないと思います」

用意していた指摘を淡々と言った。それが安西に火をつけたようだ。

「和久田さん、もう止めようよ、時間の無駄だ。君の有罪判決起案にあるとおりじゃないか、どっちも大したことないんだよ。痴漢の被害者の供述なんてそんなもんだ。痴漢の被害を受けた時、被害者ってのは動揺したり、恥ずかしいと思ったり、怖いと思ったり、いろいろ考えてしまうんだよ。供述が一貫してないとしても、いちいち気にしちゃいけないんだ」

「それって痴漢の被害に遭った人に対する侮辱じゃありませんか？　今回の被害者だって真剣に供述していました。その供述に疑問があるから、こうやって被害者供述を信用していいかどうか、被告人が犯人なのかどうか、検討するんじゃないですか」

「経験の違いだよ。君も僕ほどの事件の経験を積めばわかるさ」

「だったら私が何を言っても無駄だって言うんですか？」

「まあまあ、二人ともいつものとおりね。熱くなるほど議論の本筋からは離れてしまっていますよ」

ようやく裁判長が間に入った。

我ながら低レベルな議論に引き込まれてしまったと反省した。何もなければ、どこかの会社の重役室を思わせる裁判官室は、今や「戦場」となっていた。判例集も電気ポッドも無関心を装うことはできず、この「戦い」を固唾を飲んで見守っているようだ。

転勤が伴う裁判官は、ひとつの裁判官室を終の棲家にすることが許されない。きっと、この裁判官室は、今までも何度となく、今日のような「熱い戦い」のフィールドとなってきたはずだ。

その後も、私と安西との見解は正に平行線を辿り、次第に消耗していった。それと反比例するように、裁判官室に響く安西や私の声のボリュームは大きくなっていった。

時折、裁判長が「休憩」を宣言し、冷静になるように言ったが、安西との間で議論が収束することはなかった。

休憩時間に裁判官室から出て、トイレに行くために書記官室を通ると、書記官室には「議論」の様子が筒抜けだったようだ。目の前の仕事に集中しているふりを装いながら、「大丈夫かよ、あの二人」というおびえた視線をそこかしこから受けた。

休憩、議論再開、ヒートアップしてまた休憩。

そんなことをただ繰り返している内に定時が過ぎ、書記官室から一人、二人と人が減っていった。気が付くともう午後八時だ。白熱したままの裁判官たちを残して帰っていいものか、そんな迷いを一手に引き受けた主任書記官が、最後に「もう帰っていいでしょうか?」と言って引き揚げて行った。書記官室の電気が消され、裁判官室だけが闇に浮かびあがるようだ。

三人だけとなった後の議論も被害者供述の信用性を巡り、堂々巡りが続いた。裁判官室の空気はよどみ、息苦しささえ感じるようになった。

間をとりなす裁判長も言葉少なくなったが、午後一〇時を回る頃裁判長は静かに言った。

「議論は尽きたと思います。結論を出します」

裁判長はやはり裁判長らしく、十時間ほどにもわたる議論を理論整然と整理した。そして、その先に、ある結論を導いた。その整理は、私が用意した判決起案の足りないところを補って余りあるものだった。

やっぱり経験なのかなあ、最後にものを言うのは……。

そんなことを思い浮かべながら安西を見ると、安西もそんなことを考えているように感じた。

「和久田さん、判決起案の仕上げをお願いね。もちろん私が最終チェックをしますから」

裁判長はそういうと、安西を連れて出て裁判官室を後にした。

「明日は土曜日だからって、和久田さんもあんまり遅くならないでよ」

そんな裁判長の一言を聞き、二人の足音が聞こえなくなってからも、私はかなりの間、裁判官室の壁をボーっと見ていた。

どのくらいそうしていただろう。気が付くと、一筋の涙が私の頬を伝って落ちていった。

裁判官・和久田真実——東京地方裁判所・平成三一年三月二二日

判決日の朝

判決日、裁判長、安西、そして私の順で裁判所の廊下を歩く。これでよかったのかという思いが頭を離れない。

法廷への扉が開く。被告人、弁護人、検察官、そして傍聴人が目に入った。

判決言い渡しが始まる。

最初に裁判長が言った。

「被告人は前の証言台のところに立ってください」

「大林被告人ですね」

「はい」

「これから、あなたに対する強制わいせつ被告事件の判決を言い渡します」

静まり返る法廷、

誰もが息をのむ。

被告人は息さえ止めているかのようだ。口元を真一文字にきつく結んで微動だにしない。

弁護人席に座る弁護人は虚空の一点を見つめ、判決主文の読み上げを待っている。

「主文……」

私は目を閉じた。

裁判官・和久田真実——平成三一年三月二四日

いつか法廷で

目の前を金魚が元気に泳ぎ回っている。

判決言渡しから二日が経ち、少しずつ私の心にも平穏が戻りつつある。

さっき、金魚の水槽の水も替えた。残りエサで濁った水を捨て、ベランダにバケツで汲み置いた日向水を入れてやった。金魚は新鮮な水の中を元気に泳いでいる。それは、合議の時に感じた裁判官室の息苦しさから解放された私そのものだった。

私の手には、私がまだ司法修習生だったとき、司法研修所で刑事弁護教官に採点してもらった起案がある。無口でぶっきらぼうな弁護士だったが、めずらしくこの私の起案には細かい字でコメントが書かれていた。

「日本の刑事裁判は絶望的だと有名な刑事法学者が論文に書いたことがあったそうな。知ってるか？

俺も同じようなことを日々感じている。

それでもなお俺が刑事弁護に惹かれているのは、被告人や弁護人の苦悩をわかち合える裁判官や検察官がこの世の中にはいるってことを確信しているからなんだ。

裁判官志望と聞いた。

お前もぜひそんな裁判官になってくれよな。期待している。いつか法廷で会おう」

検察官・江藤恭介――令和一年五月一七日

「検事、新件です」

朝、無機質な声で入ってくる検察庁の事務官の様子は、どこにいても変わらなかった。ティーメーカーも、愛用のマグカップもずっと変わらない。何か変わったことを挙げるならば、僕はいま、千葉地方検察庁の検察官室にいる。元号も変わった。

「令和」という響きにはまだ慣れない。得意げに達筆な文字を掲げていた官房長官も、後に総理大臣にでもなるのだろうか。

事務官から渡された一冊の記録の表紙には「強制わいせつ」と書いてあった。

慣れた手つきで表紙をめくる。千葉に向かう総武線快速電車の中で、被疑者が、被害者のスカートに手を入れて……。

僕は静かに冊子を閉じ、天井を仰いだ。

「……また、痴漢か」

痴漢事件の多さは、ここに来ても変わらなかった。天井をぼんやりと見ながら、あの事件のことを思い出す。

もう、忘れることはできないだろう。

「……また、痴漢ねぇ……」


あの事件は、僕が起訴した後は、裁判を担当する別の検察官に引き継がれた。それは、東京では普通のことだ。捜査を担当する検察官と公判を担当する検察官は別々の部署で、事件は起訴後、機械的に公判部に配点されていく。秋に起訴したあの事件は、大林が否認したまま、裁判が進んだらしい。起訴してからは特に思い出すこともなかったが、僕が千葉に転勤になる二週間くらい前、ふと気になって確認したら、ちょうど判決が出る直前だった。

気になってしまったら止まらなかった。

僕は判決の日、法廷に行った。

捜査をしていた当時はすごく悩んだが、僕はあの事件を担当してよかったと思っている。事件が法律家を成長させるとはよく言うが、僕はあの事件で間違いなく成長した。確実に、そして冷静に疑念を振り払ってあの事件を起訴した僕は、自分で言うのもなんだが一皮むけた気がした。

結論が気になって、自分が捜査した事件の判決を聞きに行ったのなんて初めてだった。裁判長が判決の朗読を始める。その判決は、僕の想像をはるかに超えた精緻なものだった。

公判の審理の内容は全然知らなかったが、弁護人が指摘した有罪への疑問は、まさに僕がずっと悩んでいた疑問だったらしい。そして裁判でその疑問は僕が考えていたよりずっとずっと深まり、そして、三名の裁判官はその疑問に正面から答えているように思った。その内容を深々と聞いた。心の中でうなずきながら、はたまた首をかしげながら、裁判官が結論を導いた論理を聞いた。

ああ、なるほど。これが刑事事件だ。

こういうことがあるから、刑事事件というのは奥深い……。

検察官室に帰り、今日と同じように天井をぼんやりと仰ぎ見ながら、しばらくの間、表現し難い感慨にふけった。この日判決を聞き終わった僕は、また、どこか一歩成長したような気がした。

あの事件は、まだ終わってはいない。今頃、東京高等裁判所で審理が行われているはずだ。判決で負けた方は、判決の見直しを求めて控訴ができる。有罪なら被告人側が、無罪なら検察側が、それぞれ控訴することになる。裁判が確定するまで、あの事件は終わらない。大林の運命が最終的に決まるのは、まだまだ先だ。

「検事、大丈夫でしょうか？」

丁寧な声で僕は我に返る。

僕の斜め前の席にいる今の相棒は、僕より少し年齢が下の男性だ。丁寧すぎる口調はまだ出会ってから日が浅いからだろうか、それとも、彼自身の性格によるものか。その両方か。マイペースだった大久保が懐かしく思われるくらい、生真面目な青年だ。

もう一度、手元のファイルを開き、目を通す。

千葉地検に来ても、痴漢事件は相変わらず多い。東京ほどではないにしても、千葉へ向かう電車は満員だ。満員電車があれば、痴漢事件がある。自分も通勤するあの車内で毎日毎日そんなことがそこかしこで起きていると思うと、もううんざりするくらいだ。

「もう、一か月でも二か月でもいいから、満員電車が全部なくなって、みーんな家にいる期間でも出来たら、僕の手持ちの事件数もずっと減るのに」

「そんなことあるわけないですよ、検事。さ、被疑者を呼びましょう」

検察官の数に比べて事件数が多い千葉地検では、検事はみんな忙しそうにしている。事務官も、東京よりもピリピリしているように見えた。

でも確かに、今日は急がなければいけない。午後、強盗の否認事件の決裁があるのだ。事件現場近くの防犯カメラに犯人が逃げるところが映っていて、それが被疑者とよく似ていた。被疑者を取り調べると、全面的に、否認。自分は何の心当たりもないという。僕は昨日から、冷静に、証拠を検討し、自分の結論を導く理論武装をして決裁の準備をしていた。でも、どうも今回の上司は、勝手がわからない。

僕より一五歳くらい上だろうか。少し髪の薄くなった小太りな上官。いつも笑顔で、事件の話をしに行っても雑談が多い。

「いやー、江藤君。昨日の『英雄』の再放送見た？　やっぱ検事はああじゃなくちゃね！　涙なしには見られないよね！」

事件の話をとっても、前の上司とは言うことが全然違う。

「江藤君、わかった。よーくわかった。君の考えた理屈はわかったよ。そんで、どうなんだい。君の直感は。直感は大事だよーーー！　法律家といえども、みんな人の子なんだからさ。裁判官も一緒よ。被疑者の話を聞いたその直感は、どうなんだい」

こんな調子なのだ。

――また今日の午後も大変な時間になるな――

証拠関係も微妙な強盗事件。直感と言われましても……という感じだ。

痴漢事件の弁解録取を終えると、久しぶりに修習で同期だった弁護士から携帯のアプリでメッセージが入っていた。

「自分だけの道を目指すことにした。来年、独立する」

あの事件の捜査の時に、彼からたまたま電話があったんだったっけ。依頼者の話が信じられない、と言って。あの電話は僕も助けられた。彼も、それから、また一歩成長したのだろう。もうずいぶん昔の出来事のようだ。

独立。そんなことを言い出す同期の弁護士も増えた。

自分だけの道、そんなものは自分にはあるだろうか。

いろんな事務官がいる。

いろんな上官がいる。

いろんな裁判官がいる。

いろんな弁護人がいる。

いろんな被疑者がいる。

そんな、いろんな人がごちゃ混ぜに詰め込まれた満員電車のような世界の中で、自分なりの輝きを、自分なりの個性を出して仕事をしなければ、あっという間に雑踏に埋もれてしまうだろう。

僕なりのそれは、まだ発展途上といったところか。

やり方に正解なんてない。

あの事件を今の上司に相談していたら、僕はきっと、大林を不起訴にしていたに違いない。

そういうものなのだ。

それが人の仕事というものだ。

そもそも、本当の正解なんて神様にしかわからない。

そういう土俵の中で、検察官も、弁護人も、裁判官も、自らの信じるところに従って全力を尽くしている。その一人ひとりが、個性を発揮しながら、真剣に問題に向き合っている。それが、社会正義を作っている。

検察官こそが正義だと信じていた僕の心は、少し変わった。


「午後も頑張ろう」

昼食を終えた僕は、あの取調べの時につけていた緑のネクタイを、きゅっと締め直した。

第二話

加害者・岡貫宏《おかぬきひろし》——九月一日

抑えきれない衝動と後悔

後に悔やむから後悔という。そのことを何度も痛感した。

もう繰り返したくないと、何度となく思った。しかし、どうしても抑えきれないときがある。少しくらいいいかな。ばれないだろう。気づけば言いわけと一緒に「そういうこと」を考える自分がいる。


八月も終わり九月が始まったばかりの朝の上りの満員電車。もう入らないんじゃないか？　そんなスペースに信じられない数の人間が乗り込んでいく。自分も開いたドアからホームにこぼれ落ちそうな人の「壁」に向けて自分の背中を押しつけ、車内の乗客を押し込んで、どうにか体を車内に収める。しかし、自分もまた後から乗り込んできた乗客の背中で奥に押しやられる。鞄を持っていた左手は、鞄ごと左斜め前の乗客二人の体にはさまれて動かない。

電車は走り出したが車内で「落ち着きどころ」を見つけられず、駅に着くたびに扉の出入り口付近で降りたり乗ったりを繰り返している。ここはいちばん忙しい立ち位置なのだ。

この時間帯、通過駅が多く、次の駅まではしばらく列車は止まらない。周囲を人が取り囲んでいる。と、自分の右前方、男性客二人が阻むように立っている向こう側に、一人の女性客の背中と尻が見えた。

肩付近にある鉄製のポールにつかまっているようだ。

　右手を伸ばして男性二人の体の隙間に手をしのび込ませれば女性の体に手が届く。この角度であれば、気づかれない気もする。列車がブレーキをかけると乗客の体が一斉に進行方向へ傾く。人と人との間隔に変化が生じる。そのタイミングで、自分の右手を、女性客のお尻の方向に滑らせるように運ぶ。少しばかり肘を伸ばすと、右手の指先が女性のスカートの生地にひっかかる。ベロア調の暖かそうな素材で、指をもう少し伸ばすと小指と薬指の腹にしっとりとしたスカートの生地の感覚が感じられた。緊張感が少し高まる。

　ほかの指をスカートの生地の上に滑らせていく。中指、人差し指、親指まで触れあう頃には、手のひらぜんたいが生地の上にかぶさる。生地を通してほんのりと柔らかさを感じて、手のひらを動かせる範囲で上下すると、生地の下の皮膚の感触が伝わってくる。緊張感がもう少し高まる。しかし、もやもやした気持ちは残っている。耳の奥はざわざわしっぱなしのまま。列車は時間調整のため少し長めに駅に停車した後発車し、次の停車駅のホームに進入して、間もなく停車しようとしていた。間もなく列車のドアが開く……。

「……やめてください」

電車の雑音のせいか、耳の奥のざわつきのせいか、よく聞こえなかったが、声が聞こえた気がした。

「……やめてください！」

大きな声が聞こえたと思うと、間もなく右手首をつかまれてしまう。

「え？」

思わず声を出した。怒りで上気した女の人の顔が目に入る。

「やめてください!!」「この人、痴漢です！」

三度言われて、私は「え?! 違うちがう！」と口走り、つかまれた手首を相手の手から引きはがし、電車内からホームに出ていこうとする。しかし、今度はほかの誰かに目の見えない角度から、鞄を持ったままの自分の左手首がつかまれてしまった。

「何をするんだ！」

振り返って小さく叫ぶと、大柄で茶髪の男が、右手でしっかりと私の左手首をつかみながら言い返す。

「あんた痴漢してただろ！」

——痴漢!?——

自分の心境とはまるで語感の違う言葉に動揺し、「違う、ちがう」と口にする。ただ、そういえば、「そういうこと」は確かに痴漢行為と言われていることを今さら思い出してしまう。

「違う、ちがうんだ」

もう一度言う。しかし、男の右手の力が緩むことはなく、一層力が入る。さらに別の男が私の右肩に手をかけて、右腕をつかんできた。頭を少し左に向けて見ると、黒縁眼鏡に灰色のスーツを着用した、少し神経質そうな男だった。

「ちょっと駅員さんのところに行きましょうよ」

喧噪のなか、その声だけははっきり聞き取れた。

慣れてしまった取調べ

二人の男に半ば強引に引きずられて駅長室に行くと、すでに数名の駅員が待っていた。そこではほとんど事情を聞かれず、迎えに来た警察車両に乗せられて警察署に連れていかれた。警察署の一階に取調室があり、車両から降りるとすぐのところだった。取調室の堅いパイプ椅子に座らされて、一方的に取調べがはじまった。有無を言わさない感じに、自分が「逮捕」をされたことをまざまざと思い知らされる。

「東京都新宿区内の病院で生まれたと聞いています。学生時代まで都内で育ちました。大学卒業後、四芝商事に就職しましたが退職しました。いくつか転職を繰り返したあと、現在はシステムエンジニアとして働いています。立場は主任です。手取り収入は二五万円くらいです。妻もスーパーでパートとして働いていますから、楽ではありませんが十分暮らせています。妻とは再婚同士で、妻の連れ子と養子縁組をしています。親子仲は良好だと思っています……」

担当する警察官に自分自身の経歴のほか、簡単な事情を聴かれて順々に説明していった。このあたりの流れはすでに承知している。内容は間違っていないけれど、どこか上滑りしている感じがするのもこれまでと同様で、まるで他人のことを説明しているような感じがする。

「これまでと同様」というのは、実は、四年前に一回、五年前にも一回、同じ経緯で同じようなことを警察署で話したことがあるからだ。同じ「ような」というのは、その後の四、五年間の職の変転を付け加える必要があるためだった。

「『タバコは吸っていましたが、あまり合わない感じがしたのでやめました。酒もあまり飲めません。登山が趣味でしたが、再婚してからは仕事と家庭が忙しく、最近はまったく行っていません。なお、妻との性行為は、ここ何年かありません。身長は一七〇センチ、体重は五五キロくらい、視力は眼鏡をかけて一・〇くらいです。利き手は右手です。』……と、これでいいね？　間違いないね？　はい。そうしたら調書の最後のところ、ここに署名してから左手の人差し指で指印を押して」

上滑りする感じは変わらないが、確かに内容は間違っていないので、警察官に言われるまま署名した。左手の人差し指に黒いスタンプ台でインクをつけて、名前の隣にペタッと押した。

「あんたみたいのが、どうして何度も来ちゃうかな」

署名をしたあたりで、警察官から唐突に言われた。自分でもよくわからない。

「私にも、よくわからないんです」

私は正直に口にした。

「よくわからないということはないでしょう。立派な経歴があって、これまで何度も繰り返しているんだから。それで、今回は何がきっかけだったの？」

「何度も繰り返してはいません。今回が三回目です。それと、どうしたらいいか、本当によくわからないんです。悪いことをしているのはわかっています。だけど上手くいかないことが続くと、いつの間にか、また同じようなことを考えているんです。それで前にいた女性を触ろうと思って」

「それだけ？　もうちょっときちんと説明してもらわないと。あんた三回も繰り返してるんだから、やっぱり女性の体に興味があるんでしょ」

「興味、なんて雑な言い方をすれば、そうなのかも知れませんけど、それは興味というより、触ることで気持ちが落ち着くというか、ストレス解消なんていうつもりでもないんですけど、今回はどうなるかなと思って……」

「ストレス解消で触るのかよ！　なるほどねえ。でも、あんたは男性だよね。あんたは女性を触りましたね。その女性は奥さんでもなんでもない、知らない女性だよな。それも、あんたはお尻を触ったわけだ。奥さんでもない女性の。それがどういう行為かわかってんだろ？」

警察官が少し大きめの声でたたみかけてくる。

「いや、確かに、私は触りました。それは認めます。ですから、そう受け止められても仕方ないかも知れませんけど……」

「受けとめられても仕方ないよね。そのとおりだよ。電車の中で女性のお尻を触ったんだから。普通はどうなの？　普通はいやらしい気持ちだよね。どうのこうの言っても、そういう気持ちもあってやるんでしょ」

一転して、警察官は穏やかに私を諭してくる。この強弱のつけかたや諭し方に、強い既知感を覚えた。普通はどうかと言われれば、いやらしい気持ちでやっているに決まっている。そんなことは私もわかっている。けれどもそういう言葉では、どうしても自分の気持ちをとりこぼしている感じがする。しかし、警察官は私が黙っているのを見て観念したのだと思ったらしい。さらに畳みかけるように話を続けてくる。

「そうしたら、岡貫さん。まず、今回自分がした行為を自分で書いてよ。これは簡単でいいから。以前も書いたことがあるよね」

いささか唐突に「以前」のことを言われて過去を振り返る。しかし、以前はどうだったかなんてまるで思い出すことができない。全体に、自分で書いた手ごたえがないのだ。私は困って警察官の目を見ると、「どうした？」と言いたげな不思議そうな目をしている。黙ってもう少し見つめていると、「わかってんでしょ」と言っている気もする。

――本当のことをわかってもらおうとするのはもういい。あきらめた。どうせわかってはくれないのだ。とにかくこの場は収めないといけない。前回も前々回もそうだった。それで早く取調べが終わってくれればいい――

私はペンをとり、少々質の悪い白紙に向き合って書き出した。

『私は、以前から女性の体に興味がありました。私は本日、自分のなかのいやらしい気持ちをおさえられず、前方にいた女性のお尻を触りました。詳しい内容は、後日、正直にご説明いたします。』

警視庁武蔵野署一三番

一階の取調室で一通りの取調べが終わり、二階の留置場に入ったのはすでに夕方だったと思う。目に見える範囲に時計はなく、正確な時刻はわからない。逮捕されてから、何ひとつ自分のペースでは決められず、調子は狂い続けている。自分ではそう思わないが、きっと、頭も少し混乱しているのだ。こうやって事件を起こすのは初めてではない。けれど、逮捕されるのは初めてだ。捕まるのと捕まらないのとでは、これほど違うとは思わなかった。

留置場に入るに当たっては細かく所持品検査をされた。財布を出して中身を一つひとつ確認し、お金は金庫で管理するということで持っていかれた。留置場で対応した警察官は、取調べのときとは別の担当者だった。まわりの人から「担当さん」と呼ばれているが、正確には何の「担当」なのか私にはわからない。

その担当さんが私に説明してくれた。

「ここでは名前は呼ばないから。あんたは一三番。点呼をとる時もそう呼ぶので返事をするように」

そう言われた瞬間、私は岡貫宏という個人ではなくなり、「警視庁武蔵野署一三番」という無機質な存在となった。

「武蔵野サーティーンか」

思わず口の中でつぶやく。一三という数字はなんだか不吉で、自分に似合っているような気もした。

通された部屋は六畳ほどの広さで床は畳のようだった。入室の前に、担当さんから、これから食事となるという説明を受けた。間もなく麦飯と揚げ物と野菜の煮つけが入った粗末な弁当が配られ、それが夕食のすべてということだった。ただ、空腹は覚えていたもののあまり食べる気にはならず、食べても味がしなかったので大半を残した。

同室には私のほかにもう一人いて、若い面長の男性だった。とりあえず「どうも」と言ってみた。はじめは日本人だと思ったけれど、おそらく中国語で話しかけてきたので、日本人ではないのだと思う。

こんな場所でどんな話をすればいいかわからないから、自分としては都合がよかった。

それからどれくらい時間が経ったかわからないが、担当さんから「就寝準備」だと言われた。二人とも房の外から布団を運び入れるよう指示をされる。布団のかけかたまで指示があった。布団を敷こうとすると、今さらながら、この狭い室内で昼夜過ごすのだと思い知る。見知らぬ人と六畳に相部屋。

——ここで寝るのか……——

外に漏れないよう、心の中で言葉にする。二四時間前と比較して、日常生活と余りに隔絶した違いにショックを受ける。もしかしたら、捕まった瞬間よりも気持ちが落ち込んでいるかも知れない。とにかくあまり音を立てないように布団を敷き、自分も体を横たえる。少し離れたところに、面長の男も布団を敷いた。

少しでも自分を外の空間から隠したいと思う。体を横にして両手で足まで抱えて小さくなる。体全体を掛布団ですっぽり覆い隠してしまおうとする。しかし、しばらくして、「一三番、一三番」と呼ばれる。

「掛布団は頭にかからないように」

さっき言われたことをもう忘れている。私は若干自分に失望しつつ、絶望的な気持ちで顔を外に出した。

きっかけは「清涼感」

翌日の起床は午前七時だった。眠れたかどうか自分でもわからない。布団に入ってから、ずっと頭の中はぐるぐると回っていた。

捕まってから、ある意味で行事ずくめだった。連行されて、取調べにさらされ、新入りのオリエンテーションを受けた。一つひとつ、その場で対応することを余儀なくされ、余計なことを考える時間はほとんどなかった。しかし、布団に入って横になると、あらためて様々なことが脳内をかけめぐった。

――これからどうなってしまうのか……――

取調べの警察官には、恥をしのんで妻に連絡して欲しいと伝えた。ただ、警察官が妻にどういう説明をするのか不安だった。しかし、音信不通にするのもどうかと思って、逡巡した挙句に依頼した。妻は、自分のことを理解してくれていると思っている。もちろん、妻に対しては不満がないわけではないが、どこの家庭にも問題はあるものだ。

仕事もどうすればよいのか。昨日は完全に無断欠勤になった。自分は時間に細かいタイプには見られていないと思う。とはいえ、「すっぽかす人間」だとも思われていないはずで、同僚や上司は驚いているると思う。昨日はまだいい。今日の午後は取引先と打合せだ。直属の上司にあたる課長の、人のよさそうな顔を思い浮かべる。察しが悪い人で、普段は使えない奴だと思っている。だが、こんな時はかえってありがたい。あの上司なら、二日くらいは急病と言ってごまかせるかも知れない。しかし、三日以上続くとさすがに説明がつかないだろう。そもそも取引先の信用を失ってしまう。

――どうしたものか……――

頭を抱えた。

取調べ担当の警察官から、弁護士を頼めると聞いたが、何をしてくれるかはわからない。「当番弁護士」というらしい。「当番」とは何のことだろうか。明日あたり頼んだ方がよいだろうか。実は、過去に警察に厄介になったときも弁護士を頼んだことはなかった。頼まなくても何とかなっていたのだ。

――あまりいいイメージがないな――

弁護士というと、金がかかるイメージがある。それでいて、「正義」や「人権」などとやかましく、あまり好きではなかった。それでも背に腹は変えられない。

――どうするか……――

大学のサークルで登山をはじめたころから、物事の判断は慎重になったと思う。重要な判断を迫られるとき、立ち止まって考える癖がある。石橋を叩いて「渡らない」性格だと思う。結局、当面、弁護士は呼ばないことにする。

「一三番！」

「はい！」

ふいに呼ばれて反射的に返事をした。案外元気に声が出ることに驚いた。隣人は「三番」だった。順番に房内から出て、洗面所で洗面を済ませた。歯ブラシはそのとき配布された。洗面後に房内の掃除をして、それから朝食となった。

朝食は白米に、ハムカツ、ポテトサラダ少々に漬物。昨日と同じで、味はうまいのかまずいのか、まったくわからなかった。一〇分程度の食事時間はあわただしく終わった。

——いったい、これからどうしたものか……——

警察沙汰になったのは今回が三回目だ。ただ、これまでは逮捕されることはなかった。事件当日は駅員室から警察署に「ニンイドーコー」されて、警察署で話をきかれ、後日必ず再度出頭するよう言われて解放された。次はまた別の日に検察に呼ばれて同じ話をして、あとは罰金を支払って終わっていた。それが四年前に一回、五年前にも一回。当時の家族には明かさなかった。当然、恥ずかしさがあった。でも、自分の中では「ちょっとした失敗」と捉えていた。わざわざ家族に打ち明けるほどのことでもないだろう、別にまた問題が起きるわけもなく。そう高をくっていた気がする。

しかし、結局、その後も電車内で女性の体に触れることを止めることはなかった。自分はどうして繰り返すのか。思い当たるのは、あのとき見た光景と清涼感だ。

昔から気分の浮き沈みがあまりない方だったと思う。あまり大げさにも喜ばないし、そんなに落ち込まない。ただ、深く落ち込むと気持ちの上げ方がわからなくなった。仕事が上手くいかないときは、特に気持ちが落ち込んだ。朝起きても疲れはとれておらず、毎朝の通勤列車が苦痛になった。

社会人になって四年程経っていた。その日も疲れた朝の満員列車だった。はじめて女性が痴漢被害に遭う姿を見た。超満員というほどでもないが、十分満員の列車内。車内の中ほどまで押し込まれ、つかまるつり革も見当たらず、カバンを右手に提げ、ただ混みあった車内でまっすぐ立っていた。電車の進行方向に対して右向きで立っていた。私の眼前には通勤途中と思われる会社員風の女性が左手でつり革をつかみ、右手で携帯電話を操作していた。その右隣、私の右斜め前に立つ女子高校生は、つり革に手をかけて立ち、その後ろには、男子高校生が立っていた。男子高校生は、列車が右に揺れれば目の前の女子高校生に体を預け、左に揺れれば遠ざかっていた。何にも意識せず、その光景をぼんやりとみていたが、男子高校生の右手の甲は、女子高校生の臀部あたりにぶらさがっていて、少し奇妙な位置関係に思えた。

その様子を横目で見るうち、「なるほど、この男子は女子のお尻を触っているのだな」と気づき、痴漢とはこういう方法でするのかと妙に感心してしまった。また、十代半ばの男子が痴漢行為に及ぶ姿に、無分別で後先を考えず、ある意味大胆な性欲の迸りを感じどうにも眩しい感じさえしたのだった。そして私は、隣の男子高校生のまねをして、列車が大きく右に揺れたとき、思い切って私自身の眼前の女性に体を預けてみた。その際、動きに合わせて左の手の甲を女性の臀部になぞらせてみると、その感触に胸がすく思いがしたのだった。「清涼感」とはこういう感覚ではないかと。

私はそれ以来、気持ちが落ち込んでどうしようもない気分になったとき、「そういうこと」を考えるようになった。仕事のストレスが溜まり、解消しきれない行き詰まりを感じた時には、「そういうこと」や、それに近いことをすることもあった。

ここ最近も、仕事でつまづいていた。これもあの察しの悪い上司のせいだった。自分が持ち込んだ企画が取引先で評価されていた。自分としては、時間をかけて慎重に進めてきた仕事だった。正確には、取引先の社内で評価してくれる人がいた。それほどでもない人もいた。しかし、私を高く買ってくれている人が社内を説得しようとしてくれていた矢先に、あの上司は無理にねじ込むようなことをして取引先との関係が悪くなるのを避けようと考え、こちらから企画を取り下げてしまった。悪い忖度というものだ。私は再度、取引先に説明に行こうと思っていた。それが今日の午後だった。

しかし、どう説明すればよいか思案するうち、どんどん気持ちが落ち込んできた。このままではちゃんとした気分で説明もできない。そのときちょうど列車の中にいて、そのときちょうど前に女性がいた。要するに、そういうことだったのだ。


「一三番、今日は地検だから出なさい」

再度呼ばれてそう言われた。昨日の夜に聞かされていたが、今日の午前中は検察庁に行くらしい。留置場内の別の部屋からも何人か集められ、みんなで大型のバスに乗って行く。

留置場を出て、数人が腰縄で数珠つなぎに繋げられ、一列になって進んでいく。留置場がある二階から下り、一階の通用口のようなところから駐車場に出た。

マイクロバスが留まっている。窓に鉄格子が仕組まれ窓ガラスには黒いフィルムがラッピングされている。いわゆる「護送車」というやつだ。普段は気にもとめないが、ときどき街中で見た気がする。バスの前方にエンブレムがついており、車種は「いすゞ」の「ジャーニー」とわかった。げんなりする。

——小旅行——

いったい自分は、どんな旅に連れていかれるというのか。目的地が「検察庁立川支部」ということだけはわかっている。

加害者の妻・岡貫久美《おかぬきくみ》――事件の連絡から相談まで

警察からの電話

突然の連絡だった。

「今日、ご主人が、電車内で痴漢をした容疑で逮捕されました。いま武蔵野署にいます」

一瞬、何を言われているのかわからず、反応することできなかった。夫と「痴漢」という言葉がつながらず、他人事のように感じてしまった。

これまで、夫が痴漢をしたなんて聞いたことがないし、まして、仕事でも家庭でも、問題を起こしたこともなかった。口下手だけど、私にも娘にもやさしい夫で、痴漢で逮捕されるなんて信じられない。満員電車に乗っていたから、痴漢と間違えられたに違いない。そういえば、満員電車の通勤には参ったよ、と夫はよくこぼしていた。痴漢に間違われたというニュースも聞いたことがあるし……。

いろいろな考えが頭を駆けめぐっているうちに、警察からの電話は終わった。受話器を置くと全身から力が抜けたようにその場に座り込んでしまった。

ただ、もし夫が痴漢をしていたらと思うと胸がつぶれる。私も、むかし痴漢をされたことがあったけれど被害者なのに誰にも言えなかった。ましてや娘に父親が痴漢したなんて言えない。

まずは、どうしたらいいのだろう。そもそも、夫に会うことができるのかもわからない。このまま、逮捕されていたら仕事はどうなるのだろう。ニュースで報道されるのかな。これからどうなるか全然わからず、不安ばかりが募っていく。

友達にも聞けないし、両親に相談してもわからないだろう。こういう場合には、弁護士さんになるんだろうか？　悩んでいても、どうしようもないし相談してみるしかない。ただ、弁護士といっても、知っている人なんていない……。

テーブルの上には財布が置いてあった。そうだ、買い物に行こうとしているところで電話があったのだ。でも、何を買いに行こうとしていたのか思い出せないし、出かける気も起こらない。

結局、警察から電話があった日は、気持ちが動揺するばかりで具体的には何もすることができなかった。

弁護士へのはじめての相談

翌日、いよいよ自分だけでは対応ができないと思い、やはり専門家に相談することに決めた。

そういえば、以前、父が相談したことのある法律事務所が、立川市にあった。十年も前のことだが、私の叔父が亡くなり、叔父に子どもがいなかったり、疎遠な親族がいたりして、相続がもめたことがあった。父が頼んだ弁護士に私は会ったことはないが、父も相談して印象がよかったと言っていた。たしか伊達という名前だった。スマホで調べてみると、まだ立川市の同じところで事務所をやっているらしい。まずは、連絡してみよう。

法律事務所に電話することは初めてだし、こんなことを相談していいのかもわからなかった。電話することを躊躇したけれど、意を決して電話をかけた。

「はい、伊達潤志郎法律事務所でございます」

法律事務所というと年配の男性のイメージしかなかったので、優しそうな女性の声が聞こえてきて以外に感じ、かえって気遅れしてしまった。

よほどこのまま電話を切りたい気持ちにかられたが、夫のためだと思いなおし、話し始めた。

「もしもし、突然すいません。岡貫と申します。実は私の夫のことで、相談したいと思って、電話しました。昨日、夫が痴漢で逮捕されてしまったんです」

「それは大変ですね。当事務所にご連絡いただきましてありがとうございました。オカヌキ様は、当事務所にお越しになったことがありましたでしょうか」

「私の父が、伊達先生にお世話になっておりました」

「そうだったのですね。今回の相談については、急ぎで相談していただいた方がよいですね。弁護士の日程を確認してきますので、お待ちください」

電話に出た女性によると、今日の午後三時から弁護士に相談できることになった。伊達弁護士は不在らしく、別の弁護士がすぐに対応してくれることになった。初めて法律事務所に電話したけれど、親切な対応でほっとした。迅速に相談してもらえることもありがたかった。

法律事務所は、大通りから路地に入ったビルにあった。看板もなく遠くからはわからなかったけれど六階建てのビルの入り口に「伊達潤志郎法律事務所」と書いてあった。この辺りは、会社に勤務してい た時に来たことがあったけれど、法律事務所があるなんて知らなかった。そういえば、法律事務所を目立つところで見た記憶はないな。

エレベーターに乗って降りると、法律事務所の入り口があった。ドア横のベルを押してしばらくすると、メガネをかけた感じのよさそうな女性が迎え入れてくれた。

部屋に通されて弁護士を待った。部屋には、木製のテーブルと椅子があった。白い壁には、小さな海の絵がかかっていた。思ったよりも明るい印象だった。テーブルには、「六法」と書かれた分厚い本が置いてあって、電話帳くらいの厚さがあった。その他には、時計、カレンダー、電卓、朱肉などが机に置かれていた。別の壁一面に並んだ本棚には法律関係の書籍がずらりと並んでいて、何やら難しそうな印象だった。

次第に緊張が高まってきた。法律事務所に来るのは初めてだし、うまく状況を話せるだろうか。

五分ほど待っていると、三十歳くらいの男性が入ってきた。

「弁護士の山下です。ご心配なことも多いと思いますが、お話を聞かせてください」

と挨拶があった。弁護士は、元気な声だった。

「岡貫宏の妻の久美です。夫が、昨日の朝、痴漢をしたということで逮捕されました。初めてのことで、どうしたらいいのか相談に来ました」

「痴漢ですか。ご主人は、逮捕されるのは初めてですか」

「はい。これまで、逮捕されたことなんて聞いてないですし、誰かと問題を起こしたこともなかったんです。これから、夫がどうなるのか不安です。警察からは、逮捕されて武蔵野署にいると言われただけで、それ以外のことはわからないままです」

「わからないのは誰でもそうですから大丈夫ですよ」

そう言うと弁護士はテーブルの右の方にあったメモ用紙を手元に寄せ、そこに日付や漢字を書き並べた。


「ご主人は、昨日、つまり九月一日に逮捕されているのですね。そうすると、逮捕から四八時間以内に検察庁へ行き、そこから二四時間以内に勾留するか決められますので、九月三日に裁判所で勾留についての判断がなされることになりそうです。『勾留』というのは、引き続きご主人を捕えておくことです。勾留されることになると、原則十日間、警察署にいなくてはなりません。捜査の必要性があってやむを得ない場合には、さらに十日間、延長されることになります」

「そんなに長いんですか。数日間だったら、仕事も何とかなるかもしれませんが、それだけ長いと勤務先にも大きな迷惑をかけてしまいます」

十日という数字を聞いて、私は想像していた以上に事態が深刻であることを感じた。弁護士はメモ用紙の「勾留」の字を指して言った。

「勾留するには、その理由と必要性がないといけません。勾留に理由がないとして、釈放されることもあります。ですので、まずは、勾留されないように努力する必要があります」

「そんなことできるんですか」

「勾留手続では、検察官が、裁判所に対して勾留するように求めるのですが、最終的な判断は、裁判所がすることになります。勾留では、大きく分けて、勾留する理由と勾留の必要性が判断されます。勾留する理由があるとされるのは、証拠を隠したりするおそれがある場合や、釈放すると逃げたりするおそれがある場合などです」

「ウチには中学生の娘がいます。夫は、私たち家族を置いて、逃げるような人ではありません！」

思わず声が大きくなってしまった。弁護士は大きくうなずいた。

「もちろんそうですね。結婚して子どもがいる場合、家族を見捨てて逃げてしまう可能性は低いと考えられています」

「夫が、証拠を隠したりするおそれは考えられるのでしょうか」

「防犯カメラに映っていたり、指紋が残っていたりということはないと思いますので、被害者や目撃者の証言が証拠となります」

「目撃者に対しては何もできないですよね」

「そうですね。今回は、通勤中の電車内での事件ですから、被害者とされている女性や目撃者と知り合いということではまずないので、連絡をとることもできませんし、証拠隠滅のおそれは低いといえますね。このような事情を説明して釈放してもらえるように裁判官を説得してみます」

「娘が、父親が帰ってこなくて心配しているんです……」

「家族の心配や仕事への影響は、重要な事情ですから、勾留する必要はないとする事情になります」

「このまま仕事に行けなければ、会社を辞めさせられるかもしれません」

「岡貫さんの場合には早期に釈放されないと影響が大きいですね。その点も強く主張しましょう」

私は入道雲のように次々と湧き上がる不安を後先も考えずぶつけたが、弁護士は一つひとつ丁寧に答えてくれた。少しずつ不安が薄まっていく。ふと夫の顔が思い浮かんだ。

「ところで、私は、夫とは、いつ会えるのでしょうか」

「逮捕されてから勾留されるまでは、すぐに家族が会えないことが多いのですが、弁護士の場合は、すぐにでも会いに行くことができます」

「山下先生は、どうやって会うんですか」

「ご主人とは、武蔵野署の接見室で会います。ドラマで見たことがあるかもしれませんが、透明なアクリル板ごしに話をすることができます。本人とは、二人だけで会えますから、話をした内容は秘密にすることができます」

「どんなことが起きたのか夫に話を聞いてきてください！　お願いします」

「わかりました。今日、ご主人に会いにいきましょう」

「一刻も早く夫に家に帰ってきてもらいたいのですが……」

「もちろんです。そうしましたら、私が弁護人として、進めていくことでよろしいでしょうか」

もうこの人にお願いするしかない。若い人だけれど、私はその話しぶりに何となく誠実な感じを受けた。

「お願いします。私が先生に夫の弁護を依頼できるのでしょうか？　費用はいくらくらいかかるのでしょうか？」

「奥様からでも大丈夫ですよ。ただ、本人から、弁護人として選任してもらう必要がありますので、本人からも了承をもらってきます。費用のご用意は、その後で結構です」

弁護士はそこで話を区切ると、詳しく弁護士費用について説明してくれた。そしてボールペンを持ち直した。

「今日、会いに行きますが、何か伝えたいことはありますか」

「本当に痴漢をしたかの聞いてください。あと、元気にしているのかも聞いてください」

「わかりました」

弁護士と話をしていくうちに自分の気持ちが整理され、見通しがつき、安心することができた。

一方で、もし、夫が痴漢をしていたら私は受け止められるだろうかと不安な気持ちは残ったままだった。

法律相談を終えて、法律事務所から出てくると、帰宅していく会社員や学生が歩いていた。いろんな人生があるなかで、どうして、私たち家族はこんなことに巻き込まれたのだろう。

自宅に帰る電車は、帰宅時間と重なって混雑していた。こんなに混んでいたら、痴漢と間違われることもあるんだろうと思う。ただ、意図的に触られるのと、電車が揺れたりして隣の人が当たってくるのは、間違えないようにも思う。

いろんなことが頭を巡っているうちに、最寄りの駅に到着した。いつもは、三人分の夕食を作っていたけど、今日は作る気持ちになれず、娘と私の分のお惣菜を買って帰った。

自宅につくと、何も知らない娘の綾が、笑顔でむかえてくれた。

「おかえり！　お母さん、遅かったね。おなかすいちゃって、さっきパンを食べちゃったよ」

「ただいま。買い物していたら遅くなっちゃった。綾、ごめんね」

「お父さん、昨日から帰ってないけど、今日も帰れないの」

「そうね。お父さんは、仕事で遠くに行っていて、まだいつ戻ってこられるかわからないみたい。でも、早く帰れるように、仕事をがんばっているから大丈夫」

「そうなんだ。遠くに行っているなら、帰ってきたらお土産をもらわなくちゃね！」

何も知らない娘は、無邪気なままで疑っていないようだった。

夕食を終えて、娘が自室に行ってしまうと、私は、一人、マンションのベランダに出て、夜風をあびながら外を眺めていた。

変わらない日常と思いがけない事件の間で、自分の気持ちが揺れ動いたままだった。夫はどうなるんだろう。弁護士からの連絡を待ちながら、真実を知るのがこわいと感じていた。

弁護士・山下燎《やましたりょう》――出動

相談室から自分のデスクに戻り、受話器を取り上げた。

「一に接見、二に接見」とつぶやきながら、電話の電話帳を検索する。武蔵野署は、確か固定電話の電話帳に登録したはずだ。電話帳で武蔵野署を検索し、受話器を取る。

すぐに受話器に若い男の声が響いた。

「武蔵野署交換台です」

「弁護士の山下と申します。留置係をお願いします」

「弁護士のヤマシタ先生ね、少々お待ちください」

ちょうど三回のコール音のあと、今度は年配男性の声が聞こえた。

「留置係です」

「弁護士の山下と申します。これから岡貫宏さんの接見にうかがいます」

「岡貫ですね。了解です。何時くらいになりますか？」

——呼び捨てではなく、せめて「さん」をつけろよ——

と内心イラっとするが、返答する。俺は壁の時計をちらっと見た。一七時過ぎだ。

「一八時頃になると思います」

「了解しました。お待ちしています」


「ふうーっ」と一息つきながら、受話器を置く。いよいよ戦闘開始だ。向かいの席から声がした。

「これから接見ですか」

〝妹弁〟の島田結衣弁護士の声だ。俺の二年後輩にあたる。俺が、今年弁護士五年目なので、島田は弁護士三年目だ。

業界用語で、同事務所の後輩の女性弁護士は、妹弁《いもうとべん》という。同様に、先輩の女性弁護士は姉弁《あねべん》、先輩の男性弁護士は兄弁《あにべん》、後輩の男性弁護士は弟弁《おとうとべん》だ。

うちの事務所の弁護士は三名、ボス——つまり代表弁護士の伊達潤志郎——と俺と島田の三人だ。四つの机が、〝島〟を作っていて、俺の左隣がボス、向かいが島田という配置になっている。ボスの向かいの席は、今は空きになっていて、廃棄書類が入った段ボール箱だとか、コピー用紙の束だとか、お中元の袋だとかが乱雑に積み上がっている。各机の境にはパーテーションがあるから、座っている俺からは向かいに座っている島田の顔は見えない。一七時の定時を過ぎたので事務の中本さんはもう上がっている。ボスも昼過ぎから外出したまままいない。そもそもボスはだいたい事務所にいない。向かいからキーボードがカタカタ鳴る音だけが聞こえる。

「うん。これから武蔵野署で接見してくるよ。事務所には戻るけど遅くなると思う」

俺は再びパソコンに向かう。デスクトップから「弁護人選任届」と書いたファイルを開き、プリントアウトする。弁護士と岡貫さんが連署するものだ。それから岡貫さんに誓約書を書いてもらおう。

「あれ、おかしいな」

たしか、以前別の事件で作った「誓約書」のデータがあったはずだ。岡貫さんが釈放されるにあたり守るべき約束事——釈放されたら自宅に帰り、勝手に遠くに行かない、被害者と接触しそうな場所には行かない……など——を紙に書いて提出する。それが誓約書だ。そんな紙切れは役に立たないという人もいるが、俺はそうは思わない。「誓約書」とタイトル付された書面に直筆で署名することは、ただの口約束よりも、書いた本人にとって重みがあるはずだ。だから俺は毎回誓約書を持って行くのだが、なぜか見あたらない。よく使うからデスクトップに貼っておいたつもりだったが、まちがってどこかのフォルダに放り込んでしまったのかもしれない。しかし俺のデスクトップはアイコンであふれかえり、壁紙の写真が見えないほどだ。ファイルを一つひとつ確認していたら夜になってしまう。

このピンチを乗り切るには方法は一つしかない。

「島田先生。誓約書のデータ持ってない？　急いでいるんだけど、ちょっと見あたらなくて。いやあ、このあいだ使ったはずなのにおかしいなあ」

少しの沈黙とカチカチというクリック音がして、向かいの席から声が届く。

「いまメールでデータを送りました。パソコンも机の上も、一度、ちゃんと整理した方がいいと思いますよ。今に大事なものも無くしますよ。あと、都合の悪いときだけ『先生』をつけるのはやめてください。気持ち悪いです」

大事なものって何だよ、と思いながら俺は自分の机の上に目を向ける。弁護士会からのファックス、開けずにゴミ箱に捨てるダイレクトメール、プリントアウトに失敗した書類、アイスコーヒーの空き容器が散らかっている。机上カレンダーの日付はおろか、日付の上に印刷された女優さんの顔も、積み上げた事件ファイルで見えなくなっている。

反論のしようもない。

「ご指摘、おっしゃる通りでございます」

わざとらしく言いながら、島田が送ってくれた標題も本文もないメールを受信する。添付ファイルを開き、内容を少し書き直し、印刷ボタンをクリックする。俺は氷が溶けて少し薄くなったアイスコーヒーを飲みながら、プリンターからはき出された用紙をチェックする。よし、完璧だ。

「じゃあ行ってきます」

俺はまだ熱をもった弁護人選任届と誓約書を鞄に入れ、玄関でスリッパを脱いだ。島田の声が飛んでくる。

「今日は夕方から雨らしいですよ」

俺は慌ててデスクに戻り、引き出しから折りたたみ傘を出して鞄に放り込んだ。なんだかんだで、島田は優しい。

「サンキュー。行ってくるよ」

ドアを開けると、ぼんやりとした雲が夕暮れの街を覆っていた。

加害者・岡貫宏――検察庁での取調べ

検察庁立川支部・同行室

午前中には検察庁に到着して、同行室とか呼ばれるらしい小部屋に通された。木製の長椅子に座らされ、とにかく待ち続ける時間だった。

――つらい――

こんなにつらいことが、これまであっただろうか。比較すると、留置場の方がましな気がする。ここは本も読めない、手紙を書くこともできない、周りと話すこともできない、そして椅子が堅い。ときどき座りなおしたり体を伸ばしたりするが、まわりとぶつかりそうになって、居心地が悪い。

昼食は食パンとジュースのみ。量の少なさに驚いた。これでは大食漢の人は、食事の貧しさだけで参ってしまうに決まっている。味は、今回もうまいのかまずいのかよくわからない。とにかく食事の時間が短いことには慣れない。

午後になり、ようやく取調室に呼ばれた。警察官ではなく検察官とのことだった。

「昨日は警察署で調べでしたね。ここは検察庁で警察署とは違います。警察署で話したことと同じことを話さないといけない、ということはないですから。最初に言いましたけれど、意思に反して供述する必要もないです。だけど、嘘とついていいと言うわけではないですから。正直に話してください。とりあえず今日は経緯と状況を聞くことにします」

「はい」

検察官はノートを広げ、何事か書きつけながら質問してきた。要するに、今回の事件が間違いないかと尋ねてくる。

そういえば、昨日は警察署で「上申書」なるものを自筆で書いたあと、「身上調書」を作成した。私の経歴や職歴などが記載され、もちろん前科の中身も細かく書かれていた。最後のほうで、好きな女性のタイプのほか、セックスの経験や頻度、それに好みの体位や所有しているアダルトビデオの本数まで確認されたのには閉口した。そんなこと、まじめに考えたことがない。

検察官も、そういった調書を読んでいるのだろうか。色々聞かれると思っていたが、取調べは案外あっさりと終わった。

「詳しい話は、また聞きますから」

そう言われて取調べは終了し、私は同行室に戻された。再び苦痛の時間がはじまる……。

戻ってからもさんざん椅子の堅さを思い知らされ、再び集団で「ジャーニー」に乗せられた。留置場に戻ってきたのは、たぶん、午後四時頃だったかと思う。

夕食を食べたあと、担当さんが近づいてきて言った。

「一三番、面会です。弁護士の先生が来ましたよ」

「え？　弁護士なんか頼んだおぼえはないですよ……」

困惑しつつ、呼ばれるまま接見室に向かった。

弁護士・山下燎――接見室

アクリル板越しの世界

接見室のドアがガチャンと閉まった。空気がこもって暑い。異様に狭い奥行きが胸を圧迫する。アクリル板の手前にはパイプ椅子が三脚ある。俺は左の椅子に鞄を置き、中央の椅子を引いて腰掛けた。それから鞄からファイルとボールペンとメモ用紙と名刺を取り出し、透明なアクリル板の手前にすえ付けられた水平の板の上に並べた。

アクリル板の向こうにも同じような空間があるが、パイプ椅子は一脚だ。アクリル板には、小さい丸い穴がいくつか空いていて、それを通じて会話が聞こえるようになっている。

足音が近づいたり遠ざかったりする。いきなりカチャカチャという鍵束の音がした。俺が立ち上がるのと、アクリル板の向こうのドアが開くのは同時だった。上下とも灰色のスエット姿の中年男性が現れた。うつむいて足下を見ている。俺は相手に座るように勧め、自分も腰を下ろした。

「弁護士の山下といいます。奥さんの依頼で参りました。岡貫宏さんで間違いないですか」

「久美が……」

岡貫さんはそう言ったまま固まってしまった。

「過去に弁護士を依頼したことはありますか?」

岡貫さんはかすかに首を横に振った。

「弁護士はあなたの味方です。これから捜査が続きますから、そのためにアドバイスをしたり、家族と連絡をとったりできます。ただ、私は、何があったか今はほとんどわかりませんから、どんなことでもお話ししてください。もちろん、ここで聞いたことは外には漏らしません。まず、岡貫さんから先に聞いておきたいことはありますか」

「妻はなぜ私が捕まっているかもう知っているのですか」

岡貫さんはぼそりと言った。

「ええ」

「こんなことになって申し訳ない、と言ってください。それだけです」

岡貫さんの声は最後のほうはかすれていた。

「わかりました。ほかには」

「いや、ありません……。申し訳ございません」

岡貫さんがうつむいて黙り込んだ様子を見て、俺は話を進めることにした。

「それでは、あった出来事について私からお聞きしていきますね」

岡貫さんはうつむいたまま、事件について話し始めた。


重苦しい空気が立ちこめる。俺はいったんボールペンを置いて、岡貫さんの顔を正面から見据えた。

「もう一度確認します。間違いありませんか」

俺は奥さんから託された問いを投げかける。岡貫さんはうつむいた。一瞬の沈黙の後、岡貫さんはかすかな声で答える。

「はい」

その短い答えは、接見室の空気をよりいっそう重くした。相談のときの不安げな奥さんの顔が浮かんだ。

「なぜそんなことをしたのですか」

「それは……」

岡貫さんは黙ってしまった。沈黙を埋めるように空調の音だけが響いている。俺は上着を脱いで左の椅子の背にかけた。もう一度同じ問いかけをしようと思ったとき、アクリル板の向こうで岡貫さんは少し顔を上げた。血の気のない唇が動いた。一語一語区切ったような話し方だった。

「自分でもよくわからないのです。耳の奥がざわついて、手が勝手に動いたというか。もちろん、よくないことだとはわかっています。なんであんなことしてしまったのかと後悔しています。でも……」

岡貫さんは自分のあごの辺りをさすった。無精ひげが伸びている。

人間も動物だから、やましい気持ちが湧いてくることもある。でも、何かをしたいと思うことと、実際に何かをすることとのあいだには大きな溝がある。岡貫さんはそれ飛び越えてしまったのだ。なぜ飛び越えたのだろう。耳がざわつく？　手が勝手に動いた？　そんなわけないでしょう？　俺の脳内に煙のように疑問が広がってくる。

そのとき、司法研修所の教官の言葉が頭に浮かんだ。そのときに教わったのは「傾聴」するということ。逮捕された人は突然の身体拘束で精神的に動揺している。犯罪に対する負い目、家族にも言えない苦悩、閉ざされた空間での絶対的な孤独感。それを支えられるのは弁護人しかいない。昼過ぎの教室で甲高い教官の声はいつも以上に熱を帯びていた。俺は、いったんボールペンを置き、思い浮かんだ感情を飲み込んだ。

「ありがとうございます。正直に話してくれて」

岡貫さんはきょとんとした顔で俺を見ていた。

それから俺は事務所で奥さんにしたように、岡貫さんに今後の手続きの流れを説明した。

一通りの説明を終え、俺は鞄から弁護人選任届けと誓約書を取り出し、印字のある面をアクリル板にピタッと押しつけ、両手で落ちないようにしながら岡貫さんに見せた。

「岡貫さんから見て右が弁護人選任届です。私を正式に岡貫さんの弁護士として検察庁に届け出る必要があります。それから左側が誓約書です。これから岡貫さんが釈放されるように裁判所に意見書を出しますが、そのために岡貫さんに約束してもらうことがあります。見えますか」

岡貫さんは無言だったが、その目は誓約書の文章を追っていた。岡貫さんは静かにうなずいた。

「じゃあ、これからこの二枚をそちらに届けますね。ちょっと待っていて下さい」

そう言って俺はいったん接見室を出た。ドアを開けると、右手のカウンターの中に青い制服を着た年配で眼鏡の警察官が座っていた。俺は弁護人選任届と誓約書を示しながら話しかけた。

「差入れをお願いできますか」

接見室の中では書類の直接のやりとりはできない。透明なアクリル板が隔てる二つの世界がいかに断絶しているか。差し入れの届け出用紙にサインしながらいつも考えてしまう。書類一枚があのアクリル板の向う側に行くのに、いったい何枚の紙と何人の警察官といくつの規則が必要なのだろう。

届け出用紙と差し入れる二枚の紙を受け取った職員は、重々しい足取りで廊下の先にある扉に向かっていった。ドアの向こうは逮捕・勾留された被疑者たちの空間だ。扉は大きな鍵で厳重に閉じられているが、警察官は小窓を開き、書類を向こう側の別の警察官に手渡した。それを見届けて、俺は接見室に戻った。

しばらくすると、アクリル板の向こうの扉から若い小太りの警察官が現れた。やはり青い制服を着ている。その警察官は、ボールペンとスタンプ台とさっき俺が受付で年配の警察官に渡した弁護人選任届と誓約書を持っている。

岡貫さんは無言でボールペンを受け取ると、二枚の紙に自分の名前を書いた。整っているが、少し斜めがかった字だ。警察官はボールペンを回収し、黒いスタンプ台を差し出す。岡貫さんはそれに右手の人差し指を乗せ、次にさっき書いた自分の名前の横にそれぞれ指を置いた。すべてが無機質に執り行われ、俺は黙ってそれを見守っていた。小太りの警察官が制服の胸ポケットからくしゃくしゃになったハンカチを取り出すと、岡貫さんは軽く会釈して黒くなった人差し指を拭いた。職員は岡貫さんの書いた弁護人選任届と誓約書を持って出ていった。二枚の紙は年配の職員の手に渡り、帰るときには俺の手元に戻っているはずだ。

ドアが閉まるのを確認して、俺は岡貫さんに話しかけた。

「最後に、何か奥さんに伝えてほしいことはありますか。私がお伝えします」

「ありません。申し訳ございません」

最後の「申し訳ございません」は奥さんに言ったのか俺に言ったのかわからない。岡貫さんは無表情だった。

「わかりました。また明日来ますね」

俺はファイルを鞄に仕舞い、パイプ椅子から立ち上がった。

「先生……」

俺がドアノブに手をかけたその時、岡貫さんは、絞り出すような声で、俺に話かけた。

「先生……。私はもう二度とこんなことしたくありません……」

俺は振り返った。椅子に座った岡貫さんと目が合った。

「そうですね。人は誰でも間違いを犯します。でも、一度間違っても、反省してやり直せば大丈夫です。奥さんも、きっとわかってくれるはずです」

俺は努めて優しく言った。岡貫さんの唇が震えていた。俺は静かに次の言葉を待った。しばらくして、岡貫さんの口元がゆっくりと動いた。

「先生、私は初めてではありません。警察沙汰になっただけで今回で三回目です。もうこれ以上大事なものを失いたくありません」

岡貫さんの顔は苦痛に歪んでいた。小柄な久美さんの細面な顔が思い出された。

知らされた知りたくない事実

接見を終えて、そのまま地検立川支部に行って、夜間受付で弁選を提出した。弁選を出して外に出ると雨が降っていた。駅前の人通りもまばらになっていた。もう勤め人も自宅に帰る時間だ。「伊達法律事務所」と書かれた金属のドアをくぐり、玄関でぬれた折りたたみ傘を閉じていると誰かが事務所に残っている気配がした。執務室に入ると島田が机に向かっている。島田の目の前には通帳のコピーが広がっていた。事件の資料だろうか。

「お疲れ様です。雨大丈夫でしたか」

「結構降っていて、傘をさしていても濡れたよ。ボスはいないみたいだね」

「少し前に戻ってきて、また出かけられました。今夜は三士会の勉強会だそうですよ」

三士会とは、地域の弁護士、税理士、司法書士でやっている集まりのことだ。ボスは幹事で、月に一回勉強会を開いている。勉強会の後は必ず飲み会がある。休日にはゴルフに行くこともある。勉強が目的なのか、営業なのか、飲みたいだけなのか、ボスに聞いたことはない。俺も入所当時はボスに連れられて出ていたが、次第に業務が忙しいと言って行かなくなってしまった。そもそも酒はあまり好きではないし、年配のおじさんたちと飲むのはどうも苦手だ。実際忙しいのは嘘ではないが、ボスが内心どう思っているかはわからない。いずれにせよ、今夜は、岡貫さんの件が入ったのだからどうにもならない。

「さて、とりかかりますか」

俺は誰に言うでもなく口に出すと、冷蔵庫の紙パックのコーヒーをグラスに注いで立ったまま半分ほど飲んだ。自分のデスクに座ってグラスを置き、受話器を取った。


「弁護士の山下です。先ほどご主人とお会いしてきました」

「夫は大丈夫でしょうか?」

奥さんの声は震えていた。俺はあえて明るい声で返した。

「宏さんはお元気そうでしたよ。少しやつれた感じでしたけれど。ああいうところですので、なかなか眠れないのだと思います。でも、口調はしっかりしていました」

「やはり、その、夫は……そのとおりなのでしょうか」

俺は一呼吸おいてからゆっくりと答えた。

「そうですね。やってしまったことはやってしまったようです」

「……そうですか」

声が震えている。奥さんは覚悟していただろうが、やはり夫がそのようなことをしたと知ってショックなのだろう。

「しかし、やってしまったことは仕方ありません。これからのことを考えましょう。宏さんからも、私を弁護人とすることでご了解いただきました。まずは私のほうで、宏さんが早く出られるように裁判所に書類を出します。これからのことは、それから考えていきましょう」

「夫はいつ帰ってくるのですか」

「早ければ明日には。ただ、勾留がついたら、十日間は覚悟しなければなりません。私としても、宏さんが早く出られるようにできるだけのことはします」

トイレがむき出しの殺風景な部屋、名前を奪われ、番号で呼ばれる生活、時間で区切られた厳しい規律、何をしたのかわからない見知らぬ同房者……、被疑者にとって、十日間の拘束は果てしなく長い。一日でも早く身体を解放してあげなくてはならない。それを実現するのが弁護人の使命だ。だが、残念ながら今の司法制度は必ずしも身体解放に積極的とはいえないと思う。

少し間が空いた。雨が窓にあたる音がする。奥さんは小さな声で言った。

「その、うまく言えませんが、主人に帰ってきて欲しくないという気持ちもあるんです」

「え？」

俺は声が裏返りそうになった。向かいの席で島田が顔を上げる気配がした。

「まったく知らない人がそんな事件を起こしたら、私は許せません。それが夫だということが、今も信じられないんです。でも、夫が帰ってきたら、現実を認めないわけにはいかないと思うんです。だから、夫が家に帰ってきたら、どう接したらよいかわからないんです。娘もいますし。何と説明したらいいのか……」

俺は意表を突かれた。岡貫さんが早く家に帰ることだけを考えていたのだ。奥さんも当然同じだと思っていた。握っていた受話器が、嫌に重く感じられた。

「それはそうですが、事件があってもなくても宏さんは宏さんです。これまでと何も変わりませんよ。もちろん最初は気まずいかもしれませんが、ゆっくり話し合うしかありません。娘さんにどう説明するかは、もう少し考えないといけませんね」

奥さんは黙り込んでしまった。さらに俺には告げなければならない事実がある。奥さんにとって悪いニュース。言いたくないが、言うしかない。

「それと、大変申し上げにくいのですが……」

俺は言葉を切った。奥さんは無言だった。

「宏さんは今回が初めてではありませんでした」

「え……」

小さい、短い声が発せられたが、すぐに沈黙の闇に吸い込まれていった。

「宏さんがおっしゃるには、今回が三回目だそうです」

受話器の向こうは物音ひとつしない。なぜか俺は、奥さんが真っ暗な部屋の真ん中で受話器を握ったまま倒れている様子を想像していた。右のこめかみあたりに汗がつたうのを感じて手のひらでぬぐった。息を殺して左耳に全神経を集中する。しかし、受話器はまったくの無音だった。奥さんは泣いているのだろうか。いや、すすり泣く声も聞こえない。

十秒くらいの沈黙があっただろうか。俺は何か不安になってきた。

「奥さん、奥さん？」

「……え、ええ」

空気の抜けたような声が返ってきた。

「ショックなのはわかります。でも、宏さんは勇気を持って話してくださいました。そして、もうこれ以上大事なものを失いたくない、とも言っていました。いま、宏さんは必死に立ち上がろうとしています」

「……ちょっと、いまは何も考えられません」

声の感じからしても、奥さんは完全に思考停止していた。

「すぐに受け入れられないのもわかります。ただ、刑事手続は刻一刻と進んでいきます。宏さんは今も留置場で苦しんでいます。とりあえず、私が弁護人として活動するということでよろしいでしょうか」

返事がない。俺はもう一度問いかける。

「奥さん、よろしいでしょうか」

「……それは、お願いします」

奥さんの声は明らかに弱々しかった。俺は弁護人を依頼する契約書を作成するために翌朝八時にもう一度事務所に来てもらえるようにお願いした。国選などごく一部のカテゴリーを除き、依頼事項や弁護士費用の金額、いつでも解約できることなどを名記した〝委任契約書〟の作成が必須なのだ。作成せずに仕事をすると、弁護士会から処分されることもあるから、いくら時間に追われていても、契約書作成はきちんとする。

「ではまた明日よろしくお願いいたします。失礼します」

そう言って受話器を置いた。

口の中が乾いている。思わず、机上のグラスの飲みかけのアイスコーヒーを飲み干す。グラスを置くとき、ガンという音がした。

勝負は勾留決定

俺は椅子の背もたれに体重を預けて天井を見上げた。蛍光灯がチカチカしている。電話のときの奥さんの表情はわからない。ただ、声だけでその落胆ぶりは十分に伝わってきた。「主人に帰ってきて欲しくないという気持ちもある」というのは、ある意味では本音だろう。信頼していた夫が痴漢をした。しかも三回目。奥さんの心中は察するにあまりある。

そのとき、「申し訳ございません」と何度も言っていた岡貫さんの顔が思い浮かんだ。無精ひげが伸び、やつれていた。かわいそうというのか、哀れというのか。岡貫さんは孤独だ。一瞬、胸の奥が暗くなった。

「参ったな」

また独り言を言ってしまう。

「どうしたんですか?」という島田の声を期待したのだが、空振りに終わる。

島田はまだ事件の資料と格闘しているようだ。入所のころは俺の独り言に対して返事をしてくることもあったが、次第に慣れてきて最近はいちいち反応したりはしない。悲しい。

グラスを手に、今から何をしないといけないのか、冷静になって考えてみる。

明日午前八時に、岡貫さんの奥さんが事務所に来て、契約をする。それまでに、検察官の勾留請求に対する意見書を起案する。そして契約後、起案した意見書を、裁判所に出さなければならない。

まず当面の最大の目標は、岡貫さんの勾留決定を止めなければならない。勾留請求に対する意見書とは、被疑者の身体拘束が必要ないことを裁判官に理解してもらうための書面だ。裁判官が勾留質問をした後、勾留決定の判断をしてしまう前に提出する必要がある。ピンポイント勝負、この一点にかける。

明日の午前中がタイムリミットだ。

時計は午後一〇時を回っている。グラスのアイスコーヒーが空になったので、冷蔵庫に行く。すると、いつも購入している五〇〇㎖パックのアイスコーヒーが空になっていた。外は、かなり強い雨が降り続いている。近くのコンビニまで行っても、びしょ濡れになりそうだ。

しかしこのままでは、俺は、起案をすることができない。

俺は完全に夜型であり、朝よりも夕方以降の方が頭が冴えていると、自分では思う。書面を徹夜で起案したことも一度や二度ではない。なので、書面作成が夜遅くまでかかること自体は全く問題ないのだが、アイスコーヒーがないとダメなのだ。アイスコーヒーがないとイライラして、書面作成がはかどらない。

意を決した俺は、島田に頼み、島田が持っているトートバッグを借りて、事務所の向かいのビルの一階入り口の外にある自動販売機まで駆けて行き、アイスの缶コーヒーを十本購入した。

全て微糖。

ブラックは味気ないのだが、あんまり甘ったるいのも好きじゃない。だから微糖。それを全てトートバッグの中に放り込む。これで起案をする準備は整えた。

事務所に戻った俺は、事務所の冷蔵庫に行き、空のグラスに氷を入れ、自分の机に持ってくる。その横に、十本の缶コーヒーを並べる。一本の缶コーヒーの栓を開け、氷で満たされたグラスに注ぎ込む。

「勾留請求に対する意見書」に何を書かないといけないかは、もちろんわかっている。岡貫さんが罪証を隠滅する行為をしたり、逃亡をしたりすることを疑うに足りる「相当な理由」がないこと、そして、岡貫さんの勾留、すなわち身柄拘束の必要性がなく、仮に勾留をした場合に、岡貫さんの被る不利益が大きいことを緻密に正確に書かなければならない。

意見書の構想を考えながら、パソコンの横のアイスコーヒーのグラスに手を伸ばす。氷が入ってキンキンに冷えている。とにかく、俺は、ホットコーヒーではなくアイスコーヒーを好む。アイスコーヒーの冷たさが頭を芯まで冷やし、物事がクールに考えられるようになる気がするのだ。だから缶コーヒーも氷を詰めこんだグラスに入れて飲む。

まず、岡貫さんが罪証隠滅行為を行うおそれはないだろう。今回の犯行は、朝の通勤時で混み合う中央線の電車内で行われた痴漢行為だ。岡貫さんは被害者の女性とは面識がないはずだ。したがって、岡貫さんは被害者の女性に対し、連絡手段がないことはもちろん、連絡先を知る手がかりすらないはずだ。だから、被害者の女性に対し連絡を取って、なんらかの威迫行為をする可能性は全くないと言っていいだろう。

俺の脳みそが回転し始める。パソコンのキーを打つ速度が速くなる。

岡貫さんが逃亡するおそれもないだろう。今、逃亡すれば、岡貫さんはせっかくここまで勤め上げた職を失う。なにより、岡貫さんには、愛する妻の久美さんと娘さんがいる。岡貫さんが職を失えば、岡貫さんの家族は経済的な危機に陥るだろう。久美さんは、岡貫さんの身元引受人も引き受けてくれた。愛する久美さんと娘さんを捨て置いて、どこかに逃亡して身をくらますことはないはずだ。

ここまで一気に書き上げ、アイスコーヒーのグラスに手を伸ばして、一気にグラスを空ける。すでに四本の缶コーヒーを消費した。五本目の缶コーヒーの栓をあけ、グラスに注ぎ込む。仕事で嫌なことがあった時、裁判で負けた時、クライアントに叱られた時、難しい起案をしなければならないとき、自分にかかるストレスを、アイスコーヒーをがぶ飲みすることで発散させるのだ。

学生時代は愛煙家だった。特にロースクール入試の勉強をしていた時に、かなりの量のタバコを吸っていた。高校受験と大学受験をのり越えて、ようやく大学に入ったと思ったら、次はロースクールの受験があり、さらにその先には司法試験がある。いったいいくつの試験を受ければ試験と縁が切れるんだろう？　そう考えると、どうしようもなくイライラしてくるのだった。タバコを吸わないと、イライラして勉強がはかどらないのだ。逆にタバコを吸えば、その後、集中して勉強できた。だから自分のロースクール受験生の時代は、タバコはなくてはならないものだったと言っても過言ではない。でもタバコは、ロースクール入学後にやめた。当時、マルボロメンソールを愛煙していたが咳が止まらなくなり、その時、禁煙を決意した。いきなりタバコを止めることはできないので、購入するタバコのタールを8mgから1mgずつ減らしていく地道な努力を続けた。ついにタールが1mgのケントメンソールを常時吸うようになった時に、もう一度マルボロメンソールを吸ったら、全然味がしなかった。この時、禁煙の成功を確信し、タバコをやめた。禁煙が成功したことは、自分の人生において大きな自信になっている。ただその後、タバコの代わりがアイスコーヒーになった。

アイスコーヒーのグラスを空け、またパソコンに向かう。

勾留の必要性もないはずだ。今回の捜査としては、岡貫さんの供述と被害者の女性の供述の聴取、犯行再現や実況見分といったものだろうか。身体拘束の必要性なんてない。処分だって、略式起訴による罰金、場合によっては不起訴処分だって考えられる。最悪、公判請求されても執行猶予だろう。在宅で十分だ。これに対して、仮に勾留ということになったら、十日間の身体拘束により会社を欠勤しなければならない。仕事への影響は、家族の生活に直結する。岡貫さん、久美さん、そして、娘の綾さんの不利益は大きすぎる……。

「以上より、本件検察官による被疑者に対する勾留請求は却下されなければならない」

意見書の最後の一文を書き上げ、Enter キーを力を込めて叩いた。誤字がないか今一度見直す。よしOK。

後は、印刷し、職印を押して、明日の朝、裁判所に持って行くだけでいい。

この時、ふと、久美さんの「主人に帰ってきて欲しくないという気持ちもあるのです」という言葉が頭をよぎった。本当に明日、岡貫さんを久美さんのもとに帰してもいいのだろうか……。

いやいや、このまま岡貫さんが勾留されたままでいいはずがない。

頭の片隅に浮かんだクエスチョンマークを払いのけ、意見書を裁判所に提出する準備を整える。

さて、今日やるべきことはやったかな。勝負は明日だ。

ふと机を見ると、九本のコーヒーの缶が空いていた。最後に残った一本を事務所の冷蔵庫の中にいれながら、時計を見ると午前三時だ。誰もいない事務所に冷蔵庫のモーター音だけがかすかに響いている。

起案に夢中になって島田が帰ったのも気が付かなかった。

——明日、午前八時に岡貫さんの奥さんが来るのか。事務所に泊まっちゃうかな——

でも、この前事務所に泊まっているところを島田と事務の中本さんに見つかり、怒られた。「事務所は、先生の自宅じゃないんですよ」と。

タクシーで帰ろう。シャワーも浴びたいし、何よりやはり布団で寝る方が、事務所の椅子で寝るよりも疲れが取れるはずだ。ちなみに俺は、どんなにコーヒーを飲もうとも、寝るときに目が冴えて寝られないということはない。缶コーヒーを九本摂取しても、横になったらスッと寝られる便利な体質である。

翌朝八時きっかりに、岡貫久美さんは事務所に訪れた。俺はシャワーを浴びて、髪が生乾きのまま、五分前に事務所に到着していた。

顔色は青白く、あまり寝ていないのか、やつれているように見えた。

「おはようございます」

俺が挨拶すると、「おはようございます」と小声で返される。

「では、契約内容をご説明致しますね」

本件事件の業務内容、弁護士報酬の話などを説明する。久美さんは、言葉は発しないが、しっかりと聞いてくれている。

「一通りご説明しましたが、何かお聞きになりたいことはございますか」

「大丈夫です。あの……」

「はい」

「今後の流れを説明して頂けますか」

「そうですね。この後、私が裁判所に行き、勾留請求に対する意見書裁判所に提出します。意見書が功を奏せば、勾留決定はされずにご主人は釈放となります。勾留決定がなされた場合は、まず一〇日の勾留となります。この場合、勾留決定に対し、準抗告を打ちます」

「ジュンコウコクってなんですか」

俺はメモ用紙に「準抗告」と書いた。

「裁判官による決定に対する不服申立手続です。勾留すると決定されてしまってからも、勾留決定をひっくりかえすことができます。準抗告が認められると、勾留決定がなかったことになるので身柄は解放されます。すなわちご主人は釈放ということになります。」

久美さんは首を半分かしげながらうなずいた。理解してもらえただろうか……。

「わかりました」

そう言うと、久美さんは、契約書に署名し、サインをした。

「最善を尽くします」

俺は、久美さんにそう言った。俺がクライアントと契約したときによく述べる言葉だ。もちろん結果を約束できる場合もあるが、岡貫さんのケースのように裁判官の判断が入る場合には、残念ながら、望む結果を約束することができない。岡貫さんの身柄を絶対解放するなんて、言えないのだ。だからこそ最善を尽くすしかない。俺はそう思っている。

「ありがとうございます」

そう言うと、久美さんは、最後に少しだけ頬が緩んだように見えた。

勾留請求の結果

午後四時三〇分、俺は、裁判所の休憩室にいた。アイスの缶コーヒーを裁判所の自動販売機から購入し、栓を開ける。

「さて、勾留請求の結果はどうなったかな」

この裁判所の勾留質問は、大体午前一一時半くらいに行われると聞いている。

今朝一番で勾留請求却下の意見書を地方裁判所の刑事部に出した。

その後、午後一時一〇分から同じ建物内の家庭裁判所で家事調停が入っていた。こじれた離婚の調停で、俺は妻側の代理人。クライアントの名前は橋本里美さん。年齢は五四歳。現在別居中。夫の家庭内暴力（ドメスティックバイオレンス）を理由として、離婚と慰謝料を争っている。しかし、二歳年上の夫は断じて暴力を認めず、離婚理由がなく、離婚したくないと言っている。夫側にも代理人が就いている。

里美さんは、性格的におとなしい。だからこそ、夫の暴力にもじっと耐えてきたのだろう。

家事調停は、家庭裁判所の一室で行われる。双方が別々の部屋で待機し、原則三〇分ごとに交代で調停員が待つ調停室に入り、調停委員と話し合う。里美さんは、調停委員に暴力の経緯や、これまでの結婚生活について聞かれるが、うまく話せない。かなり緊張している。

「あ、すみません。思い出せません……」

「思い出せませんか……。〇月〇日だったんじゃなかったですかね？」

「確か殴られたのは、その日だったと思います……」

隣にいる俺にしか聞こえないようなか細い声で、調停委員が聞くことに対し答える。そんな里美さんに対し、調停委員は、「相手方は全く暴力を認めてこないんですよ。離婚だけでも認められればいいんじゃない？」などと言い、里美さんに、慰謝料をあきらめさせようとしてきた。担当の調停委員は間違いなく、物分かりのよく説得しやすそうなクライアントを丸め込もうとしている。

「我々は、相手方が暴力を振るっているときの録音や医者の診断書を、証拠としてお出ししてますよね」

するとと調停委員は、こう述べた。

「相手の代理人の先生は捏造だというんですよね」

プチンと自分の中で何かが切れた。そこからは何を調停委員に話したかは覚えてないが、里美さんの話では、ほぼ怒鳴り声だったようである。

最後に「相手方がドメスティックバイオレンスの慰謝料認めないなら、訴訟で徹底的にやりますから、調停では話しがつかなかったとしていただいてかまいませんよ！　相手方にそう伝えて下さい」

俺はそう言い放ち、調停委員の困惑した顔を横目に、里美さんに席を立つことを促した。

里美さんがお礼を述べてくる。

「ありがとうございました。あれだけ私の思いを代弁して下さって。心強かったです」

「いや、実は自分の中でスイッチが入っちゃって、何を調停委員に言ったのかよく覚えていないんですよね。申し訳ありません。見苦しくなかったですか?」

「調停委員さんに『あまりにも相手方の主張ばかり取り上げている』と強くおっしゃってくれました。ありがとうございました。私も調停でまとまらなければ、訴訟をする覚悟ができました」

「そうですか」

クライアントである里美さんにそう言われてホッとした。自分は熱くなると、スイッチが入り、何をしたか何を言ったか覚えていないことがたまにある。

それが今日の午後だった。

相手方に会わないように、里美さんを裁判所からタクシーに乗せて見送った後、遅い昼メシを食おうとムカムカしながら入った裁判所の食堂では、なんと、お気に入りの焼肉定食が売り切れていた。あまり良い流れの日ではない気がする。

——岡貫さんの勾留請求、却下されるかな……——

その時、俺の携帯が鳴った。裁判所刑事部の担当書記官からだった。

おそるおそる検察官の勾留請求の結果を聞く。

「勾留請求は却下となりました」

ふーっと大きく息をつく。これで岡貫さんの身柄は解放される。良かった。その後、一人で小さくガッツポーズ。

「悪い流れは止まったかな」

担当書記官からの電話を切った後、すぐに久美さんに電話をかける。俺の声は心なしか弾んでいる。

「そうですか、ありがとうございました……」

電話口の先の声、少し暗く聞こえる。俺の口調と対照的だ。

——もう少し喜んでもらえると思っていたんだけどな……——

この時、前夜に引き続き、久美さんの「主人に帰ってきて欲しくないという気持ちもあるのです」という言葉が、再度頭をよぎった。

——でも、自分は最善の仕事をしたはずだ——

そう自分に言い聞かせた。久美さんが岡貫さんを警察署に迎えに行ってくれるとのことなので、俺は、事務所に戻ることにした。

「島田の俺を見る目も、少しは変わるかな」と一人でつぶやいた。


検察官に確認すると岡貫さんの釈放予定時刻は午後五時頃と伝えられた。久美さんが岡貫さんを迎えに行き、その足で事務所に寄ってくれた。

俺は並んで座った二人に今後の流れを説明した。勾留が却下されても無罪放免になったわけではない。身体拘束が終わっただけで、自宅に帰っても捜査自体は続いている。

「いつソウサは終わるのでしょうか」

久美さんが聞いた。

「検察官が起訴か不起訴かの判断がつくまで捜査は続きます。逮捕・勾留されていたときは、その判断までに法律上の時間制限がありました。しかし身体拘束がないまま捜査がなされる場合は期限がありません。一年近くになることもあります」

「え、一年⁉」

久美さんが驚く。岡貫さんはことばを失ったように口を開けたままだ。

「いや、今回そうなるかはわかりません。ただ、時間があるということは、こちらにとっても準備の時間があるということでもあります」

「準備？」

久美さんが尋ねる。

「不起訴に持ち込むための準備です。例えば示談とか」

「ジダン？」

久美さんは畳みかけるように質問してくる。俺はテーブルの脇にあったメモ用紙の束から一枚取って久美さんの前に置き、ボールペンで「示談」という字を書いた。

「被害者と話をして、謝罪をして、いくらかのお金を払って、代わりに処罰を求めないようにお願いするのです」

「そんなことできるのでしょうか？」

「相手次第のお話ですので、接触してみないとわかりません。接触すら断られるケースもありますが」

ここで長い沈黙が流れた。二人ともうつむいている。意を決したように久美さんが顔を上げ、言った。

「私、夫が逮捕されて、痴漢をした、それも今回が初めてではなくて、三回目ときいてショックを受けていましたが、今、少し冷静になって気付いたんです。被害者の方に謝らないといけないって。被害者の方がどんなに傷ついているかって。同じ女性なので、よくわかるんです。『絶対に許さない』って思ってるだろうなとも思います。それだけでなく被害者の方はどんなに不安に思っているか……こうして夫は帰ってきましたが、やはり喜んでいる場合じゃないと思うんです。夫や私のことはともかく、被害者の方が心配です」

「久美さんのお気持ちは大変よくわかりました。私がきちんと謝罪の気持ちを被害者に伝えます」

口から出た言葉と裏腹に「大丈夫かな？」という気持ちが頭をもたげて、沈黙が流れた。

「それと……、示談すれば主人は不起訴になるのでしょうか」

久美さんはおそるおそる聞いてきた。被害者のことを第一に考えていても、気にはなるようだ。岡貫さんは相変わらず押し黙っている。

「そこは検察官の判断ですので、何とも言えません。ただ、示談をすれば不起訴の可能性は高くなります。検察官だって、被害者が処罰を望んでいないのに、あえて国として裁判をして罰しようとまでは考えないのでしょう」

「……示談をお願いします」

久美さんは机に額がくっつくくらいに頭を下げた。岡貫さんもあとから合わせて頭を下げる。

「もちろんお任せ下さい。それが弁護人の仕事ですから」

その後、示談金の額について俺は岡貫さんと相談した。最後に、釈放されても捜査が続いているため、行動には気を付けるよう念押しし、打合わせを終えた。

「ありがとうございました」

岡貫さんと久美さんは玄関口で揃って頭を下げた。俺は玄関の外まで二人を見送り、駅に向かって歩いていく二人を見ていた。久美さんの後ろを岡貫さんがついて行く。いつのまにか辺りはだいぶ暗くなっており、暮れていく空には薄雲がかかっていた。あの二人は、数日ぶりに一緒に座る食卓で何を話すんだろう。そう思いながら、俺は事務所のドアを閉めた。

妹弁に叱られる兄弁

岡貫さんが釈放されてから数日がたった。出勤した俺は、さっそく冷蔵庫のアイスコーヒーをグラスに注いだ。苦みと香ばしさが入り交じった液体を一気に飲み干すと全身に気力がみなぎる。今日もすがすがしい。

「いかにも肩の荷が下りた、って感じですね」

島田の声に俺は振り返った。姿は見えないが、自分のデスクで仕事をしているのだろう。島田はいつも朝が早い。ボスは今朝もいない。

「ん、何が?」

「例の痴漢事件ですよ。先週あんなにバタバタしてたじゃないですか。もう忘れたんですか。山下先生はあいかわらずのん気ですね」

島田の言い方はあからさまにトゲがある。こういう時は極めて危険だ。警戒警報が発令される。俺はもう一度グラスにアイスコーヒーを注いでから、自分の席に座った。

「いや、まあ釈放されても在宅で捜査は続くけどさ。でも長い意見書も一晩で書き上げたし、一山越えたって感じじゃん」

俺は島田の何となくもの言いたげな気配を感じ、あわてて付け加える。

「別にサボっているわけじゃないよ。検察官に被害者の連絡先を問い合わせているところ。示談する気があるかどうか意向を確認してもらっているんだけど、返事がなくてさ。とにかく検察官から連絡がなければどうにもならないだろ」

そう言いながらも、俺の心は水を含んだように重たかった。岡貫さんには「お任せ下さい」と言ったものの、示談交渉は俺がもっとも苦手とする仕事なのだ。刑事弁護人である以上避けられないのだが、やはり気が進まない。

交渉の相手である被害者は、こちらの依頼者に対して怒り、憎しみ、恨みといった強い感情を抱いている。それに対して、俺は依頼者に代わって謝罪の意を伝え、慰謝料として加害者から預かったお金を差し出す。

――口だけなら何とでも言える――

かつて経験した刑事事件でも、幾人もの被害者に言われた。しかし言われてみればその通りだ。言葉とは便利なもので、心の中では反省していなくても、口では「ごめんなさい」と言える。ましてや、弁護士が代わりに「申し訳ありません」と言ったとしても、依頼者が本当にそう思っているかどうか相手は確かめようがない。俺だって、真っ黒のスーツに金バッジをつけた知らない男（あるいは女）が、弔辞を読むような神妙な顔つきで「申し訳ございませんでした」と言って頭を下げたって、信じられるだろうか。

――誠意が感じられない――

これも何度も言われた。でも、誠意って何だろう。「誠」の字を見ると、俺は新撰組を思い浮かべる。新撰組だったらとりあえず切腹だろうけど、もちろん現代はそういう時代じゃない。口先で謝ってもだめなら、やはり慰謝料という話になってしまう。しかし他方で、「金で済むと思っているのか」と言われたこともある。一体どうすればいいんだ。

そんなことを考えては、俺はいつも示談となると気が重くなる。検察官から「被害者は示談には一切応じないと言っています」と聞くと、内心ほっとする自分がいる。

そのことを話すと、島田は怒ったような口調で言った。

「山下先生、間違ってますよ」

「え…、ど、どうしたんだよ」

俺は思わず口にしかけたコーヒーのグラスを置いた。そのとき勢いでコーヒーがこぼれてしまった。いつの間にか島田が立ち上がり、前のめりになって腕を組み、向かいのデスクから俺をにらんでいる。俺は紙の上にこぼれたコーヒーをティッシュで拭いてから、自分のデスクに腰掛けた。こうすると俺はパーテーション越しに、島田から見下ろされる感じになる。島田は腕を組んだまま話し続けた。大岡越前と白洲の罪人……。

「私が被害者の方とお会いするときは、まず、ゆっくりお話を聞きます。何があったのか。そのときどう思ったのか。犯人に対してどんな気持ちなのか。被害者の方って、事件の話をする機会ってあんまりないんです」

島田の声はいつになく真剣だった。気を抜けば脳天から面を打たれそうな気迫だ。俺はマジメな話は苦手だ。

「まあ、あんまり人に言えない話だしな」

「とにかく話を聞いて、二時間、三時間と話を聞き続けているとだんだん被害者の方も気持ちを開いてくれるようになるんです」

「そうかな。だいたい、俺が電話したって、話したくありませんって切られて終わりだぜ」

俺はこれまでの数々の苦い思い出を脳裏に浮かべた。ガチャン、ツー・ツー・ツーという無情の音がリフレインする。

「それはそうですよ。こちらは犯人側の人間だって警戒されていますから。だけど、何とか話をしてもらえるように考えるんです。こっちに来たくないなら、こちらから出向くとか。仕事が忙しいって言われたら休日にお電話してもよろしいでしょうか、と聞いてみたり。被害者の方って、事件のことは忘れたい、話したくない、という気持ちもあるんですけど、誰かに聞いてもらいたい、吐き出してしまいたい、という気持ちもあるんだと思うんです。もちろん被害者の気持ちは人それぞれですから、それにあわせてこちらも徹底的に考えます」

「そうかもな。でもカウンセラーじゃないんだから、聞いてばかりじゃ示談にならないだろ」

「話を聞いて、だんだん関係ができてきたら、示談の話をします」

「どうやって?」

「そのときどきで違いますけど、謝罪文を渡すとか」

なんだ謝罪文か。俺だって、依頼者が書いた謝罪文を渡すことはある。でも、怒り心頭の被害者が一転それを読んで感涙を流して許してくれたなんてうまい話はない。それはドラマの世界だ。どうせ弁護士が作ったんでしょと疑われるのがオチだろう。俺もできる限り依頼者に謝罪文を書いてもらっているが、どうしてもおかしなところは指摘して直してもらう。どこまでが依頼者の文章で、どこまでが弁護士の文章か、その境目はあいまいだ。

「それでも、被害者だって犯人がどんなことを考えているのかって、結構気にしてますよ」

「まあそうかな。それで?」

「また相手の話を聞きます。どう思いましたかって。それで感想が出てきたら、また依頼者に伝えますって。そうやって、何度もやりとりしているうちに、それでは示談のお話を……ってやってくんです」

「しかしさ、そこまでする必要があるのかね? だって、俺たちは被疑者の代理人であって被害者の慰め役じゃないんだぜ」

「あたりまえじゃないですか」

同時に、バンと机を叩く音がした。俺は驚いて思わず椅子から滑り落ちた。

「被疑者の代理人だからこそ、有利な処分を獲得するために何とか示談しようとするんでしょ。弁護人としてしなければならないことをするだけですよ」

島田の最後のことばは俺の胸にずしりと響いた。島田の全身には、弁護士としての矜持、そんなものが詰まっている気がした。ひるがえって、俺は弁護士としてすべきことをできていただろうか。

そこへ事務の中本さんが来た。

「東京地検立川支部の酒井検察官から山下先生宛にお電話が来ています」

俺は一瞬島田を見た。島田はその大きな目をまっすぐ俺に向けてきた。俺はデスクに座り、重たい受話器を持ち上げた。

「お電話換わりました。弁護士の山下です」

「被害者の杜多佑子《もりたゆうこ》さんから、連絡先を伝えてもよいとのことでしたので、お伝えしたいと思いまして」

検察官は乾いた声で一一桁の電話番号を告げた。俺はそれをメモした。用件が終わると検察官は電話を切った。俺はメモに書いたばかりの数字をじっと眺めた。数字はバラバラ。規則性はない。語呂合わせで覚えるのだろうか。しかしいくら眺めても、その無機質な数字からは相手のパーソナリティを読み取ることはできなかった。

意を決して電話機の番号を押す。コール音の代わりに、ポップな音楽が流れた。九〇年代の流行歌だ。

「はい」

サビの途中で突然音楽が途切れ、女性の声がした。

「弁護士の山下と申します。杜多様でいらっしゃいますでしょうか」

「はい」

その声は高くもなく、低くもなく、淡々としていた。感情が読めない。

「私は九月一日の中央線での事件を担当する弁護士です。よろしくお願いいたします。お忙しいところ恐れ入りますが、今回の事件の件で杜多様とお目にかかってお話できればと存じますが、いかがでしょうか?」

俺は努めて冷静かつ温和な口調で話しかけた。相手は少しの間沈黙した。

「示談の話ということでしょうか?」

「ええ、可能であればそのようなお話もさせていただければと思います。もちろん、杜多様にそのようなお話をお受けいただけるお気持ちがあれば、ということですが」

「わかりました。示談するかどうかはともかく、まずは弁護士さんにお会いすることは構いません。どうすればいいですか」

「そうですね。どこか適当な場所があればいいのですが。よく利用される駅はございますか」

俺は受話器を首と肩に挟み、両手をキーボードに置いた。適当な喫茶店がないか調べてみよう。やや間があって相手の声がした。

「私がそちらにお伺いするんじゃだめでしょうか」

「え？　お越しいただけるのですか。あ、ありがとうございます。杜多様のご都合はいかがでしょうか」

「次の土曜日であれば大丈夫です」

俺は受話器を首に挟んだまま、素早く手帳をめくる。

「でしたら、九月一三日の午後一時はいかがでしょうか？」

「わかりました。お伺いします」

そう言うと相手はいきなり電話を切ってしまった。俺は首に挟んだ受話器を置いた。さっきこぼしたコーヒーが、白い紙の上で得体の知れない形を描いていた。

被害者・杜《もり》多《た》佑《ゆう》子《こ》――弁護士事務所での示談

九月一三日の午後一時二〇分前。

「こちらの席でお待ちください」

そう案内された部屋には、木製のテーブルと椅子があり、白い壁には小さな海の絵がかかっていた。別の壁一面は本棚になっていて、難しそうな名前の本が並んでいた。私は恐る恐る椅子を引き、座った。はじめて入る弁護士事務所。本棚の方に眼を向けると、「六法全書」「刑法」「刑事訴訟法」……。千ページ以上もありそうな、見たことのない分厚い背表紙と、見慣れない言葉のオンパレードに、自然と緊張が走り、背筋がピンと伸びる。この部屋に、私一人でいることがなんだか落ち着かなくなって、キョロキョロと並んだ本のタイトルを見回してしまう。タイトルを流し読みしていると、本棚の左の隅に、「痴漢」という文字が目に入った。え、痴漢の本？――何が書いてあるんだろうと気になって、つい、本棚に向かって身を乗り出そうとしたとき、ノックがしたので慌てて椅子に戻った。再び先ほどの案内の女性が入ってきてお茶を置くとまた出て行った。そもそも「痴漢」の本があることにビックリした。それだけ痴漢をする人が多いということなのだろうか。痴漢の数だけ、私と同じように辛い経験をした被害者がいる。そう思うと、痴漢をする人の身勝手さに心底げんなりして、気持ちが滅入ってしまう。だけど、「痴漢」の本って、一体、何が書いてあるのだろう。まさか、痴漢のやり方が書いてあるわけじゃないだろうし……。「痴漢」の本の近くには、それが痴漢と関係するのかわからないけれど、「性依存」「治療」「更生支援」といった言葉が並んでいた。

見慣れない言葉に囲まれているうちに、だんだんと不安がこみ上げてきた。

私は本を眺めるのをやめて椅子に座りなおした。両肘をついた手の上にあごをのせたまま、正面の壁にかかった海の絵をぼんやりと眺めた。

弁護士って、一体、どんな人なのだろう。これから私は何を言われるのかな？　そもそも、弁護士なんて、テレビドラマの中でしか見たことがないな……。

「真実を明らかにして、無実の人を救う」

テレビドラマでよく見かける、弁護士のそういう仕事は、大切な仕事なのだと思う。無実の人を助けるためには、守ってくれる弁護士が必要だ。もし自分の大切な人が無実の罪で逮捕されたりしたら、必ず、弁護士に助けを求めるだろう。そういう事件で、弁護士が必要なことはよくわかる。

だけど、私の事件はどうなのだろう。

痴漢した人の「何を」守る必要があるのか。正直なところ、私にはまったくわからなかった。痴漢をする理由なんて一つに決まっている。目の前の相手を性的欲求のはけ口にしているだけだ。痴漢なんて最低の行為をする人のために、弁護士が一体何をするのだろう？　痴漢した人を守るテレビドラマなんて、見たことがない。だって、守る必要がないじゃないか。弁護士が、痴漢した犯人を弁護する理由は何なのか？

私の心は、そんな疑問で一杯だった。

痴漢を弁護するという弁護士に対しても、正体の見えない、得体の知れなさを感じて、漠然とした不信感を抱いていた。でも、わからないことを一人で考えてもしょうがない。せっかくの土曜日に、わざわざ一時間以上かけて、ここまで来たんだ。まずは、弁護士の話を聞いてみよう。

そう思ってギュッと目を閉じると、瞼の裏にあの日の記憶が蘇ってきた。

あの頃は、仕事も散々だった。

事件の数日前からずっと、社内でも有名なクレーマーの対応に追われて、走り回っていた。少しでも気に入らないことがあると、電話をかけてきて延々と文句を言い続ける。正直に言って、今回、会社に落ち度は一切ない。単なる言いがかりだ。それなのに、電話口からは淀みなくクレームが流れ続けた。

——いい加減にしてください！——

喉まで出かかった言葉を何とか飲み込む。すると、一瞬黙った私を小馬鹿にするかのように、いつものお決まりのセリフが飛んできた。

「これだから女は……」

いまどき、こんなことを言うのは、このお客さんだけだったし、真に受ける必要はないんだって頭ではわかっている。だけど、ここまで直球で言われると、もしかしたら、これが世の中の男の人の本心なんじゃないか？　何だかそう思えてきて、スッと気持ちが冷めていくのを感じた。結局、新品と無償で交換することにし、明日わざわざクレーマーの家に商品をとどけることにして、何とか電話を終わらせた。解消しようのない、モヤモヤした気持ちを抱えたまま家に帰り、眠れない、長い夜を過ごした。

そして、事件当日の朝。

重い体をなんとか引きずって、駅に向かって歩いていく。午前八時過ぎ。街はもう動き出している。コンビニの入り口には、絶え間なく人が出入りし、モーニングサービスを提供しているカフェには、十人近い行列ができている。女子高生は歩道一杯に広がって、楽しそうに笑いながら歩いていた。東京の朝は騒がしい。都会の華やかさに憧れて上京したはずなのに、今日のような日は、道行く人たちの嬌声が何だかうっとうしく感じてしまう。人ごみをかきわけて、改札をすり抜け、ちょうどホームに入ってきた中央線にたくさんの人とともに自分の体を押し込んだ。

いつもの満員電車。どんなに疲れていても、座れるはずもない。

疲れた心と体をあずけるように、扉付近にある銀のポールを両手でつかんだ。そして、車窓を流れゆく街並みを、ただぼうっと眺めていた。

すると、背後から、すぐにその手は伸びてきた。最初は遠慮気味に。数秒後には堂々と、私のお尻をなで回した。ベロア調のフレアスカートの上から、せわしなく、指が行ったり来たりする。這い回る、気持ち悪い生き物みたいだ。

痴漢だということはすぐにわかった。偶然当たっただけの手は、こんなに動かないからだ。

通勤時間帯の中央線は、まさに、ぎゅうぎゅう詰めの状態で、混雑に乗じた痴漢も少なくない。私自身、痴漢に遭うのはこれが初めてではなかった。

グルグルと嫌らしくなで回す、その手が気持ち悪くて仕方なかったけれど、正直なところ、すごく疲れていたし、すぐにやめてくれればそれでいいと思っていた。早くやめてよ。お願い。そう思っていると、一～二分で、次の駅に到着し、「前の列車との時間調整のために、しばらく停車します」という車内アナウンスが流れた。

私が立っているのとは、反対側の扉が開く。若干の乗り降りがあった後は、出発を待つだけの静寂が続く。乗客は、みんな、その場で大人しく出発のときを待っていた。

……だけど、手は止まらない。やがて電車は発車し、次の駅に近づいていた。

私が何も言わないことをいいことに、好き勝手になで回してくる。もう遠慮は微塵も感じられなかった。

その身勝手さに、だんだんと、怒りが込み上げてきた。

いい加減にしてよ。馬鹿にするな。

勇気を出してグルっと後ろを振り向く。

犯人はすぐにわかった。

ほぼ真後ろに立っている、四十代くらいの会社員風の男。一見すると、真面目そうな人にみえる。どうしてこんないい歳をした大人が、朝から痴漢なんてするのか。唖然とした気持ちで犯人の顔を直視したその瞬間、「これだから女は……」という昨日の電話の声がよみがえってきた。

目の前にいる犯人の顔にクレーマーの顔がダブって見える。

どうして、あんな酷いことを言われなければならないのか。どうして、朝からこんなことをされなければいけないのか。私の気持ちなんてまったく考えていない犯人に、無性に腹が立ってきた。そして、無性に悲しくなってきた。どうして、私だけがこんな目に遭わないといけないのか。どうして、私なのか。みんな私には何をしてもいいと思っているんじゃないか。

そう思った瞬間、ふいに、ポロポロと涙がこぼれてきた。

涙で視界が揺れて、犯人の顔も、醜く、ゆがんでみえる。次の瞬間、

「……やめてください」

と声を振り絞る。でも、反応がない。

「……やめてください！」

ともう一度。でも、手が止まらない。

「やめてください!!」

三度目に、大声を張り上げた。

そして、私は、お尻を触っている犯人の手を掴んで、声を上げた。

「この人、痴漢です！」


近くにいた二人の男性が犯人を捕まえてくれた。犯人は、男性たちにがっしりと両腕を掴まれたままホームに引きずり降ろされる。私も、その後を追って、ホームに降りた。数十秒後には、数名の駅員さんが走って駆けつけてきてくれて、犯人をどこかに連れて行った。

その直後に、私も駅の事務室のような場所に連れていかれた。部屋の片隅にある小さな黒いビニール張りのソファに座って待っていると、一〇分程で、制服を着た警察官もやって来た。警察官は、私の名前や住所、電話番号をメモすると、「くわしい話を聞きたいから、これから一緒に、武蔵野署まで来てくれますか？」と言った。

とっさに犯人を突き出したものの、初めてのことで、この後一体どうなってしまうのか、わからなくて不安だった。犯人がどこへ行ったのかも気になった。

本当はこのまま警察官についていきたかった。でも、私は、これから例のクレーマーに商品を届けなければいけないのだ。たとえ何を言われても、笑顔を作って、頭を下げなければいけないのだ。今日行かなければ、それこそ収拾がつかなくなってしまう。私は、不安な気持ちを押し殺して、警察官に言った。「すみません。今日はどうしても仕事を休めないいんです。仕事が終わってから、武蔵野警察署に伺います」

会社に着くや、クレーマーに届ける商品を紙袋に入れ、会社を飛び出した。

普通のお客さんとなら五分で終わるはずの仕事が、クレーマー相手にすると三時間かかった。(何も悪くないのに) 謝って、(何度も説明しているのに) 商品の説明を繰り返し、(何を言われても) 我慢して耐え続ける。そんな地獄のような時間を何とかやり過ごして、何とか商品を受け取ってもらえた。クレーマー宅への往復で二時間、もう何ごはんなのかわからない食事をとって疲れ切った心と体で会社に戻ると、すでに、定時の一八時を回っていた。ああ、早く武蔵野署に行かないと……。急いで上司に報告を上げて会社を出る。そして、小走りで武蔵野警察署に向かった。

武蔵野署に到着したのは、午後七時を一〇分回った頃だった。ハアハアと肩で息をしながら、一階の受付で名前と要件を伝えると、息つく間もなく、「こちらへどうぞ」と案内された。エレベーターで三階に上がると、「生活安全課」という看板のある部屋に入り、その奥にある小部屋に通された。そこは、鼠色の四角い机と、小学校の卒業式で使うような折り畳み式の二脚の椅子しかない、小さな面談室のような場所だった。奥の椅子に座るようにと促され、警察官は手前の椅子に座る。そして、腕時計をちらっと見て、何かの書類に「一九時一五分」と時間を書き込んだ後、「では、今朝のことについて、詳しい話をお聞きしますね」と言ってきた。

……ああ、そうか。言われてみれば当たり前のことだけれど、痴漢に何をされたのか、私が説明しなければいけないのか。これから、また、つらい時間が始まるんだな。警察官の言葉を聞いて、そう悟った。この悪夢のような一日は、あとどのくらいで終わってくれるのだろう。

そう思いながら、目の前の警察官の顔を見る。痴漢されたときの状況をくわしく聞きたいと言っているのは、私と同世代の切れ長の目をした男性の警察官だった。警察官にしては若く見えた。

「どこを触られましたか」

「お尻です」

「お尻のどのあたり？」

「全体的に……」

「お尻をどういう風に触られたのですか」

「グルグルと円を描くような感じで」

「力の強さはどうですか」

「最初は、控えめな感じでした」

「その後は」

「その後は、指に力を入れて、指で揉むような感じで……」

「スカートの中には手を入れられましたか」

「入れられて……ないです」

恥ずかしくて、つい言葉に詰まってしまう。

でも、無表情で、淡々と質問する警察官をみていると、恥ずかしいと感じている自分が恥ずかしく感じられて、いたたまれない気持ちになってしまった。

なんとか説明を終えて、これでようやく帰れると思ったら、今度は、「被害にあったときの状況を再現してほしい」と言われて、エレベーターでいちばん上の階に連れて行かれた。エレベーターをおりると警察署の中にある柔道場のような場所に案内された。そこには別の警察官が二人待っていた。どうやら痴漢に遭ったときの様子を再現して、写真に撮るということらしい。私は被害者なのに、悪いことは何もしていないのに、どうしてこんなことまでしないといけないのだろう。恥ずかしさと悲しさで、押しつぶされそうになる。泣きそうになる気持ちをなんとかこらえながら、こういう風に触られました、と私が口で説明して一つひとつの動きを警察官が再現しては、写真撮影をする。

だだっぴろいのに窓一つない、殺風景な場所。さっきの切れ長の目をした警察官が、どこからか、マネキンを持ってきた。マネキンを支える支柱の棒を調整して私とマネキンの背の高さを合わせた。「お尻の高さ、合ってますよね？」と言って私のお尻を見る。恥ずかしい。そして「私は犯人と身長がほぼ同じですから、犯人役をしますね」と言い、私に見立てたマネキンのお尻を揉む犯人役の警察官。犯人がどういう風に触ってきたかをコマ送りのように再現する。犯人の動きも私の動きも、すべて、私が指示して説明しなければならない。

そして、その様子を淡々と撮影する警察官。それは、ドラマでしか警察の仕事を見たことがない私にとってあまりにも奇妙な景色だった。なんで私はこんなところにいるんだろう。泣きたい気持ちを通り越して、笑っちゃいたい気持ちになる。終わらない悪夢に、疲れがピークに達して、思考がマヒしてきた。

結局、この日武蔵野署を出たのは、午後一〇時を回っていた。犯人役の警察官がパトカーで家まで送ってくれて、家に着いたのは、一一時過ぎだった。

部屋に入ると、メイクを落とす気力もなく、そのままベッドに倒れこんだ。明日も仕事だし眠らないと。そう思って目を閉じても、なかなか眠れない。心も体も疲れ切っているはずなのに、妙に意識が冴えてしまう。

昨夜と同じ、眠れない長い夜が続く。部屋に一人でいると、だんだんと不安な気持ちが押し寄せてきた。

「この人、痴漢です！」そう言って手を掴んだ瞬間。犯人は、確かに私の顔を見た。

私の顔は犯人に知られてしまった……。

痴漢を突き出したことで、逆恨みされたりしたらどうしよう。そう思うと、不安でたまらなくなった。

私が手を掴んだとき。あのとき、犯人はどう思ったのだろう。

一瞬みえた、犯人の感情のない真っ暗な目。

あの目が脳裏に焼き付いて離れない……。

結局、その日は、事件の場面や警察署での光景が何度もよみがえってきて、ほとんど眠れなかった。

犯人はその場で逮捕された。でも、その後犯人がどうなったのかという情報は私の耳に一切入ってこなかった。犯人は、その後、どこで、どうしているのだろう。犯人は、どんな人なのだろう。私のことを逆恨みしていないだろうか。日に日に不安だけが募る。

犯人と会ったらどうしようと思うと、その後は電車に乗るのも怖くなってしまった。電車に乗っていても、ソワソワして落ち着かない。背後に人の気配を感じると、もしかしたら犯人がいるんじゃないかと不安になって、つい後ろを振り向いてしまう。昨日、そうして振り返ったら、目があったのは中年の女性だった。女性は驚いた顔で私を見ている。私は恥ずかしくなり、すぐに前に向き直る。「満員電車だから仕方ないじゃないか。自意識過剰だよ」そんな声が聞こえたような気がして、気分は落ち込む一方だった。

もちろん、犯人のことは許せない。偶然目の前に立っていたというだけの理由で、私のお尻を気持ち悪くなで回した。あの日、私がどういう気持ちで電車に乗っていたのかも、触られているときどんな気持ちだったのかも、そのあと何があったのかも、犯人はきっと、何ひとつ知らない。あまりにも身勝手すぎるじゃないか。

だけど、それと同じくらい、いや、それ以上に、不安の方が大きかった。

痴漢ですと犯人を突き出したのは、今回がはじめてだった。その経験をして、はじめて、わかったことがある。それは、「事件後も、ずっと不安なのだ」ということ。犯人が捕まっても不安なのだということ。捕まえたからこそ、逆に不安なのかもしれない。いままで何ともなかった日常が不安に侵食されてしまった。

痴漢に遭ったなんて言ったら……、悲しむ田舎の両親の顔を想像すると、とてもじゃないけど親には話せない。二五歳にもなって、電車に乗るのが怖いだなんて、恥ずかしくて友達にも相談できない。怖くて不安で仕方ないのに、誰にも相談できなかった。誰にもわかってもらえない気がして、ただ不安で、苦しいだけの毎日が、本当に辛かった。

だからこそ。

もう二度と私と同じように辛い思いをする被害者を出したくない。

「もう絶対に痴漢なんてしないでほしい」

そのことだけは、どうしても、犯人に伝えたかった。

相談室の外から部屋に近づいてくる足音が聞こえてきた。そろそろ弁護士との示談が始まるのだろうか。

相談室のドアがノックされる。私は反射的に背筋を伸ばして「はい」と返事をした。

弁護士・山下燎——示談交渉と依存症治療を知る

叩き割られた家族写真

アルミのブラインドを指で押し広げ、隙間から外をのぞく。薄曇りの空だった。見下ろすと上着を片手にワイシャツ姿のサラリーマンが歩いている。九月も中旬になったが暑い日が続いている。

「杜多さん、午後一時でしたね」

振り向くと島田が立っていた。島田はグレーのスカートに真っ白な襟のないブラウスを着ている。これから杜多さんと示談の話をする。女性同士のほうが相手も心を開きやすいと思い、俺は島田に頼んで共同受任してもらうことにした。もちろん岡貫さんも了解済みだ。島田は最初に頼んだときは難色を示していたが、結局は「まあちょっと心配ですからね」といって協力してもらえることになった。その後二人で話の進め方の戦略を練った。一度引き受けると、島田はどんどん俺に意見し、指示をした。妹弁に指示されるのは先輩としての威厳を損ないかねないが、今回は俺が島田に頼んだのだから、仕方ない。そもそも島田の指示は的確だった。

壁の時計に目を向けると一二時半過ぎだった。少し早いが、何となく落ち着かないのでそろそろ支度をしておこうか。俺はロッカーからジャケットを出して羽織り、普通の印象を与えるため、あえてありきたりのブルーのストライプのネクタイを締めた。締めてからまた少し緩めた。

俺は立ったままアイスコーヒーのグラスを傾け、岡貫さんのことを思い出していた。接見室で「もうこれ以上大事なものを失いたくありません」と語っていたときの苦痛に満ちた顔。釈放された日、奥さんの後ろをついて悄然と歩く姿。その後も奥さんとの電話での話によれば、岡貫さんは人が変わったように口数が少なくなり、自分の部屋にこもっているらしい。時折口を開けば、奥さんに向かって「ごめん」、「もう二度としないから」という言葉を繰り返している。岡貫さんは後悔している。反省している。

そんな岡貫さんのためにも、今日、何が何でも示談をまとめなければならないと思う。

そんなことを考えていると、隣の事務室から中本さんが来た。

「山下先生、杜多様がお見えになりました」

ちょっと早いなと思ったが、わざわざ来てもらったのに待たせたくはない。俺は島田に目を向けると、島田も引き締まった表情で軽くうなずいた。俺はネクタイを締め直し、島田と相談室に向かった。

ドアをノックすると、「はい」という張り詰めた返事が聞こえた。

「お待たせいたしました」

そう言いながら俺たちが相談室に入ると、その女性は背筋を伸ばして前を向いて座っていた。左の椅子には金色の留め金をかけた濃紺のハンドバッグが置いてあった。テーブルのお茶には手をつけた様子がない。

「弁護士の山下です。こちらは、島田弁護士です。二人でこの案件を担当しています。よろしくお願いいたします」

俺は努めて落ち着いた口調で声をかけた。女性も立ち上がって挨拶した。その両手は腰の前で固く組まれていた。

席について俺は左の島田を一瞬見た。島田はやさしい口調で語りかけた。

「今回の件では、大変なご迷惑をおかけし、申し訳ございません。今日は杜多様の率直なお気持ちをお聞かせいただければと思います。もちろん、このような出来事をお話いただくこと自体つらいことだと思いますので、何かありましたらいつでも言ってください」

同年代の島田に安心したのか、女性の口元が一瞬緩んだように見えた。やはり島田に同席してもらってよかったと、俺は内心安堵する。

「お話する前に、質問したいことがあるんですけど……」

「いいですよ。どのようなことでしょうか」

島田の声はどこまでも落ち着いていた。杜多さんは交互に俺たちを見ながら話す。

「犯人は、いま、どこにいるのでしょうか」

俺は一瞬、杜多さんが発する「犯人」ということばに違和感を覚えた。しかしすぐに「この人にとっては岡貫さんは『犯人』なんだな」と思い返す。俺は大きく息を吸い、できるだけゆっくりとした口調で答えた。

「犯人は…その…岡貫と言いますが……いまは、釈放されて、自宅に戻っています」

「え、もうですか！」

杜多さんはあからさまに驚きの表情を浮かべた。ここは丁寧に解説しておいたほうがいいだろう。俺は杜多さんをなだめるように説明した。

「岡貫は釈放されましたが、捜査が終わったわけではありません。むしろ捜査はこれからです。そもそも逮捕というのは、被疑者が逃げたり、捜査の邪魔をしたりしないようにするためのものですから、そういう心配がない人については釈放されることもあるのです。岡貫はサラリーマンで仕事があり、結婚して妻がいるので、逃げたりしないだろうと裁判所が判断したのだと思います」

「えっ、結婚⁉」

杜多さんはさっき以上に驚いた顔をした。一瞬の沈黙の後、杜多さんがおそるおそる口を開く。

「あの……。結婚相手……奥さんは、犯人のことを何と言っているのでしょうか」

「自分の夫である犯人に対して、すごく怒っています。同じ女性として、絶対に許せないと」

島田が落ち着いた口調で答えた。ことばのなかに厳しさをにじませている。

「奥さんは事件を聞いて、すごくショックを受けていました。ですが、いまは自分のことは二の次にして、とにかく一日も早く、被害者の方に謝罪したい、杜多さんの不安を少しでも解消したいと、そうおっしゃっています」

俺は奥さんのことばを繰り返しながら、打合わせのときの困惑した表情を思い浮かべていた。

「そうなんですね……」

杜多さんは顔をしかめて困ったような表情をして、それから下を向いた。

杜多さんの反応に俺は何となく手応えを感じた。それにしても、岡貫さんに家族がいるということがよほど驚きだったのだろうか。その驚きの背景には、性犯罪者には家族なんているはずがないというイメージがあるのだろう。確かに、性犯罪者は異常者と見られがちだ。しかし実際には、性犯罪の場合も含めて、被疑者のなかには定職があって家族もいるという人もいる。実際に会ってみると、自分の同級生や遠い親戚にこういう人がいてもおかしくないなって思うこともある。

俺がそんなことを考えていると、杜多さんが口を開いた。

「こういうことをするのは、初めてなんですか？」

俺は「こういうこと」の意味がすぐに理解できなかった。ただ、すきま風が吹き上げたような気がして背筋が冷たくなった。

「えっと…？」

「犯人が痴漢をしたのは、今回が初めてなのでしょうか？」

「いえ……それは……」

口は開くのだが、肝心のことばが出てこない。島田が話し始めた。

「実は、今回が初めてではありません。以前にも、同じような行為をして捕まったことがありました」

杜多さんは目を閉じた。眉間にしわを寄せて、何かを考えている様子だった。明らかに部屋の空気が変わった。一瞬、俺の頭の中で、幸せそうな一家三人の写真が叩き割られるシーンが浮かんだ。見たくないテレビ番組のチャンネルを変えたい気分だった。しかし現実は変えられない。俺は膝の上で両手を握りしめ、杜多さんの次のことばを待ち受けた。

杜多さんは目を開いた。

「じゃあ、犯人は、またやるんじゃないでしょうか？　私は、この二週間、すごくつらい思いをしてきました。あの日だけではありません。そのあとも悪夢のような時間が続きました。痴漢をするような犯人は絶対に許せません。弁護士さんに『反省しています』って言われても、信じられません。犯人には法律に基づいてきちんと処罰を受けてもらって、私やこれまでの被害者が受けた苦しみを……罪の重さを自覚して欲しいです。そうしないと反省できないと思います。だから、示談はしません」

そういうと、杜多さんは脇の椅子に置いたハンドバッグの留め金を外し、中からハンカチを取り出して目元を押さえた。口元が小刻みに震えている。

俺は反論したかった。あなたは岡貫さんを見ていないでしょう。あんなに反省している。必ずやりなおせる——。しかし、島田がそれとなく右手で俺を制し、落ち着いた様子で言った。

「お気持ちをお聞かせいただき、ありがとうございました」

試合終了。ＫＯだ。

杜多さんはしばらく黙ったままだったが、やがてハンカチを下ろして前をみた。目が赤く充血していた。

「いえ、こちらこそ。お手間をとらせて申し訳ございませんでした」

杜多さんは事務的な口調で早口に言うと、ハンカチをハンドバッグにしまい留め金をパチンと閉めた。島田はタイミングよく立ち上がり、相談室のドアを開けた。俺もよろよろと立ち上がり、相談室から出て行く杜多さんに深々とお辞儀をした。

三人で玄関まで歩いて行くと、杜多さんは頭を軽く下げ、「お忙しいところ失礼いたしました」とやはり事務的な口調で述べた。島田はやさしい笑顔で答えた。

「こちらこそ不愉快なできごとを思い起こさせてしまい、申し訳ございませんでした。杜多様の率直な思いをお話いただき感謝いたします。もしよろしければ、今後も進捗についてご連絡してもよろしいでしょうか。また、お気持ちについてもまたお聞かせいただければ幸いです」

「連絡は構いません。でも、気持ちは変わらないと思います」

そうぶっきらぼうに答えると、杜多さんは事務所を出て行った。ドアが開いたとき、すきま風が吹き込んでヒヤリとした。

トラウマ

示談交渉は、失敗した。

そのことを久美さんにも電話で報告した。

「先生が会って話して下さっても、被害者の方の不安は取りのぞかれなかったんですね……」と久美さんは力なく言っていた。

示談交渉のあとさらに三件の打合せをこなし、また他の依頼者と電話をし、気が付くと夜の八時をまわっていた。疲労が蓄積してくる時間だ。デスクの上には岡貫さんの事件ファイルが置きっぱなしになっていた。それを見ているといったん忘れかけていた昼間の示談交渉のことが思い起こされてくる。

もちろん、そんなに簡単にうまく行くとは思わなかったけど、このように交渉決裂が現実のものとして突き付けられると、やはり落ち込む自分がいる。

俺は、実は、単に自分がこのような示談交渉が苦手なだけだとは思っていなかった。俺という人間の素質が、どこか示談交渉に向いていないのではないかという気が、以前からずっとしていた。

実際、あの時、杜多さんがなぜ、「犯人が痴漢をしたのは、今回が初めてなのでしょうか」と言ったのか、その時は全くわからなかった。なぜ杜多さんはこのような言葉を発したのか。もちろん、その後の杜多さんと島田の会話で、杜多さんの思いは理解した。

俺は、おそらく、人の心に寄り添うことが下手なのだ。

目の前にいる人が、今どのような気持ちなのか、推し量るのが苦手なのだ。交渉自体が苦手というわけではない。実は、ゲーム理論とか交渉学なんていう分野も、自分で少し勉強したりしている。昔から上手な交渉を表す言葉として、「三方よし」なんていう言葉があるが、いかに相手とwin-winの関係に持ち込むか、考えながら交渉するのは、どちらかというと得意である。ビジネスの中で、相手方と交渉に臨むのは嫌いではない。

俺の交渉方法は、どちらかというと「上から」ではあるのだが、マウントを取りには行かず、相手方を立てるところは立てる。相手と対等、もしくは相手の方が強大でも、下手からは行かず、まずは、強気で交渉する。ただし、風向きはしっかり見る。押すところは押す。引くところは引く。この見極めが難しい。相手の持っているカードを読み、冷静に着地点を探る。このようなビジネス上の交渉は、最終的には、えてして金額や収支などの機械的な数字で決まることが多い。数字の戦いは好きだ。それに比べると、無機質な数字や損得とは正反対の、感情や理念が前面に出る交渉は嫌いだ。

だから、示談交渉のように、感情が大きく入り込む交渉は苦手なのである。

もちろん示談において上から交渉するなんてことはあり得ないし、一番重視しないといけないのは被害者の感情になる。その感情を推し量ることが、求められている。数字を推し量ることは得意だが、感情を推し量ることは苦手だ。

「先輩、食事でもいきますか?」

気が付くと島田が横に立っていた。呆然としている俺のことを見かねたのかもしれない。

俺も今日はもう事務所で仕事をする感じではない。なんとなく島田の誘いに救われた自分がいた。

「そうだな。肉でも食いに行くか!」

「いいですね。焼肉行きましょう。先輩のおごりですよ」

「今日は、上タン塩から、締めの冷麺まで、なんでもおごるよ」

とりあえず、一旦仕切り直しだ。俺はデスクの岡貫さんのファイルを取り上げて棚にしまった。


「俺は、根本的に弁護士に向いていないんだよな」

行きつけの焼肉屋の「POTETO」の個室で、俺は、カルーアミルクのグラスを片手に持ちながら、目の前の島田に愚痴る。

店内は、五代目パンクボーイズのヒット曲「Go Go Super Express」が流れている。最近の音楽に疎い俺は、五代目パンクボーイズに関しては、一時期JR東日本のCMに使われていたこの著名な曲しか知らない。

俺は、実は酒があまり飲めない。カルーアミルクやファジーネーブルのような甘いカクテルを少し飲める程度である。ビールはあの特有の苦みがあまり好きではない。飲むときは最初から最後まで、生ビールの島田と対照的である。

「そんなことはないと思いますけどね」

一杯目の生ビールのジョッキをすでに空にした島田が、炭火の網で焼かれた上カルビを口に運びながら、答える。

「先輩はどんな人でも臆せずに交渉するじゃないですか。伊達先生も褒めてましたよ」

ボスが⁉……。ボスにそんなこと言われた覚えは、今までにないけど。

「ボスは言っていましたよ。弁護士は、総理大臣、サラリーマン、連続猟奇殺人犯、老若男女誰とでもどんな人ともコミュニケーションを取らないといけないって。どんな人とも臆することなくコミュニケーションを積極的に取って行く先輩は、その意味で非常に優秀だって、この前、先輩が不在の時に言っていました」

いつも気難しい顔をしているボスが、そんなこと言ってくれていたのか。なんとなく嬉しい。

「でも先輩は、女性を相手にするのが苦手ですよね」

さすが、島田。俺の横にいるだけあって見抜いている。自分のクライアントであっても、相手方であっても、女性を相手にするのは、どちらかと言えば苦手である。特にＤＶ事件の案件で、自分のクライアントがＤＶをしていた夫側の場合、相手方にどのように接していいか、あたふたしてしまう。

俺は上タン塩をトングで慎重に裏返した。

「女性が相手方だと、傷つけてしまいそうで、怖いんだよな」

「なんか、過去に女性にトラウマでもあるんですか」

「司法修習生の時、心無い発言で、同じクラスの女性を傷つけてしまったことがある」

「なんて言ったんですか？」

「化粧しない方がいいんじゃないか？って」

「……最低ですね。女性に化粧の話をするなんて。よく司法研修所から処分されませんでしたね」

島田は持っていた二杯目の生ビールのジョッキを、机にドンとおいて、俺をにらむ。

「いや、褒めたつもりなんだよ。素がいいってつもりで言ったんだ」

「化粧が下手くそって、普通取りますよ。彼氏でもない人に言われたら、私だったら、二度と口ききませんよ」

「何を言っていいかわからなくなっちゃうんだよな」

女性であり被害者という、自分がけっして得意ではない属性の相手方に対し、自分には、どうしても交渉を成功させるイメージが湧かない。

「そのあたりですね。先輩が勘違いしているところは。誰とでも積極的にコミュニケーションを取れることの裏腹で、思わず不用意なことを言っちゃって話を壊してしまうんでしょうねー。お兄さーん、ハチノスとギアラお願いします」

島田は通りかかった店員に向かって手を挙げて叫んだ。なかなかホルモン通の部位を突いて来るじゃないか。

「さあ、仕事の話はまた明日事務所で。仕事をする時は一生懸命仕事をする！　飲み食いする時は、一生懸命飲み食いする！」

島田の言う通りだな。俺は薬味のネギと一緒に上タン塩を口の中に放り込んだ。

「そういえば、一度先輩に聞きたかったんですけど……」

「なんだ？」

俺は持ち上げかけたグラスを止めた。

「いつから、あんなにアイスコーヒーを大量に飲むようになったんですか？」

「うん、それは……」

「そんなに、言いにくいことなんですか？」

俺はグラスを下して答えた。

「いや、大したことじゃないんだけどね」

その実、俺にとっては、結構大したことなのだが。

「ロースクールの時に付き合っていた同じクラスの彼女と別れたときに、最悪の別れ方をしたんだ。別れを切り出されたときに、納得できなくて。別れた後も何度もしつこく復縁を彼女に迫ったんだよね。法曹を目指すという共通の目標があって将来の夢とか色々話すうちにつき合うようになったんだ。試験、試験で灰色だった俺の人生に初めて彩が与えられたって思った。だからどうしてもその彼女と別れたくなかったんだ。そんな自分を見て、ロースクールの共通の友人たちも俺から離れて行き、ロースクールに居場所がなくなっちゃって」

島田は、肉を焼く手を休め、じーっと俺のことを見ている。俺はその視線を避け、網の上でギラギラと光るピンク色のギアラを眺めながら話した。

「その時の苦しさや寂しさをまぎらわすために、四六時中アイスコーヒー飲むようになっちゃって。ロースクールの講義中も、ずーっと缶のアイスコーヒー飲んでいたなあ。全く勉強に集中できなくて。そのうちロースクールの講義そっちのけで、ずっとアルバイトしていた。その後なんとか気を取り直して司法試験に合格できたけど、奇跡だって言われたよ」

自分にとっては、できれば思い出したくない過去だ。

「トラウマですね」

島田が言う。

「そして、アイスコーヒーは、先輩の『コーピング』だったわけですね」

――コーピング？――

「アイスコーヒーが、痴漢でなくて良かったですね」

――？？？――

島田は笑っているが、俺は何がおかしいのかわからない。俺は島田のほうを見て聞き直した。

「コーピングって何？」

「いずれわかりますよ。で、その元カノさんと別れた原因は、何だったんですか？」

「いや、全部、俺が悪いんだ」

「ちゃんとカミングアウトできませんね。それでは、私も受容と共感ができません」

島田は口元をニヤリとさせながら、からかうような口調で言った。俺には何のことだかさっぱりわからない。

「『受容と共感』？」

「それもいずれわかりますよ。でも先輩が、頑なに彼女を作らないのもなんとなくわかりました。女性に対するトラウマがあり、アイスコーヒーでコーピングかあ」

島田は楽しそうに言った。島田は、いったい何を言っているんだろう。

「カミングアウトする気になったらいつでも聞きますからね。岡貫さんもそうだけど、先輩も治療する必要がありそうだ。お兄さーん！　カルビクッパ、一つお願いします！」

島田は俺の疑問を無視するかのように大声で店員を呼んだ。島田が何を言っているか、全くわからないけど、とりあえず自分も炭水化物行くか。

「お兄さん。コムタンクッパも追加で」

「先輩、ついでにもひとつ聞いていいですか」

今日はいやに質問が多いな。でも俺はほどよく酔った心地でいやな気はしなかった。

「いいよ。話せることは全部話すよ」

「ハハッ、私、先輩の取調べしてるみたい」

と島田がまたニヤリと笑う。

「先週の水曜日の午後だったかな、先輩、電話で大きな怒鳴り声あげてたの覚えてます？」

「そうだっけ?」

言われてみてもすぐに出てこないが、記憶をたぐり寄せる。

「ああ、思い出した。川上さんの遺産分割の案件か」


先月、川上剛さん(四五歳)に対し、内容証明郵便が届いた。その内容は、川上さんが小学生の頃、家を出て行きその後音信不通であった川上さんの実父が亡くなり、川上さんに相続が生じたとの内容だった。川上さんのお母さんはその後亡くなっていたのだが、差出人は、実父の後妻を名乗る女性の代理人弁護士で、一方的に「相続放棄をしてほしい」と記載されていた。

川上さんの相談を聞き、俺は受任をした。そしてすぐに、その代理人に「遺産の内容を示して欲しい」と通知をした。すると、相手方の代理人弁護士から、電話で連絡があった。声と話し方からするとかなり高齢であると思われる。

その代理人弁護士は、俺に対し「介護もしていない相続人が相続を主張するのは適切ではないとクライアントは主張している。相続放棄をしてほしい」と述べた。

俺は、「相続放棄は、債務超過の場合など遺産の内容によっては検討するが、まずは遺産の内容を教えて欲しい」と言ったが、相手の弁護士は「あなたに教える義務はない」と言ってきたのだ!

ここで、スイッチが入ってしまった。

いや、どう考えても遺産の内容すら知らせずに、相続放棄しろなどという言い草はないだろう。相続をするか放棄するかを決めるのは相続人の正当な権利なのだから。しかも、それをプロである弁護士の俺が主張している。あまりにも傲慢だし理不尽過ぎる。それでその相手方の高齢の弁護士に怒鳴ってしまった。

「あなた、何年弁護士やっているんですか！　相続財産の内容の通知がない限り、徹底的に争いますよ！　徹底的に」

と言ったことは覚えている。しかし、ほかに何を言ったかは正直詳しく覚えていない。

「というわけだ」

そういうと俺はアツアツのクッパをすすった。話を聞いていた島田はゆっくりうなずいて、

「ああ、それは酷すぎますね」と言った。

「そういえば、先日の橋本さんの調停でも、調停委員に怒鳴ってしまったなあ」

俺は、当日の調停の経過を説明した。島田も、さも同情した表情で、

「なるほど。その話も酷すぎますね。その調停委員は、完全に物わかりの良さそうな方を丸め込もうとしているだけですね」と言った。

「それで、俺、スイッチ入って怒鳴っちゃったみたい。その場で、何を言ったかよく覚えていないんだけどな」

「なるほど……。やっぱり先輩のトリガーは、『明らかに理不尽なこと』ですね」

「トリガー？」

またよくわからないカタカナが出てきて俺はレンゲを持った手を止めた。

「先輩、たまに電話口で、急にテンション変わって、極端に怒り出すときありますよね。自分で気づいています？」

「うーん……」

「気持ちはわかるけど、あんまりよくないですよ。瞬間沸騰湯沸かし器は」

そういって島田は残ったビールを一気に飲み干した。

「さっきのトリガーって何…？」

「この仕事、我慢も大事です。理不尽なことを言われても感情をさらけ出さずに、冷静に相手を討つ」

湯気の立つクッパを口に持ってきながら、島田は偉そうなことを言う。

トリガーってなんだろう。普通に直訳すれば、「引き金」なのだが。

専門家によるカウンセリング

翌日、冷蔵庫に向かい、紙パックのアイスコーヒーをグラスに入れようとした俺を、事務所にいた島田が見つけ、声をかける。

「被害者の女性との交渉、今後どうしますか。岡貫さんに示談がまとまらなかったことも伝えなくてはならないし。それに、岡貫さん、またやってしまうかもしれませんよ。不起訴や罰金の結論が出る前に、またやってしまったら取り返しつかないですよ」

「そんなこと言ったって、俺に何ができるんだよ。示談は失敗しちゃったし」

俺は紙パックを冷蔵庫にしまうと自分の席に戻ろうとしたが、島田はしつこく付いてくる。

「昨日、焼肉屋で私が先輩に言ったこと覚えていますか？」

俺は振りかえって島田を見た。

女性に化粧の話をするのは、よくないっていう話だっけ。

島田は両肩を上げてため息をついた。

「私が、『そのあたりですね。先輩が勘違いしているところは』って言ったの覚えていますか」

「ああ、覚えてる」

そういいながら俺はグラスを右手に、デスクの椅子に腰を下ろした。島田は相変わらず話しかけてくる。

「交渉をまとめる必要はないと思うんですよね。彼女に心から納得してもらうことが前提なので。示談がまとまるかどうかは二の次だと思うんですよ」

示談締結は二の次か。言われてみればそうかもしれない。俺はどうにかして示談をまとめようとばかり考えていた。

「彼女は、『犯人がまたやるんじゃないでしょうか？』って私たちに言っていたじゃないですか。その不安を払しょくすることが、今一番大事なことなんじゃないんですか？」

確かに。岡貫さんが再犯をしない何らかの根拠ができれば、彼女は安心するかもしれない。

しかし、彼女の不安を払拭する何か良い手段があるだろうか。

「専門医のカウンセリングは考えましたか」

「カウンセリング？」

俺はグラスのコーヒーを口に運ぶ手を止めて島田を見た。

専門医のカウンセリングってなんだろう……。

「専門医のカウンセリングを事件で扱ったことあるの？」

「ありますよ」

「お医者さんの知り合いがいるっていうわけ？」

「前回、私が担当した被疑者の方も、何回か痴漢で捕まっている方だったんですよ。大学の同業の先輩に相談したら、新垣クリニックの石原先生というドクターを教えてくれて。依存症の治療を中心にされている先生です」

島田がそんな事件受けていたなんて全然聞いてなかったし、俺には相談なんて、何もなかったぞ……。

「こんなに痴漢の回数を重ねている岡貫さんが、痴漢の依存症である可能性は十分ありえるじゃないですか？」

島田は右手の人差し指をまっすぐ天井に向けた。

「確かにそのとおりだな」

「紹介しましょうか？」

「うん。一度その医者の話を聞いてみてもいいな」

俺は椅子に座ってコーヒーを飲みながら答えた。

「上から目線ですね」

「そう？」

「そういうところが山下先生のダメなところなんですよねえ。積極的なコミュニケーションと上から目線は別ものですよ」

島田は手で俺の額を叩くような仕草をした。そんなに上から目線だったかな……。しかも、後輩にダメ出しされてるぞ……。

「じゃあ、いつが空いてますか？　まず山下先生と私の二人で石原先生にお会いしてみましょう。私、先生に都合聞いてみます」

なんだか急に話が進んでいるが、まあ島田と二人で行くなら大丈夫だろう。俺は手帳を鞄から取り出し、候補日を島田に伝える。

「了解です。先生と連絡を取ってみますね」

翌日の九月一六日。事務所に出所すると、机の上にピンクの付箋のメモが置いてあった。島田の字だ。走り書きだが整った字だ。

「明日の九月一七日。一三時に石原先生のアポが取れました。一二時半新宿駅西口京王デパート前待ち合わせ」

島田は、メールじゃなくて、机の上にメモを残して置くことが多い。島田自身は、朝一で事務所に出所した後は、一日出張のようだ。

俺は、「一二時半新宿西口」と手帳に書き込む。

石原医師との面会

翌日、待ち合わせ場所の新宿西口に行くために、ＪＲ立川駅から中央線に乗る。車内では、アイドルの「ＫＲＮ31」が、「痴漢は犯罪」と言っている動画が流れている。どうしても今の俺には、岡貫さんが責められているように聞こえてしまう。

電車を降りて、島田と約束した一二時半ちょうどに新宿西口京王デパートの前に行くが、島田はいない。

「島田のやつ、先輩を待たせるとは何事か……」なんて呟きながら、スマートフォンを見ると、島田からのメールが入っていた。

『在宅事件として受任していた事件のクライアントが、午前中に逮捕されました。すぐ動かないといけないので、石原先生との打合せはお一人でお願いします。石原先生には連絡してあります』

「マジか……」

打ち合わせには、島田が隣にいてくれると思っていたので油断していて、性依存症のカウンセリングのリサーチは全くしていなかった。性依存症のカウンセリングに対する知識が、現時点において、全くない。

「何を話せばいいのだろう……」

俺は、途方に暮れた。デパートの前には多くの人が忙しそうに行き交っていた。けれども、途方に暮れたのは一瞬だけで、俺はすぐに頭を切り替えた。

「まあ、こうなったらやるしかないな。Go for broke! だ」

Go for broke! とは、日本語にすると「当たって砕けろ」という意味である。俺は、ピンチに陥っても、物事を前向きに考え、頭を切り替えられる。これは、俺の数少ない弁護士としての長所だと思うし、弁護士としての重要なスキルだと、個人的に考えている。島田に、「山下先生は楽観的すぎるんですよね」とは、よく言われるが。

新宿駅西口ロータリーから、都庁に向かう通りを歩く。その通り沿いのビルの一つに入って行った。ビルの三階に「新垣クリニック」の看板があった。新垣クリニックに入ると、看護師と思われる女性に、小さな部屋に通された。「診察室」とドアに書かれていた。診察室に通されてから数分後、部屋のドアが開いた。

「こんにちは」

野太い声とともに、筋肉質の背の高い精悍な顔つきの男性が、部屋にあらわれた。

身長一八〇センチ、四〇歳くらいであろうか。格闘家やプロレスラーと名乗られても不思議はないくらいの体格で、一見医師には見えない。白衣の上からでも尋常ではない胸板の厚さが伺える。石原医師の雰囲気に圧倒されずにはいられなかったが、俺は、椅子から立ちあがりつつ、あの言葉を、呪文のように頭の中で唱え続ける。

〝Go for broke…〟Go for broke…〟

痴漢は「生きがい」

「石原先生、お時間を取っていただきありがとうございました。弁護士の山下と申します。今日はよろしくお願いします」

「初めまして、石原です。まあおかけになって下さい」

石原医師に勧められるまま、椅子に座る。

石原医師を目の前にして、最初の質問は何がよいのかわからない。医師はゆったりとした表情でこちらを見ている。

どこから聞いていけばよいのだろう。

「なんで、何回も同じ痴漢行為を繰り返してしまう人がいるのでしょうか？」

開き直って、率直に一番聞きたいことを、質問してしまった。これは、今回の事件からずっと疑問だったことだ。岡貫さんは、今回が初めての痴漢ではない。逮捕されたのは今回が初めてだが、前に二回被害者に捕まり、駅員室につき出され警察署に連れていかれたが、逮捕されず自宅に帰された上で罰金刑を言いわたされたことがある。捕まっていないものも含めると、多分、相当の数の痴漢をしていると思う。以前逮捕された時にも、つらい思いをしたはずだ。なのに、どうして何回も繰り返してしまうのだろう。

質問が直球すぎたかな、もしくは幼稚だったかな、と思い、石原先生の顔を見たが、特に表情に変化はなく、笑みを絶やさない。

「山下先生が担当されている方に実際お会いしてお話を聞いていないので、断言はできませんが、その方が、性嗜好障害の可能性は十分にありますね」

「性嗜好障害とは何ですか？」

「性嗜好障害とは、性逸脱行動、すなわち痴漢や下着窃盗、盗撮などの行為に対する衝動を、自らコントロールできなくなる病です。性依存症という言葉の方が馴染みがあるかもしれませんが、性依存症であっても、依存症であるというだけでそれだけでは犯罪ではありません。アルコール依存症と一緒ですね。性依存症の中でも、痴漢やのぞき、盗撮など犯罪行為に及ぶものを主に性嗜好障害と言います」

——なるほど。病だからクリニックで治さないといけないのか——

「性嗜好障害の患者さんの中には、痴漢行為などの性的逸脱行動が『生きがい』になってしまう人が多く見られますね」

「生きがいですか⁉」

俺は、思わず声をあげてしまった。

痴漢行為が「生きがい」ってどういうことだろう？

だいたい、俺は、自分自身で生きがいというものを理解しているかもわからない。プロレス観戦は好きだが、生きがいではない。趣味でしかない。弁護士業務もはたして自分にとって、生きがいと言えるかどうかもわからない。生きがいと言うからには、その人の生きる意味であり、指標であり、支えになるものであろうか。それが、岡貫さんにとっては痴漢だったということか。もし、彼にとって、痴漢行為が「生きがい」だったら、「生きがい」を止めることなどできやしないのではないか。

石原医師は続けた。

「現代社会において、ストレスと無縁の人はいないじゃないですか。会社で仕事がうまくいかなかったり、同僚との人間関係に悩まされたり、家庭においても、妻や子どもとうまくいかなかったり、ストレスに晒され続けていますよね」

その通りだ。例えば、この弁護士という職業も、ストレスに晒され続ける職業である。自分は、弁護士という職業は「ネゴシーエーター」、すなわち交渉請負人だが、勝負師的な要素も十分ある。裁判の判決は、勝訴、敗訴と言われるように勝ち負けなのだ。民事事件や家事事件において、和解の解決が認められないのであれば、裁判官に判断を委ねるしかない。判決前夜は眠れないことも多い。

刑事事件も同じである。無罪を争っている否認事件の場合は、有罪判決、無罪判決とはっきり結果が出る。クライアントからすれば天国と地獄であり、代理人、弁護人もまた同じである。

裁判で負けた日は、酒があまり飲めない俺は、ストレスから逃げるために、いつにも増して大量のアイスコーヒーを飲むことになる。

また、弁護士業務の根っこにあるのは人間関係であり、クライアントをはじめとする周囲の人間や相手方、どのような人とも、しっかりコミュニケーションを取っていくことが何より肝要だ。もっと言えば、誰とでもコミュニケーションを取れるスキルが必要なのだが、この誰とでもコミュニケーションを取るということは、相当のストレスがかかる。先日は、担当していた被告人に、拘置所で「お前のせいで実刑になった。出所したら刺し殺してやるからな！」と言われた。それでも、これはまだましな方。

クライアントにどんなことを言われても、自分の行った弁護活動に関し、自信があれば、そこまで大きなストレスにはならない。

一番大きなストレスになるのは、あまり相性が良くないクライアントの代理人を務める民事事件や家事事件で、主張の指し手を間違えたときだ。こちらの主張を相手方に待ち構えられていて、相手方にこちらの主張が全て覆される証拠をカウンターで提出されたときなどは、事件も、代理人である自分の精神的にも、尋常ではないダメージを被る。その後、この経緯をクライアントに報告するときが一番つらい。クライアントが自分に不利なことを隠していたり、あいまいにしか話してくれなかった場合はクライアント側にも原因はあるのだが、しっかりとコミュニケーションを取ることを怠り、全ての聞き取りを行っていなかったのなら俺が悪い。こういう日も、俺は、一日中ずっとアイスコーヒーを飲み続けることになる。

そして、石原医師の次の話にはさらに驚かされた。

「でも、そのような場合、多くの方は、美味しいものを食べたり、映画を見たり、旅行したり、スポーツをしたり、趣味に没頭したり、それぞれのストレス対処法を持っているじゃないですか。このストレス対処法を『コーピング』というのですが、このコーピングが、痴漢行為となっている人もいるのです」

――！！！――

俺の頭に一瞬電気が走ったような気がした。コーピングという言葉！　以前、島田が使っていた言葉だ！

「コーピングについて、少し詳しく教えていただけますか」

俺は思わず身を乗り出した。石原医師はほほえみながらうなずいた。

「コーピングとは、自分のストレスに対して行う意図的な対処のことをいいます。広くストレスへの対処方法として『趣味に打ち込む』『お酒を飲む』などの気分転換の意味にも使いますが、危険の回避や行動の置きかえを指してコーピングという場合もあります。例えば性的逸脱行動を避けるために電車の中では音楽を聴くとか、座ってゲームをするとかも『危険な状態に陥らない』ための、すなわち危険の回避のためのコーピングです」

「なるほど。どちらもストレス対処方法ですもんね」

俺は医師の言葉に強くうなずきながらメモを取った。

「そして、性嗜好障害の方々は、総じてストレス対処法の選択肢が少ない方が多く、痴漢行為をすることが数少ない自分の『生きがい』になってしまうのです。もちろん、念のため申し上げますが、痴漢をするすべての人が依存症というわけではありません。しかし、私の見る限り、性犯罪を繰り返す方には、そのような方が一定数いるということです」

言葉が出なかった。

しかし、思い当たることがあった。俺は、以前一度だけ強制わいせつ罪で逮捕された被疑者の弁護人を務めたことがある。その事件は、認めの事件だったが、確か、彼は俺にこう話していた。

「会社で上司に怒られ、ストレスが溜まって、むしゃくしゃして……」

岡貫さんも、当時、過度のストレスがかかっていたのだろうか。会社でストレスのかかることがあったのかも。家族関係でストレスのかかることがあったのかも。

俺はボールペンを握っていた手を止めた。

ちょっと待てよ。そうすると、俺のアイスコーヒーってもしかすると、コーピングだったのだろうか。そのことを島田は焼肉屋で言っていたということか。ストレスがかかっているときの自分は、缶コーヒーを四、五本休みなく飲み続けることがある。島田に「完全にカフェイン依存症ですよ」と言われたこともあったっけな。

俺の場合は、コーピングがアイスコーヒーで、岡貫さんの場合は、コーピングが痴漢行為だっただけなんだろうか。そうすると、俺も岡貫さんも根本は変わらないんじゃないか……。

性嗜好障害治療の実際

もう一つ聞きたかったことを、これも直球で質問してみた。

「率直にお聞きしたいのですが、治療をすれば、その……性嗜好障害は治るのですか」

石原医師は頑丈そうな両手を組みながら、静かに、低い声で言った。

「残念ながら、性嗜好障害に完治はありません」

完治は無理なのか……。

「しかし、痴漢行為の再発防止をすることは可能です。ただ、本人の治療に臨む姿勢は重要です」

た。

「姿勢ですか？」

俺は思わず背筋を伸ばした。石原医師はにこやかにほほえむと、話を続けた。

「治療プログラムで一番大事なのは主体性と継続性です。治療を続けていく中でも、例えば離職したり、離婚の話が持ち上がったりと、様々なことが起きます。そのようなことが起きてクリニックに通わなくなっても、『痴漢をしない』という自分を保てるようになるまでドロップアウトをせずに、治療を続ける必要があります」

その時、俺は、初回接見の警察の留置場で、岡貫さんが俺に対し、最後に話した言葉を思い出していた。

「もうこれ以上大事なものを失いたくありません」

あの言葉に嘘はないと思う。岡貫さんは、治療意欲があると思う。きっと、岡貫さんなら継続して治療に臨むのではないか。

「岡貫さんは、本当に痴漢を止めたいと思っているので、治療に対する動機付けは高いと思います」

「モチベーションが高いことは、とても良いことですが、治療開始時の動機付けとその後の治療効果にはほとんど相関関係はないと考えています。大事なのはいかに長期間、治療に繋がっているかなのです。当初は治療に対する動機付けが低くても、治療関係や仲間との分かちあいの中で、治療意欲が高まっていくことも、よくありますからね」

「なるほど……。どれくらいの治療期間が必要なのですか」

石原医師は三本の指を伸ばした。

「そうですね。最低三年。石の上にも三年です。現在までですが、当クリニックに三年以上継続して通院している方で再犯をした方はごくわずかしかいません」

三年……。俺は血色のいい石原医師の太い指を見つめた。三年継続して、岡貫さんは治療に通うことができるだろうか……。石原医師は続ける。

「先ほど、性嗜好障害の治療に『完治はない』という話をしましたが、まずは行動変容にとりくむことで、『痴漢をしない』状態を一日でも長く継続することが大事なのです。治療に継続して通う中で、本人の内面にも変容が見られてきます。しかし、そのためには最低三年間はかかります。一生継続して取り組まないといけない人もいます」

石原医師は「一生」という言葉に特に重みをこめた。

三年という短くない期間の間、どのような治療がなされるのだろうか。その点も、率直に尋ねてみる。

「性嗜好障害には再発がつきものです。しかし、再発は、当然新たな被害者を産むので、絶対に繰り返してはなりません。したがって、『再発防止』を一番の目的とすることを、患者さんと我々の共通の認識にすることからはじめます。

初診時には、患者さんからインテーク、つまり聞き取りを行います。そして、このインテークとリスクアセスメントを元に、治療期間やその回数、どのプログラムを組み合わせるかを検討していきます」

石原医師は落ち着いた声でよどみなく答えた。

「プログラムの内容は、具体的にはどのようなものなのですか?」

「当院では認知行動療法の一つであるリプラスプリベンションモデルを治療に取り入れています。R

ＰＭとも呼ばれている治療法です」

「ＲＰＭとは、どんな治療法なんですか？」

「ＲＰＭとは、性的逸脱行動に至るきっかけを本人に検討させ、その行動を回避するための対処方法を学習するというものですね」

俺はメモを取る手を止めた。

「……根本的な質問ですみません。そもそも、認知行動療法とは何ですか？」

「認知行動療法とは、認知に働きかけて気持ちを楽にする心理療法の一種です。認知とは、ものの受け取り方や考え方という意味です。ストレスを感じると人は主観的や悲観的になりやすくなり、問題を解決できない心理状況に陥るのですが、そうした考え方のバランスを取って、ストレスに上手に対応できる心理状態を作っていく療法です」

「わかったようで、なんとなくわからないですね……」

石原医師は眼を細めてやさしく微笑した。

「例えば、いつも我々は主観的に判断をし続けているのですが、これは普段の生活においては適応しているわけじゃないですか。しかし、強烈なストレスを受けているときとか、精神状態が弱っている時など特別な状態の時には、適応的な判断ができなくなり、さらに『認知の歪み』が生じます」

「『認知の歪み』ですか？」

石原医師は大きく頷いた。

「性依存症の患者さんも、普段はちゃんと生活されているんですよ。主観的な判断をしながらも、社会に適応しているのです。しかし、性依存症の患者さんが、例えば満員電車に乗って女性が近くにいる状況になると、脳内報酬系にある条件反射の回路が動き始めます。そして『この女性は短いスカートを履いているから男性を誘っているんだ』といったような、主観的に非適応的な判断をしてしまうんですよね。このような歪んだ判断をしないようにし、直面している『満員電車で近くに女性がいるという』彼にとっての問題に、現実的に対処していけるようにしていきます。これが認知行動療法です」

「……なんとなくわかりました」

「患者さんの多くは、性的逸脱行動のスイッチが入った時、他のことが頭から全部飛んでしまったと言われる方が多いです。みなさん、その行為自体は犯罪だとわかっているんですよ。ですけど、失ってはいけない守るべき家族とか職場とかいろんなことが全て頭の中から飛んでしまい、自分の行為を頭の中でなんらか正当化してしまい、行為に及ぶのです」

「なるほど……」

すると石原医師はテーブルのわきの書類入れからパンフレットを取り出した。

「当院のプログラムでは、性依存症とは何か、なぜ自分は何回も性的逸脱行動を繰り返してしまうのかをしっかり理解するための講義形式の勉強会を行います。これを「心理教育」といいます。また、同じ依存症を抱える仲間と共に、ある性犯罪事件の事例をもとに自分自身の問題と照らし合わせながら考える『事例検討』や、プログラムの受講者自身やスタッフが司会を務めて、各種テーマについて話し合う『ミーティング』を行います。さらに『危険な状態にならないための』コーピングを学ぶための時間も取ります。移動には電車ではなく自転車を多用するとか、人混みを避けるとか。本当に危ないときは恥ずかしいけれど電車の中で大声を出す、スマホアプリの「警告音」を鳴らす、とかね。大きな音がすれば、みな自分の方に注目しますから、問題行動の衝動制御につながります。そのほかにも、長時間のウォーキングや、フットサルやボクシング、空手などのスポーツのプログラムも組み込ませます」

パンフレットには、体育館のようなところで数人がフットサルをしている写真が載っていた。

「スポーツが、性的逸脱行動を抑制するんですか？」

「問題行動に至ってしまう原因のひとつとして、ストレスがあります。スポーツは、ストレス発散に非常に効果的です」

俺は、プログラムの多くが、グループで行われることに気がついた。

「プログラムは一人で行うものではなく、グループで行うものが多いですね」

石原医師はニコリとして言った。

「そうですね。依存症の治療プログラムには、同じ問題を持った『仲間』がいることが重要です。自分一人では、なかなか自分の問題が見えてきません。仲間と出会い、協力し合い、体験を分かちあい仲間の話から気づきを得て、少しずつでも前に進んでいくことが大事なのです。まずはグループの仲間と行うことで、人と協力していくことの気づきがあります。また、デイナイトケア・プログラムでは、規則正しい生活をすることを重視しており、運動する習慣を身に着けてもらいます。運動で、体が疲れれば、しっかりと睡眠を取ることができます。さらに、コーピングの選択肢も増えますね」

——あ、なるほど。ここでさっきの話に繋がるわけか——

「コーピングの選択肢が増える、すなわち、人生の楽しみが痴漢行為の他にたくさん持てれば、ストレス解消を痴漢行為だけに頼ることはないですからね。釣りでも、音楽でも、格闘技でもなんでも良いのです」

岡貫さんのための話を聞きに来たのに、なんか自分に置き換えて考えてみてしまった。自分も一歩間違えれば、このまま溜まっていくストレスが発散できず、岡貫さんのように、痴漢行為をコーピングにしてしまうこともあるのであろうか？

「そんな単純なものでもないので安心してください。性嗜好障害になるには、過去のトラウマや虐待などの逆境体験、生育環境も少なからず影響するので、誰でもすぐに性嗜好障害になるというわけでもないですよ。ただ逆に言うと、性犯罪とは学習された行動ですから誰でも性嗜好障害になる可能性は秘めています」

真剣に考え込んでいる俺を見て、石原医師は少し笑う。

「コーヒーでも飲まれますか。今日は、少し暑いのでアイスコーヒーでも」

「ありがとうございます」

石原医師が小部屋の机に置かれた受話器で話をするとまもなく、白衣の女性が、氷入りのアイスコーヒーのグラスを運んできた。グラスが机に置かれた瞬間、無意識に、事務所にいるときと同じように一気に飲み干してしまう。石原医師が、その様子を、目を丸くしながら見ていた。

「ひょっとして、かなり飲まれますか？」

俺は、無言でうなずいた。

「アルコールは？」

「酒は、あんまり飲めないんです。もっぱらアイスコーヒーばかり……」

「なるほど。アルコールでなくて良かったかもしれませんね。ストレスがかかるとコーヒーを飲まれるということですか？」

「そうですね。一日で1・5リットルのペットボトル入りのアイスコーヒーを全部飲んでしまうこともあります。この間は書類作成のために一晩で缶コーヒーを十本以上飲みました。自分には、コーピングの手段が、コーヒーしかなくて」

覚え立てのコーピングと言う言葉を使ってみる。

「空手でもしてみますか。実は私、有段者です」

そういって石原医師は一瞬で両手を構えた。それだけでも明らかに強そうな雰囲気が感じられた。

「先生は、いい体格してますもんね」

いまからコーピングの選択肢増やすことなんてできるのかな……。

「遅くないですよ。今からでも」

石原医師は、俺の心を、見透かすように笑った。

受容と共感

「よかったら、グループミーティング見学していきませんか？　今からちょうど、性依存症患者さんのグループミーティングが開かれますよ」

「ぜひ見たいです！　お願いします」

乗りかかった船だ。見させてもらえるものは、なんでも見ておこう。

廊下に出て少し進み、右に曲がると、石原医師が病院内の一室へと案内してくれる。

部屋に机はない。あるのは、円状に並べられたスチールの椅子が十脚ほど。大きな窓からは敷地に植えられた樹木が見える。

患者さんたちが、次々と部屋に入ってきて、おのおの自由に椅子に座る。男性が八人だ。私と石原医師は、円状に並べられた椅子の少し外側に椅子を取り座る。石原医師がまず話し始める。部屋の中に先生の太い声が響く。

「では、今日のミーティングを始めます。みなさんの体験をお互いに共有し、自分の回復に繋げていきましょう。今日は見学者の方が一人おられるのでお願いしますね。では、今日の司会は、マルオさん」

男性のうちのひょろりとした一人が話し始めた。

「今日の司会を務めるマルオです。では一人ひとりの方に自己紹介していただき、その中で、自分の体験談についてお話し下さい」

「実名でも匿名でもいいんですよ」と石原医師が小声で言う。

「はい、ヤマトです。先日、電車内で痴漢をして、強制わいせつ罪で捕まり、今は保釈中です」

短髪の小柄の男性が話し出した。

「満員のT線内で、頭の中では女性の方に行かないように行かないようにと考えていたのですが、偶然、S駅から乗ってきた女性が私の方に寄ってきて密着してしまいました……。そこで思わず手が出てしまいました。運が悪かったです……」

このような場で、自分のやったことを正直に告白することができるということは凄いことだけど、「運が悪かった」って、あまり反省していないのじゃないのかな……。被害者への謝罪の言葉もない。でも、話を聞いている周りの人は、何も言わない。

「では、次の方」

今度はヤマトという今喋っていた男性の左隣に座っていた若めの茶髪の男性が話し出した。

「はい、パンダです。私は、先日、E線内の痴漢で被害届が出されました。Tシャツで電車に乗っていた女性の胸を触ってしまいました。薄着の女性がいると我慢できなくなるんですよね。Tシャツで電車なんて乗らなければけければよいのに……」

パンダさんの話を聞いていても違和感を覚えた。なんか被害者に原因があるような言い草だ。でも、誰もパンダさんを批判しない。

「言いっぱなし、聞きっぱなしです」横に座っている石原医師が、小声で俺に言う。

「まずは、仲間にカミングアウト、打ち明けることができるかどうかが大事なんですよ。性依存症は人に相談することが難しいからです。彼らは、孤立しがちなのです。まずは自分のしたことを打ち明けて、仲間に聞いて貰うこと、一朝一夕に、性依存症からは回復出来ません。その先に受容と共感があり、正直な話が出来るのです」

――受容と共感――

確か、焼肉屋でトラウマの話をした時に、島田が俺に言った言葉だ。カミングアウトするなら聞くと言っていったのは、このことだったのか。

参加者全員、一通り話をしてミーティングはここでいったん休憩になった。

石原医師が、私に向かって小声で言う。

「今から、お互いの話を聞いて、感じた気づきを話し合ってもらいます。ただ意見の押し付け合いはしません。誰が正しくて、誰が間違っているなんてことも議論しません。ヤマトさんの認知の歪みについて、今日はテーマにしてみようかな」

二時間のグループミーティングの見学を終え、新垣クリニックから外に出ると、もう日も暮れ始めていた。依存症の治療に初めて接し、驚くことも多かったが、見学を終えたころにはすっかり感心しきっている自分がいた。

岡貫さんに勧めてみよう。これは、今回の刑事手続において意味があるというだけでなく、彼の今後のためにも必要だと思う。その場で、久美さんの携帯電話に連絡をする。

「もしもし」

久美さんの声だ。

「弁護士の山下です。こんにちは」

「先生、お世話になっております」

「早速なのですが、宏さんに依存症治療プログラムを受けてもらうよう久美さんからお話ししてもらえないでしょうか」

「依存症治療プログラム？」

「はい」

俺は、久美さんに、先ほど石原医師から聞いた治療プログラムの話を伝えた。

「それは受けないといけないものなのでしょうか」

久美さんのけげんそうな声が聞こえた。

「これまでの流れからすると、宏さんが痴漢を止めるには、宏さんの努力だけでは難しいと思います。彼が止めようと思っても、自分の中で制御出来ずに、また再行動化してしまう可能性は十分にあると思います。彼は性依存症かもしれません」

「……」

「刑事手続においても、再犯防止のための具体的な行動を示すことが必要だと思います。検察官も、岡貫さんの痴漢の再発防止の準備が整えられるなら、不起訴処分を検討する可能性も十分あります」

やや沈黙があったあと、久美さんの声がした。

「……わかりました。先生にお任せします」

「できれば、プログラムには久美さんもご同行下さい」

「私もですか？」

「はい。彼を支えるためには、やはり奥様も知っておいた方がよいこともあります」

また沈黙のあと、久美さんが小さな声で答えた。

「……わかりました」

日程に関しては、後日決めることにして、久美さんとの電話を切った。

このとき、ふと気づいたことがあった。俺は、岡貫さんが釈放されてから、岡貫さんと今後のことについて、時間を取ってしっかりと話をしたことがなかったんじゃないか？何か仕事として形式的に物事を進めていたのではないのか？クリニックで石原医師の話を聞いてから、その思いが強くなった。岡貫さんの今の思いを聞いてみたい。クリニックを勧めることにしても、久美さん任せではなく、自分からもしっかりと話をした方がよいのではないか。

一度、岡貫さんとちゃんと話をしてみよう。そして、自分からもクリニックに通うことを説得してみよう。

翌日、俺は岡貫さんに連絡をして、事務所に来てもらった。電話には久美さんが出たが、岡貫さんに替わってもらい、あえて岡貫さん一人で来るように伝えた。

事務所の相談室に通された岡貫さんは、俺が部屋に入ると頭を下げた。下を向いたまま、俺とは目を合わそうとしない。

「今日は、少しお聞きしたいことがあって、来ていただきました」

岡貫さんは、伏し目勝ちに頷く。

「釈放されてから、あまりお話しをする機会がなかったものですから」

「………」

「被害者の女性を触った時の記憶ってあるんですよね？」

岡貫さんは、コクンと頷く
「……はい、あります」

「ご自分の意思で触られているのは間違いないんですよね」

岡貫さんは無言で頷く。

「そういう時は、他のこと考えられなくなるんですか？」

石原先生から聞いた言葉をそのまま岡貫さんにぶつけてみる。

「…………！」

岡貫さんは、ビックリしたように俺の顔を見る。

「……そうなんです。全て頭の中が真っ白になるんです」

岡貫さんは小さな声で続けた。

「いつもいつも頭の中で繰り返しているんです。痴漢行為をしたら、被害者の方の人生に大きな傷を与えてしまう、自分には守るべき家族や職場があるのに、全て失ってしまう、そういつも自分に言い聞かせているんです。なのに、なのに……。それがすっぽり抜けてしまって」

岡貫さんは続けて、絞り出すように声を出す。

「……言い訳にしか聞こえないですよね。毎回毎回自分のやったことを、激しく後悔し、反省します。そうは見えないかもしれませんが……」

「ご自身で、今後痴漢行為をしないようにするには、どうしたらよいと思ってますか？」

「わからないんです。自分でもどうしたらいいか。正直に言って、今後もやらないと誓えない自分がいるんです。痴漢行為を二度としないという自信がないんです。……だって、いつも痴漢行為はやらないと自分自身に言い聞かせていたのに、今回もまた行動化してしまったんですから」

「そうでしょうね。どんなに反省しても、岡貫さんはまたやる可能性は十分あると思います」

「……!!」

岡貫さんは、俺の答えが意外だったのか、顔を上げて俺の目を直視する。

「痴漢行為は、岡貫さんの『生きがい』なのではないか、と思います」

「……先生、それはあまりにもひどい……」

「そして、岡貫さんはそういう病気の可能性があると思います」

「……」

「もし病気であるのであれば治さなければ、どんなに後悔や反省を積み重ねてもまたやると思います。きっと」

「……」

「クリニックに行って、医師に診てもらいませんか」

「クリニックの話は、昨夜妻から少し聞きましたが、あまりよくわかってなくて……」

「私も、昨日までは何も知りませんでした。でも、クリニックで医師と話をして、少し理解できたところもあったのです。岡貫さんが、もし仮に病気であるのであれば、病気から回復することって、今回の被害者の方への償いの意味だけじゃなく、未来の被害者を出さないためにも、大事なことだと思います」

「……」

「そして、あなたが守らないといけないご家族を失わないためにも」

「……わかりました。痴漢行為をやめられるのであれば、なんでもします。クリニックを紹介して下さい」

伏し目がちだった岡貫さんが、しっかり俺の顔をみて、そう言った。

このとき、これまで俺の頭の中を占めていた、先日の示談の失敗の苦い思いは、頭の中から消えかかっていた。大事なのは示談そのものではない。岡貫さんが二度と痴漢行為をしないためにクリニックに通って、もし病気であるのならば病気を治し、新たな被害者を出さないことだ。そして、杜多さんにそのことをありのまま話す。杜多さんとの示談はその延長線にあるだけ。杜多さんに岡貫さんの後悔と反省が伝わればよいけど、伝わらないかもしれない。でも、そうなったらそれも仕方ないことのような気がする。岡貫さんは、自分に向き合い、行動変容のためにやるべきことをやるしかないのだ。その岡貫さんの思いと努力を、一〇〇%に近い形で杜多さんに伝える。

そしてそれは、……俺の仕事だ。

加害者の妻・岡貫久美――夫の釈放、そしてプログラムへ

夫を信じてよいのかわからない。私は寝室のベッドの上で眠れなくなっていた。

夫は、山下弁護士とクリニックの受診について話をしてからは、少しだけ落ち着きを取り戻したように見えた。

思い起こせば、夫が警察署から自宅に戻ってきたときは、夫は憔悴しきっていた。

夫が自宅に帰ってきたとき、何も知らない娘は心配して駆け寄っていった。

「パパ、おかえり！　長い出張だったね」「ええー、お土産買ってきてくれてないのー」

娘には何も伝えていなかった。

夫は、私に、「こんなことになってごめん」「もう二度としないから」と小さな声で話した。何と答えたらいいのかわからなくて、ただ聞いていた。事件の内容については詳しくは聞けなかった。釈放されてから、夫は人が変わったように寡黙になり、仕事以外は外出もほとんどしなかった。

夫は、過去にも痴漢をしていたというのに、そんなことは普段の生活からはわからなかった。痴漢された女性の気持ちを考えると胸が締め付けられる。

――どうして夫は、痴漢なんかしていたんだろう――

隣で寝ている夫を見ると、仰向けのまま静かに寝息を立てている。

夫婦関係に問題があったとは感じられなかったけど、私にはわからない夫の悩みやストレスがあった

のかもしれない。私に相談できないような問題があったのだろうか。夫は二度と痴漢をしないと言ったけれど、信じてよいのかわからない……。

「離婚」ということばも脳裏を何度もよぎっていた。私の両親からは、夫と離婚することも考えた方がよいと言われていた。

ただ、夫といると、過去の楽しかった生活が思い出され、離婚して娘と三人の暮らしをやめてしまうのはつらかった。愛していて一緒に居たい夫はいるのに、同時に自分には理解できない夫がいる。また私の一存で娘から父親を奪ってしまっていいのだろうかと、思いを巡らせていると、やりきれない気持ちで涙があふれることが多くなった。

私は掛け布団を顔まで上げると、夫には背を向けて丸くなった。

カウンセリングで知った夫の過去

翌日の夕方、寝不足の頭でぼんやりしていたところに山下先生から連絡が来て、夫が医師のカウンセリングを受ける際に一緒に来て欲しいと言われた。夫が、痴漢をやめるためには、自分の努力だけではなく、専門家の支援を受けて、対応しなければ難しいそうだ。起訴するかどうか決める検察官に、夫が二度と痴漢をしないと信じてもらうためには、再犯防止のために具体的な行動をしてきたのかが大切になるとのことだった。

でも、自分に何かできることがあるのかわからなかったし、夫のことを受け止める自信もなかった。

ただ、このままでは、何が原因だったからわからないし将来のことも決められない。今後を考えるためにも、カウンセリングに一緒に行ってみることにした。

翌週の午前中、山下先生と夫とともに、新垣クリニックを訪問した。

クリニックは、都心のビルにあった。近隣には、青々として街路樹があって、日当たりのよい場所だった。クリニックに入って受付をすると、待合室で待つように伝えられた。

しばらくすると受付の人から、診察室に案内された。診察室には、木目調の机と椅子が置いてあり、私と夫は、隣りあわせで椅子に座った。

診察室に入ると、すぐに石原医師が入ってきて、カウンセリングが始まった。カウンセリングでは、まず石原医師から、これまでの夫の生活状況について聞き取りがあった。夫の家族のこと、学校での生活のこと、仕事の状況など、詳細に聞き取りがなされていった。

夫は、少しずつ、自分の過去を語りだしていった。夫の両親は仕事で忙しく、夫とあまり一緒にすごすことはできなかった。夫は、学校での成績は悪くなかったが同級生と馴染むのは難しく、どこか自分の居場所を見つけられない子ども時代だった。大学を卒業してからは、システムエンジニアとして就職したけれど、仕事が忙しいわりには充実感を得ることができなかった。私と出会う前には、何人かと交際していた。夫が、初めてセックスをしたのは、二三歳とのことだった。

夫が、初めて痴漢をしたのは、就職してから四年目のことで、ちょうど部署が変わって、連日、慣れない業務で疲弊していたときだった。満員電車内で、女性のお尻に触れたことが始まりだった。その後、何となく、その感触が忘れられず、偶然を装って、女性のそばに立つようになっていった。女性のお尻に軽く体を寄せるぐらいなら、特に止められることもなかった。次第に女性のお尻に触れることを止められなくなってきて、手を使って触れるようになっていった。四回目の痴漢をしたとき、見つかって罰金刑を受けた。

夫は前科があることを隠して私と結婚した。付き合っているときからおとなしくて温厚な夫に、疑いを挟む余地などなかった。結婚生活は安定していたと思う。でも、痴漢を止めることはできなかった。結婚中も一度痴漢をして罰金刑を受けていた。逮捕されなかったから、全然気がつかなかった。夫は、二度と痴漢はしないと自分に誓ったのに、時間が経つとまた痴漢をするようになっていた。

――こんなに昔からのことだったの――

前科があることは山下弁護士から聞いていた。しかし、夫のしたことは、女性からすれば、ぞっとする行為だった。一方で、家庭では温厚でやさしい夫が、どうして我慢ができなかったのか気がかりだった。

――私の妻としての振る舞いに問題があったのだろうか――

私なりに、夫の性格は理解していたつもりだし、夫婦で支え合って生活できていたと思っていた。ただ、夫は、心に深い闇を抱えていた。私と結婚して生活していくなかでも、心の葛藤をいやしてあげることはできなかった。むしろ、私との生活で、夫は追い詰められていってしまったのだろうか。

私は、夫の問題に何も気がついていなかったのに、このまま一緒に生活していていいのだろうか。

医師からの助言

私が、あれこれと考えていると、夫からの聞き取りが終わって、石原医師からの説明が始まった。石原医師からは、夫の状態は、単にわいせつな気持ちで痴漢を続けていたわけではなく、精神的な要因が背景にある可能性があると説明された。痴漢なんて自分の性的な興味を満たすだけのものだと思っていたが違うようだ。

たしかに、夫は、私に対しては、変な性的行為を求めることはなかったし、娘に対してもそのような素振りはなかった。夫との性的関係は良好だったと思う。夫が、単に性的な興味のために痴漢行為をしていたとすれば、仕事も家族も失う可能性があるのに、それでも続けていたのだから異常という他ない。石原医師からは、夫は、これから、痴漢をしないように各種プログラムを受けていくことになる予定だと説明があった。プログラムは、原則グループワークで進められて、同じように痴漢をしてきた人と一緒に進められるとのことだった。プログラムは、平日の夜か、土曜日に行われるので、仕事を辞めずに続けられるものだった。

石原医師からは、「彼の問題は、ご家族のせいではないから自分を責めないでください」「痴漢では、痴漢された女性だけではなく、その家族も被害を受けてしまいます」と説明があった。そう伝えられて、少しだけ気持ちが楽になった。

患者の家族同士の家族支援グループも行われており、多くの人が参加しているとのことだった。同じ立場で話し合うことで、どのように受け止めるべきか、どのように夫を理解すべきかを考えていくきっかけになっていくんですよと説明された。カウンセリングを受けて、単に性的な興味だけで痴漢をしていたわけではないと知った。

夫は、プログラムを受けて、変わっていくことができるだろうか？

私も、夫のことをどのように受け止めていくべきか考えるために、妻たちの集まる家族支援グループにも参加するべきだろうか？

いろいろ考えながら診察を終えた。

クリニックを出ると、日差しのなかで、街路樹が風に吹かれて揺れていた。これからどうなるかわからないけれど、石原医師の説明を聞いて心が和らいだ。私のできることをしていこう。

私は、夫と並んで無言のまま歩きながら、大通りを帰っていった。

弁護士・山下燎――石原医師との再会

俺は、岡貫さんの事件の担当の酒井検察官に電話をして、岡貫さんの終局処分の決断を二か月程度待ってもらう言質を取り付けた。俺は、今までの経過、岡貫さんがクリニックに通い始めたこと、再度被害者に示談の申し込みをする意向であることを、検察官に懇切丁寧に話した。検察官は粘る俺に折れたのか、「そういうご事情でしたら、少しお待ちします」と言ってくれた。

この間に集中的にクリニックに通って、治療プログラムを受けてもらう。岡貫さんは会社に通いながらとなるが、月、水、金の夜七時から九時まで。そして土曜日は朝九時から夕方六時まで、ほぼ一日、プログラムに通うことになった。

二か月後の金曜日の夜、新垣クリニックに向かった。岡貫さんの様子を直接石原先生に聞いてみたかったからだ。

新垣クリニックに到着すると、その巨体を白衣に包んだ石原先生はニコニコしながら応接室に俺を通した。そこには、岡貫さんが椅子に座っていた。心なしか笑顔に見える。二か月前に俺の事務所でクリニックに通うことを勧めたときとは大違いだ。

俺は、石原医師に聞いてみた。

「岡貫さんのプログラム受講は順調ですか？」

「とても順調です。岡貫さん、山下先生にあなたから見せてあげたらどうですか？」

すると岡貫さんは、うれしそうに私に何枚かの書類を渡す。

「これは……」

一枚は通院証明書だ。石原先生の印鑑が月水金、そして土曜日の空欄にびっしり押してある。もう一枚はプログラム完了証明書だ。プログラムひとつひとつに、そのプログラムを完遂したことを証明する石原医師の印鑑が押してある。

最後の書類はなんだろう。「コーピング」と……「トリガー」って書いてある。

あれっ？　トリガーって、確か島田が焼肉屋で言っていた言葉だ。俺が瞬間沸騰するときのトリガーが何だとか言っていたな。俺は石原先生に聞いてみた。

「石原先生。この『トリガー』というのは何ですか？」

石原医師は右手人差し指をまげて銃の引き金を引くような真似をした。

「トリガーというのは、性的逸脱行動を引き起こすきっかけです。トリガーが引かれてしまうと、頭の中は問題行動を行うことで一杯になります。よく『スイッチが入った』なんて使われますよね」

——あ、俺が理不尽なことを見たりされたりすると、キレてわけわからなくなっちゃうのと一緒だ。

そういえば俺も、「スイッチが入った」って言ってるや——

「自分のトリガーと、トリガーを回避するためのコーピングの手段を自分が認識していることが大事です」

そう言いながら石原医師は右手の人差し指を左手で握った。

トリガーの欄には「満員電車」「スカートの女性」と書いてあった。コーピングの欄には「満員電車に乗らないように通勤時間を早める」「女性を見て危ないと感じたら、深呼吸をする」「すぐに途中下車して、電車を降りる」と書いてある。

「なるほど、色々と考えましたね」

石原先生がうれしそうに話を続けた。

「彼は平日仕事をしながら、夜からクリニックにやってくるという大変な生活ですが、一度もプログラムを休んでいません。全出席です。全てのプログラムに前向きに取り組んでいます。単に刑を軽くしたいための情状作りだけだったらここまで前向きに取り組まないと思います。本当に、自分を変えたいんだと思いますよ」

さらに石原先生が続ける。

「運動プログラムで空手を選択しているのですが、筋もいいですよ」

そう言って石原医師は笑う。つられて岡貫さんも笑いながら言った。

「今まで何をしていいかわからなかったのですが、やるべきことがわかっただけでも本当にうれしいです」

「性嗜好障害で問題行動をくり返してきた方々については、被害者感情を考えると懲役刑で刑務所に入れることも一定の意義がありますが、このようなプログラムを受ける方が、更生に役立つと思いますね」

俺は率直に思ったことをつぶやいた。

「実際、私もそうだと思いますよ」と石原医師は言った。

「各地の刑務所では『性犯罪再犯防止指導』、通称『R3』という特別改善指導が、性犯罪で刑務所に収容されている受刑者に実施されています。これにも認知行動療法が取り入れられているのですが、このプログラムは希望者全員が受けられるわけではないですし、そもそも受講期間も回数も限られているので、継続的な治療によって依存状態から回復し続けることを目指す依存症のプログラムとしては明らかに不十分です。それに刑務所って、全く女性がいないじゃないですか。性嗜好障害の受刑者にとっては、全くリスクのない安全な場所なんですよね。トリガーが一切ないし、訓練にならないのです」

——なるほど。トリガーのある環境のほうが訓練になるのか——

「今の岡貫さんの方が、ある意味キツいと思います。プログラムを受けながら、トリガーのたくさんある現実社会の中で過ごさないといけないんですから。岡貫さんにとって、非常にキツい訓練ですが、この問題の克服には非常に効果的だと思いますよ」

石原先生の言葉には力強さと説得力があった。岡貫さんは、必死に自分と闘いながら治療プログラムにとりくんでいる。この後は俺の仕事だ。杜多さんとの再度の示談が控えている。

はっきり言って、自信はない。

ただし、岡貫さんの後悔と反省と、今必死に自分を変えようとしていることに関しては、絶対に全て伝える。自分には、それしかできない。

——まあ、この場で使うには不適切かもしれないけど、Go for broke! だな——

必死に努力をしている岡貫さんを見ながら、自分も示談に臨む覚悟が決まった気がした。

被害者との二回目の示談交渉

時計ばかり見てしまう。しかし一向に針は進まない。気持ちが時間を追い越して進もうとするのを何とか押さえようとする。俺はコンビニで買ったカップ入りのアイスコーヒーの残りを一気に飲み干し、奥歯で氷をかみ砕いた。ふーっと肩で息を吐く。

「そろそろですね」

見上げると、机の仕切りから島田が顔をのぞかせている。

「うーん」

俺は椅子の背もたれに体をあずけ、思い切りのびをした。前回の示談は失敗に終わった。前科の話をしたところから明らかに流れが変わった。でも、聞かれたら言うしかないだろう。あれ以外なかった。その後島田に言われて、俺は岡貫さんにカウンセリングを勧めたのだ。

「もっと早くカウンセリングに行っていれば……」

そもそも示談のためにカウンセリングを開始したわけではないのだが、もし岡貫さんが一回目の示談のとき既にカウンセリングを受けていて、一生懸命カウンセリングに通っている岡貫さんの姿勢を伝えられたら、あのときの杜多さんの気持ちも多少変わっていたかもしれない。俺は机に手をついて立ち上がった。窓にゆっくりと近づくと、後ろから島田の声がした。

「そうとも限りませんよ。あのときは、まだ時期じゃなかったんだと思います」

「時期じゃない？」

俺は島田の方を振り返った。島田は机の上のファイルを閉じて端に寄せると、椅子を回して俺の方を向いた。

「事件を飲み込むのにかかる時間って、被害者の方によって違うんだと思います。事件があった。弁護士から連絡があった。とりあえず会ってみた。でもいざ示談の話になると、まだ自分自身の気持ちが追いついていない。自分自身を置いて話だけが進んでいいのか。杜多さんも、そう感じたのかもしれませんよ」

「そんなもんかな」

俺は窓の向こうをぼんやりと見やった。ブラインドが開いていて、向かいのビルが見えた。その向こうに何も知らない無邪気な形をしたちぎれ雲がポカリと浮かんでいた。後ろで島田は話し続ける。

「もちろんカウンセリングが早いに越したことはありません。でも、カウンセリングがすべてを解決してくれるわけではありません。示談のためのポーズとしてカウンセリングを受けているのだとすれば、被害者だって何となく感づきますよ。カウンセリングはあくまで岡貫さんの更生のため。それが間接的に被害者の気持ちに影響することはあるでしょうけどね。そもそも、前回の示談の失敗があったから、岡貫さんもカウンセリングを受けようという覚悟ができたかもしれないんじゃないですかね」

俺はこのあいだ会った岡貫さんの顔を思い浮かべた。逮捕から二か月たち、徐々にもとの生活に戻っているようだった。でも、完全にもとに戻ったわけではない。久美さんは、不安があると言っていた。もちろん岡貫さんに直接は言わない。岡貫さんはいま何を感じているのだろう。

「最近の岡貫さんの様子は聞いているんですか」

島田の問いに答えるために俺はデスクに戻り、岡貫さんの事件ファイルを開いた。

「ああ、カウンセリングにはちゃんと通っているらしい。ただ、杜多さんが受け入れてくれるだろうか?」

クリニックで会った後も、岡貫さんとは毎週電話で話し、カウンセリングについての報告を受けていた。プログラムの経過表や彼が書いた感想文なども送ってもらった。

「何が不安なんですか」

「いや、どうせ最後の最後で、やっぱりダメですって言われるんじゃないかってさ」

島田はふうと短く息を吐いた。

「そんなのいま考えたってわからないじゃないですか。そもそもこっちは加害者、相手は被害者っていう時点でマイナスからのスタートですよ。岡貫さんだって、久美さんだって、がんばっている。私たちもできることをするしかないでしょ。強気の交渉が取り柄の山下先生が弱気でどうするんですか」

「そりゃそうだけどさ。そうなんだけどさ……」

島田はいつも正論を言う。俺は正論が嫌いだ。俺はファイルをデスクに戻した。かわりに氷が溶けて薄まったコーヒーが残った容器を手にとって、思い切りゴミ箱に投げ入れた。

その時、中本さんが来て杜多さんの来訪を告げた。


相談室に入ると、杜多さんが立ち上がった。

「よろしくお願いします」

「よろしくお願いします」

俺と杜多さんは同時にあいさつした。杜多さんのあいさつは事務的で冷ややかだった。俺は杜多さんの正面に腰掛け、島田は俺の左に席をとった。

俺はまっすぐ杜多さんの目を見て話しかけた。

「本日はお越しいただきありがとうございます。さっそくですが、事件の進捗についてご説明させていただきたいのですが、まずは岡貫についてご報告させていただくことがございます」

「何でしょうか?」

杜多さんは背筋を伸ばした。

「前回、岡貫はこれまでも同様の事件を起こしたことがあり、今回が三度目だとご説明しました。他方、岡貫には妻があり、子がいます。夫婦関係に問題があるとも思えません。なぜ岡貫は事件を繰り返してしまうのか。これは、もしかしたら岡貫自身のなかに何か原因があるのではないかと思うのです」

「原因？」

「一般に、性犯罪は単に自己の性欲を満たすためだけの自己中心的な犯行だと思われがちですが、それだけで済ますことのできる問題ではないのです」

俺は、石原先生から聞いた話をかいつまんで説明した。「性依存症」と呼ばれる人たちがいること、岡貫さんが事件当時大きなストレスを抱えていたこと、ストレスコーピングの問題……。杜多さんは話を聞いているようだったが、途中一言も発することなく、うなずきもしなかった。俺は心のなかの不安を必死に押しとどめつつ、話を続けた。

「それで、岡貫もこのプログラムを受けることにしたのです」

俺は、岡貫さんから受け取った資料を机に広げた。初診、石原先生の面談、参加者とのミーティング、レクリエーション……。岡貫さんは週四回のペースでクリニックに通っていた。その都度、資料にその経過が記録されていた。岡貫さんの感想文などもあった。

「もちろん、奥さんにも説明し、奥さんの理解と協力に基づいておこなっています」

島田が横から補足した。杜多さんは机の書類に視線を落としていたが、ふと顔を上げて言った。

「効果は出ているのでしょうか」

杜多さんの口調も目つきも鋭かった。俺は内心うろたえながらも、必死で杜多さん目を見ながら答えた。

「残念ながら、これは劇的に効果が出るようなものではありません。そもそも、性依存症に完治はありません。しかし、治療プログラムを継続することで再犯を防げる可能性が高まります。先日申し上げましたとおり、岡貫は痴漢を繰り返して来ました。しかし、岡貫自身も痴漢をやめたいと思っています。今度こそ最後にしたい。そう強く決意して、岡貫はプログラムを受けることにしました。岡貫はこれから何年かけてでもプログラムを受け続ける覚悟です。今日、杜多様には、岡貫の決意と、それに基づいて岡貫が新たな一歩を踏み出していることを知っていただきたいのです」

「じゃあ、また同じ事が繰り返される可能性も？」

杜多さんは首をかしげながらそう言った。俺は息を吸って、吐いた。〝落ち着け〟と自分に言い聞かせる。

「それはわかりません。将来のことはわかりません。私たちは岡貫の更生を信じていますが、お約束することはできません。ただ、今の岡貫は同じことを繰り返すことを決して望んでいませんし、それを避けるために自分を変えようと必死に努力しています。それは、現在ここにある確かな事実です」

ふーっと杜多さんは息をついた。そしてまた口を開いた。

「痴漢が病気だなんて言われても、そんな簡単には信じられません。あのときの手は、間違いなく意志を持って私を触ってきました。ちょっと触れたとか、気がついたら触ってましたとか、そういうんじゃありません。あのときの感触は今でも忘れられません。今だって、電車のなかで自分の身体にちょっと何かが触れた拍子に、またやられたんじゃないかと思ってパニックになるときがあるんです。毎日電車に乗るのが怖いんです。そういう気持ちってわかりますか？」

そういう体験がない俺は、黙っているほかなかった。隣の島田も沈黙している。杜多さんは話を続けた。

「私は、前回からずっと考えてきました。どうして私がこんな目に遭わないといけないのか。事件直後は本当に気持ち悪くて、出かけるのも嫌でした。毎日が悪夢のようでした。どうして自分だけが……。前回、犯人が釈放されたことを聞いて、私を置いて犯人だけが普通の生活に戻ったんだと思うと、許せない気持ちになりました」

話しながら、杜多さんの顔が紅潮していくのがわかった。杜多さんの言葉は止まらない。俺は何も言えず、黙ってうなずくしかなかった。

「それで今度は痴漢が病気のせいだなんて、ちょっと勝手じゃありませんか？」

杜多さんの声はほとんど上ずっていた。島田が右手を軽く挙げて答えた。

「ちょっと待ってください。私たちも、今回の痴漢が病気のせいだった、だから許して欲しいと申し上げているのではありません。ただ、将来同じことを繰り返さないためにどうしたらいいかということを考えたとき、単に岡貫が気持ちを抑えれば済むという話ではないのではないか、違うアプローチが必要ではないかと思い至り、このプログラムに行き着いたのです。もちろん、罪を犯した者は刑罰を受け、身をもって罪の重さを知り、二度と繰り返さないように反省する、というルートもあります。しかし、道は一つではありません。仮に岡貫が性依存症なのであれば、プログラムを通じて正しいストレスコーピングを身につけ、痴漢を繰り返さないように決意することも、一つの反省ではないでしょうか」

「でも、治るかどうかわからないんでしょう？　また犯人が痴漢をしたら、誰が責任を取るんですか？」

「でも、治るかもしれません。私たちはその可能性に賭けたいのです」

俺は言った。

「そんなの弁護士さんのきれいごとじゃないですか」

「違います！」

俺は必死だった。ここで終わるわけにはいかない。

「この資料を見てください。岡貫は週四回プログラムに参加しています。平日の夜からミーティングがおこなわれることもあります。仕事が終わってから参加するのです。課題にだって毎回真面目に取り組んでいます。本当に、岡貫は真剣に取り組んでいます。だからこそ、奥さんも岡貫を応援することにしたのです。事件が初めてではなかったと聞いたとき、奥さんもショックでした。でも、岡貫が本気で変わろうとしているのを見て、今回こそはと思ったのです。だから、きれいごとなんかじゃありません」

杜多さんは黙っていた。机の上の紙を一枚一枚手にとって、視線を当てている。ときおり紙をめくる音だけが相談室に響く。俺は机の下で両手を握りしめていた。やがて、数枚のホチキス止めされた書面にたどり着くと、杜多さんの手が動きを止めた。真剣なまなざしが手書きの文字の上に向けられている。それは、カウンセリングに通い始めて一週間後くらいに岡貫さんが取り組んだ「家族への手紙」という課題だった。「久美へ」という表題にはじまり、事件を起こしたことに対する後悔、久美さんを裏切ってしまったことへの謝罪、娘の綾ちゃんの将来に対する不安、そして自分がまた痴漢をしてしまうのではないかという恐怖が、原稿用紙五枚にわたって少し斜めがかった几帳面な文字で書き連ねられていた。

最後のページまで読むと、杜多さんは別の茶封筒を手に取り、中にあった便せんを読み始めた。久美さんが岡貫さんに充てた手紙だった。プログラムの課題ではなかったが、岡貫さんがひとまとめにして送ってくれた資料に混ざっていたのだ。内容は岡貫さんの手紙に対する応答であり、奥さんが事件を聞いたときのショック、初めて法律相談に行ったときの緊張、岡貫さんが釈放されるときの期待と不安、その後の生活の苦悩がつづられ、そして最後には「あなたとともに歩んでいきたい」という一文が添えられていた。

杜多さんは久美さんの手紙を読み終えると、再び岡貫さんの手紙を読み始めた。もう一度読み終わると手紙を机の上に置き、右手の人差し指で机をこすり始めた。何かを考えているような表情だった。

空白のまま時間が過ぎた。右手が止まり、杜多さんが静かに口を開いた。

「先日弁護士さんから、犯人にも奥さんやお子さんがいると聞いて驚きました。犯人は、私の中ではもっと違う人をイメージしていたので。すると、だんだん今度は奥さんのことを考えるようになりました。奥さんはいつも犯人の隣にいて、どんな気持ちなんだろう。嫌じゃないのか。どれくらいショックだったんだろうか。別れようと思ったんだろうか。子どももいるのに。私だったらどうするか。そういう夫がいたとして……。そう思ったとき、ふと、犯人は奥さんの前ではどんな夫だったんだろうと思ったんです。犯人も家庭では普通の人だったのかもしれない」

「そうですね。岡貫さんは……」

俺はそう言いかけたが、慌てて止めた。『私が被害者の方とお会いするときは、まず、ゆっくりお話しを聞きます』『被害者の方って、誰かに聞いてもらいたい、吐き出してしまいたい、という気持ちもあるんだと思います』という島田の言葉が記憶の底から俺を止めさせた。島田が黙ってうなずいていた。

「でも、あのときの犯人は卑劣で許せない人間でした。そう、何度も自分に問いかけてみたんです。あれを許せるのかって。でも、やっぱりあのときのことは許せない。その気持ちに変わりはありませんでした」

そこで杜多さんは息をついた。結局、性犯罪者に対する被害感情は厳しい。俺は息が詰まりそうだった。

「いったい何なんでしょうか？　片面には奥さんも子どももいる普通の夫がいて、その裏面には卑劣な犯罪者がいる。でもそれは同じ一人の人間。何だか自分でもよくわからなくなってきました」

杜多さんはそこで初めて湯飲みのお茶を飲んだ。多分もうぬるくなっているだろう。湯飲みを置いて、さらに杜多さんは話を続けた。

「ただ、はっきりしているのは、犯人にもう事件を繰り返して欲しくないということです。前回弁護士さんと話した後、少しずつ気持ちが整理されてきて、そのことをますます考えるようになりました。結局、同じような被害者がこれから生まれて欲しくない、ということなんだと思います。私は辛かったけど、それをきっかけに犯人が反省して二度と痴漢をしなくなれば、私が受けた苦痛も多少は意味があったのかなと思えるというか……そうでも思わないとあの日のことを乗り越えられない気がする。そんな気がするのです。ちょっと変でしょうか」

「そういうふうに考えられる方もいらっしゃいます」

島田が静かに言った。杜多さんは俺を見た。その表情はどことなく悲しげだった。

「さきほど、弁護士さんからカウンセリングという話を聞いて、ちょっと期待した面もあるんです。だから、効果が出てるのかなと。ただ、そんなに急に治るわけでもないんですよね」

「そうですが……」

俺は石原先生の姿を思い浮かべた。先生はカウンセリングで劇的に変わるわけではないと言っていた。嘘は言えない。だから何も言えなかった。

杜多さんは机の上の紙に目を落とし、黙り込んでしまった。俺にはその経過表が不正解ばかり書いてある0点の答案のように無意味な紙切れにしか見えなかった。そのとき前回の話合いのときの嫌な気持ちがこみ上げてきた。その場にいるのが耐えがたかった。だめならだめと早く言ってくれ。俺自体が裁かれているような気がした。

始めてから何十分経ったのだろうか。俺は部屋の時計を見たい衝動を抑えつけ、杜多さんの口元の動きだけをじっと見ていた。島田も何も言わない。

杜多さんの口が開いた。

「このままじゃ何も進まないですよね。私、先に進みたいんです。将来のことはわからないと言っていましたよね。でも、どうせわからないなら、私も悪い可能性よりもよい可能性の方を信じたいと思います。自分自身のために。それから奥さんのためにも」

一瞬間があって杜多さんが言った。

「示談のお話を進めさせていただければと思います」

杜多さんは泣いているような、笑ったような顔をしていた。このときはじめて、俺は背中のシャツが汗でびっしょり濡れていることに気づいた。

被害者・杜多佑子——示談の締結

示談書にサインをした私は、弁護士事務所を後にした。

いま出たばかりのビルを振り返る。看板の出ていない、六階建ての雑居ビルは、昼過ぎの日差しにまぶしく照らされていた。

きっともう二度と、ここにくることはないだろう。

ゆっくりと振り向いて、駅に向かって、歩き出す。

もう振り返ることはない。

見上げれば青空が広がり、立ち並ぶ街路樹は、自然なリズムで木の葉を揺らしていた。事件があったあの頃は、すれ違う人たちの楽しそうな声を聞くと、気持ちが落ち込む自分がいた。でも、今は、すれ違う人たちの高らかな笑い声も、街を流れる自然な音色として、私の体を駆け抜けていく。誰かの声が気になることはなかった。懐かしい感覚。私が私を取り戻しつつあるのかもしれない。駅へ向かって歩みを進めるたびに、背負っていた重荷が、少しずつ下りていくのを感じていた。

一〇〇メートル以上続く商店街の次の角を曲がると、その先に、駅の改札が見える。その頃には、いま別れたばかりの二人の弁護士の顔もおぼろげな記憶へと変わりつつあった。

私のバッグの中には、いまサインしたばかりの示談書が一通入っている。

一通は私が、もう一通は弁護士が保管するということだった。

示談書には、「岡貫宏は、もう二度と同じ過ちを犯さないことを約束する」と書いてあった。

「これからも、カウンセリングに取り組む」とも書いてあった。犯人が約束を守ってくれることを信じて、私は、事件に区切りをつけることにした。

それが、私の出した答えだった。

岡貫宏という犯人の抱えている問題とは何なのか。それが治療によってどの程度解決するのか。このまま治療を続ければ、本当にもう二度と痴漢をすることはないのか。いまでも、答えの見えないところはたくさんある。だけど、犯人が本当に変わりたいと思っているのならば。自分の問題を克服するために、真剣に治療へと取り組んでいるのならば。そうであってほしいと願うからこそ、その気持ちを信じてみたいと思った。その約束を犯人が一生をかけて守り続ける。奥さんも、それを支えてくれる。その約束が守られると信じることによって私も長くつらかったこの事件に区切りをつけたかった。

最初に事務所に来たあの日。今回の件で苦しかったのは自分だけだと思っていた。痴漢をされていたときの嫌らしくて気持ち悪い感触と絶望的な気持ち。痴漢ですと突き出した後に生まれた、これからどうなるかわからない不安な気持ち。仕事でへとへとになった後、武蔵野警察署で過ごした三時間余りのつらい時間。その後も、逆恨みされているのではないかと思って、ずっと不安な毎日を過ごしていたこと。誰にも相談できないつらさ。そういう私の気持ちを何一つ知らないまま、犯人はすぐに釈放されて、何もなかったように元の生活に戻っているのだと思うと許せなかった。「許せない」という気持ちをぶつけたくて、事務所に行ったという気さえする。

でも、今は、私だけではなく、もしかしたら、私と同じくらい、奥さんもつらい思いをしたのかもしれないとも思う。もし自分の夫が痴漢をしたと知ったら、どれだけショックだったのだろう。痴漢をした夫を受け入れることなんて簡単にできるはずがない。全てを信じられなくなってしまっても不思議じゃない。私なら、きっと離婚することも考える。それでも、もう一度受け入れて、夫のために一緒にカウンセリングに通っているという奥さんの気持ちを思うと、そういう人が側にいてくれるのなら信じてみようという気持ちが生まれた。

最初に事務所に来たとき、犯人が過去にも同じことをしたことがあると聞いて、怒りで頭が真っ白になった。許せないと言って事務所を飛び出したけれど、あの後、どん底にあった私の心を唯一救ってくれたのは、大きなショックを受けている中でも自分のことは二の次にして、被害者である私のことを心配して一番に考えてくれている、という奥さんの言葉だった。

本来、被害者の私が、犯人の気持ちを考える必要はないと思う。でも、もしかしたら犯人も、あの日、すごく苦しいことがあったのかもしれない。今日、弁護士の話を聞いて、そんな考えが、ほんの少しだけ頭をよぎった。その正体が何なのか、私には全くわからないけれど。

カウンセリングの説明の中に、あの日、犯人は大きなストレスを抱えていたという話が出てきた。もちろん、ストレスを私にぶつけるのは、絶対に間違っている。ストレスは誰にだってあるし、それを関係のない人にぶつけるなんて許されるはずがない。犯人がした行為は、いまも絶対に許せない。だけど、あの日一瞬、私も犯人の顔にクレーマーの顔を重ねてしまった。もしかしたら、無意識に、犯人が私にしたこと以上に犯人を責めていたところがなかったか。そんな風に考える必要なんてないと思いながら、そんなことを考えてしまう私は、ちょっと真面目過ぎるのかもしれない。

忙しい毎日の中で、ギリギリのところでみんな必死に頑張っている中で、やっぱりつらくて仕方なくて、どうしようもなくなってしまったとき、その隙間のような時間に、一瞬、ふっと、気持ちが弱くなってしまうことはあるのだと思う。三六五日、元気でいられるはずがないことは、自分自身がよくわかっていた。私が弱い人間だから。

そこの部分は、なんとなく共感できるのかもしれない。それは、自分を納得させるための方便ではなく、自分の中で、しっくりくる自然な感覚だった。

弱い自分を変えるという犯人の約束が守られると信じ、自分でこの事件に区切りをつけて、前に進むべきだ。いまは素直にそう思えた。

犯人にも大切な家族がいるのだから、変わってほしいと思う。

奥さんのためにも。お子さんのためにも。

犯人の約束を信じて、示談を受け入れることを決めた私のためにも。

二人の弁護士の話を聞けてよかったと思う。一〇〇パーセントの納得はできないけれど、この苦しかった事件に区切りをつけて、前に進むきっかけを作ってもらった。話を聞かなければ、私は、いつまでも不安で苦しい毎日から抜け出せなかったかもしれない。二人の弁護士が「守ろうとしたもの」が何なのか。ほんの少しだけ、わかった気がした。

一瞬足をとめる。そして、振り返らないと決めたはずの道を、もう一度だけ、振り返った。そして今度こそ、もう二度と振り返らないと心に決めて、大きく深呼吸をし、小走りで駅の改札を駆け抜けた。

「もう二度と同じことをしてほしくない」という私の気持ちは、岡貫さんに届いたのだろうか。

加害者・岡貫宏――その後

「痴漢です！」

耳の奥に届く高い声に、我に返る。いま自分自身が何を考えていたのか。すでに思い出すことができない。

声をした方を見ると、すぐ右斜めに立っていた女子高生が、若い男の右手を掴みあげていた。女子高生は確かに激怒しているのだが、今にも泣き出しそうにも見える。一方、男の方は、怒ったような、困ったような顔をしている。女子高生は「痴漢です」と叫んだ。その声は決して自分に向けられたものではなかった。しかし、私はひどく動揺してきた。飲めない酒を飲んだ日の翌朝のように、動悸が止まらない。右手を掴みあげられた男が、まるで自分のように感じられた。

――とにかく戸惑ったら深呼吸をしろ！――

グループワークで一緒になった誰かが言った言葉が突然脳裏に浮かんだ。とにかく深呼吸をしろ。息を整えるんだ。名前も忘れた男性参加者の言葉が、天啓のように降りてきた。

私は深い呼吸をしようと息を吸った。しかし、動揺のせいで、深呼吸の仕方すらわからない。口を上にあげてとにかく息を吸おうとする。軽く失敗し、まるでいびきでもしているように、息を吸いながら「ふがが」と言ってしまう。今の声を聞いて、周りの人は変に思わないだろうか。一層、混迷が深まる。

――落ち着こう。もう一度。ゆっくり息を吸って、吐いて。吸って、吐いて……――

繰り返すうち、だんだん呼吸が深くなっていく。息が整い、気持ちも落ち着きを取り戻していく。最後にため息をつくように長く息を吐いた。普段の自分に戻った気がする。私が落ち着いた頃には、先ほどの女子高生も男性も、車内からいなくなっていた。周りの客のうち何人かは、予期せぬ出来事にざわざわと何事かしゃべっていた。とはいえ、乗降客も多く、次第に車内も落ち着いていった。

自分も、本来はその駅で降りるはずだった。しかし、女子高生が降りて行った同じホームに、降り立つ気分にはなれなかった。

あの事件があってから、私は仕事を変えた。弁護士の働きもあって、比較的早期に釈放されたと思う。おかげで、事件のことは職場に知られることもなく、会社に居続けることもできた。

しかし、前の職場は突発的な残業が多く、自分ではコントロールしようがない事態になることも多かった。上司との人間関係に悩んでいたこともあり、妻と話し合った結果、仕事でストレスが溜まるようなことがないよう、それに、当分はプログラムを優先できるように、残業の少ない会社を探すことにした。また、なにより、前の会社に通勤するとなると、事件のときと同じ時間帯に同じ列車に乗ることになってしまう。被害者との約束でも、それは避けなければならなかったし、自分としても満員電車は精神的に厳しかった。

そういうわけで自分は、一〇月中には前の職場で持っていた案件を無理やり後任に引継ぎ、課長の慰留も無視して、年末で職場を退職した。幸い、すぐに転職先が見つかり、翌年一月中には、ほぼ毎日定時に上がることができて、自宅の最寄り駅から今までとは反対の下り方向にある今の会社に転職することができた。

事件のあと、プログラムには真面目に通った。とはいえ、ミーティングの際、自分から積極的に話すことはあまりなかった。とにかく人の話を聞いていた。人の話には、自分にあてはまるなと思うものもあれば、自分には関係ないなと思うものも多かった。ただ、講師の人が言った「危険に近づかないように」という言葉はもっともだと思い、自分でもすとんと納得できた。溜まったストレスと向き合うというべきか、気分を変えていく方法というべきか、趣味だった山登りも細々と再開させる気持ちが芽生えてきた。自分としても、これまで事件を起こしたときと同じような状況にはしないよう努めていた。

しかし、今日だけは、再び満員電車に乗るしかなかった。

昨日、二つ持っていたカバンの一つを網棚の上にあげたまま列車を降りてしまったのだ。カバンには仕事用のスマートフォンが入っていて、とにかくすぐに手元に取り戻したかった。急いで駅窓口で相談したら、その日のうちにカバンは盗られることなく見つかった。しかし、カバンは都心にある「忘れ物センター」に持ち込まれてしまい、そこまで取りに行かなければならないという。

午前休みをとって、「忘れ物センター」に寄ってから出勤することにした。列車に乗り込んだ時刻はちょうど八時頃。ホーム上で列車の入線を待っているときから、なんとなく、ざわついた気持ちになっていたかも知れない。

乗り込んだ車内は、以前と変わらずぎゅうぎゅう詰めだった。かろうじてスマートフォンを見ることができるくらいだった。自分はプライベートで使っているスマホのアプリで朝刊を読んでいたが、だんだん、右斜め前に立っている若い女性の姿が気になっていった。

後に悔やむから後悔という。そのことを何度も思い知らされてきた。

それなのに、そのときの自分は、再びあのときと同じ気持ちで頭の中が一杯になっていた。耳の奥がざわざわとしていた。どうしよう、手を伸ばせるか、手を伸ばそうか、逡巡が続いた……。

女子高生の声を聞いて、私は一気に現実に引き戻された気がした。現実に戻ってくるまでの自分のことは、もう思い出すことができない。けれど、とにかく還ってきた感じがした。あの声がなかったら、私は再び後悔するようなことになっていたのだろうか。空恐ろしい気持ちになる。

動揺は酷かったけれど、深呼吸を繰り返して落ち着きを取り戻すことができた。なんだか子どもみたいだ。

「なんだか子どもみたいだ」

思ったことを実際につぶやいていた。そう、自分は、何かに依存しなければ生きることができないという意味で、子どもなのだ。いつか大人になれるだろうか？

「一生なれないかも知れない」

またつぶやいた。不謹慎を承知で、自分も微苦笑してしまう。気持ちに少し余裕ができて、弁護士から伝えてもらった「犯人に立ち直ってほしい」という被害者の言葉を思い出した。どうなったら「立ち直った」といえるのか、自分にはまだわからない。

いや、「立ち直った」などという到達点はないのかも知れない。自分は、「立ち直り続ける」ことを目指すしかない。言葉遊びだろうか。でも、いまの自分にはそんな気がする。

なんとなく腑に落ちた気がした。

だいぶ気分も落ち着いてきたが、新鮮な空気が吸いたくなって列車を降りた。一度も降りたことのない駅だった。サラリーマンや学生が慌ただしく行き交う中で立ち止まり、もう一度深呼吸をしてみる。

予定していたのと違うルートで忘れ物センターに向かおうと思う。何となく、これまでとは違う道筋を通ることが、これからの自分にはふさわしいような気がした。

弁護士・山下燎――事件を終えて

岡貫さんは、不起訴になった。

しかし、自分は手放しには喜べなかった。今回は、島田のサポートがなければ、そして島田が石原医師に繋いでくれなければ、おそらく示談は、失敗していただろう。自分の中では、どちらかというと敗北感、というよりも自分がまだまだ未熟で知らないことがたくさんあり、不勉強であるという反省の方が強く残った。

夕方、事務所の机に向かっていた自分の横に、ヌッと大きな人の影が現れた。事務所の代表であり、私のボスである伊達潤志郎だ。ボスは体が大きい。身長は一七五センチくらいだが、体重は一〇〇キロ以上ある。長い白いあごひげが自慢で、一見するとサンタクロースみたいだ。周りからは「髭の先生」の愛称で慕われている。

「今日、夜、時間少しあったら飲みにいかないか？」

「先生から、お声がけ頂けるの、久しぶりですね」

ボスは、今年、弁護士会の役員をやっている。会務でスケジュールがほとんど埋まってしまう状態のため、事務所にほとんどいない。

「もちろん、行きます」

「では、いつもの『バラン』でいいかい？」

バランはボスのいきつけのスナックで、ボスの昔のクライアントさんが経営しているお店だ。

「はい。先生はいつ来られます？」

「二一時頃かな」

「了解です。私は少し先に行って待ってますがいいですか？」

「もちろん。俺のボトル自由に飲んでていいよ」

「俺が飲めないの、知ってますよね！」

その日の二〇時三〇分、俺は、スナック「バラン」のカウンター席について、カルーアミルクを飲んでいた。マスターはいつも、酒が弱い自分のために甘いカクテルを作ってくれる。

店の扉があいて、島田が入ってくる。

「マスター、ビール、ハイネケン」

これだけ言うと、カウンターの俺の横の席に座る。

「なんだ、お前もきたのか」

「なんだとは、なんですか。大体、先輩の様子が最近少しおかしいとボスに報告したのは、私ですよ」

「俺がおかしい?」

「だって、最近、国選事件の引き取りを頻繁にしているじゃないですか。先輩、そこまで刑事事件、好きじゃなかったですよね。嫌いではなかったけど」

「いや、それは……」

店の扉が再び開き、ボスが入ってきた。

ボスが来たので、店の奥の個室に移動する。

「バラン」には、店の奥にカラオケ用の個室もあるので、他の客には聞かれたくない仕事の話もすることができ、使い勝手が良い。

ボスは座るなり、ウイスキーの水割りを三杯一度に注文する。

この三杯の水割りは、俺と島田の分が含まれているわけではなく、全部ボスの水割りだ。ボスは超の付く酒豪で、ウイスキーの水割りをすぐに干してしまうから、いつも一度に三杯注文するのである。

「どうした? 最近、お前の様子がおかしいと島田に聞いたんだが。国選の刑事事件の待機日を、頻繁に引き取っているそうじゃないか。刑事事件に目覚めたのか」

「いや、そういうわけではなく……」

俺は、岡貫さんの事件で抱いた自分の感情を、正直にボスに話した。

「刑事に関しては、自分はまだまだ不勉強だということを実感しました。普通くらいにはやってきたつもりなんですが。全部、島田に助けられました。やはり場数が足りないんじゃないかって思い、少し刑事事件の数を増やしていこうと思っています」

「今回の事件、何を得た?」

「そうですね……」

俺は少し考えながら答える。

「今まで釈然としなかったことがあるんですよ。もちろん、弁護士として被告人と刑罰権を行使する国家権力との間には絶対的な力の差があり、適正な刑事手続が行われているかを、しっかりと確認・チェックし、適正な刑事手続が行われていなければ批判し、糾弾する役目を弁護人が担っているということは、頭では理解しています。でも、なぜ連続殺人犯や、猟奇殺人犯の弁護活動を一生懸命行わないといけないのか？　今回の事件は連続殺人とかではないんですが、何度も痴漢を繰り返している人じゃないですか。被害者の女性のことを考えると、自分達のしていることは『正義』なのかって」

ボスは、面白そうに俺の話を聞いている。

「でも『正義』なんて一方的なものでしかないことに、気がつきました。被疑者、被告人、一人一人に事情があり、言い分もある。それが被疑者や被告人の言うことだから『不正義』だなんて、誰も言えない。もちろん『正義』だなんてことも、誰も言えない。だからこそ、我々弁護人が、裁判所をはじめとする周囲に、被疑者や被告人の事情や言い分を、寸分違わず伝えないといけないんじゃないかと。被疑者や被告人の唯一の味方は弁護人だけですから。そして事情や言い分を伝えるために、その労を惜しんではならないんだと。今回、新垣クリニックに岡貫さんが通っているのを見ながら、なんか胸にスッと落ちました」

気がつくとボスは、ボスの前に置かれた水割り三杯を飲み干していた。

「刑事事件たくさんやりたいなら、俺に来る私選の刑事事件とかやるか?」

「はい、ぜひよろしくお願いします」

「あらためて聞くが、お前は、どんな分野を専門にしたいんだ?」

ボスに尋ねられる。

「恥ずかしながら、何にも決めてないのです。自分のやりたいことってなんだろう?」

「そうか。なら今は、やりたいことを思う存分やればいい」

ボスが続ける。

「俺は、弁護士に必要な能力は三つあると思っている。どんな人とも対話ができるコミュニケーション能力、仕事を処理する事務処理能力、そして、仕事を引っ張ってこれる営業力の三つ。お前は、事務処理能力は危ういところがあるが、コミュニケーション能力と交渉力は卓越したものがあると思っている。事務処理能力はキャリアを積めば、あとからついてくるさ」

「この前、阪神大震災の時に被災者支援に奔走した神戸の筑紫先生という弁護士から、防災の話を聞いたけど、面白かったなあ。『災害』という分野も法律で弁護士が支援できることたくさんあるんだなって」と島田が口を挟む。

「弁護士にはいろんな活躍の分野がある。たっぷり時間を使って自分に合う専門分野を探してみろ。今は刑事事件をやりたいんなら精一杯やれ。応援するから」

「ありがとうございます……」

ボスの言葉に胸が熱くなる。

「ところで、相変わらず酒は飲めないのか？」

「少しだけですね……。でも、ボスみたいな弁護士になりたいので、水割りくらいは、飲めるようにしたいなあと思います」

「おーい、マスター。マッカランの一二年のボトル、山下のために入れてくれ。チャージは俺につけといて」

「えー、いいなあ」

島田が口をとがらせる。

「山下が今回の事件を完遂した祝いだ。アイスコーヒーもいいが、ウイスキーもうまいぞ。薄い水割りやハイボールから始めてみろ。無理はしなくていいから」

「先輩、無理は全くしなくていいですよ。ただでさえカフェイン依存の先輩が、アルコール依存症になると困りますから。私が代わりに全部飲みますので」

さらに島田が軽口をたたく。

「ところで先輩、ロースクールの時の彼女と別れた原因、話す気になりましたか？」

口車に乗せられてたまるか。

「黙秘します」

「何の話だ？」

怪訝そうなボス。

「捜査上の秘密です！　ハハハッ」

島田と俺は爆笑した。


弁護士として本当に幸せな環境にいる。今は、思いっきり仕事を頑張ってみよう。

そんなこと考えている時に、俺の携帯電話が鳴った。


「もしもし……」

「山下か？　俺だ」

「安達か？　久しぶりだな」

修習同期の弁護士の安達からだった。安達は、刑事事件を専門とする弁護士事務所に所属している。

「受任していた痴漢事件、上手に解決したそうじゃないか」

「なんで知っているんだ？」

「この前、裁判所で偶然、島田さんに会ったときに、聞いたよ」

そうか、確か安達と島田は、大学の同じゼミの先輩後輩だと言っていたっけ。

「良かったら、俺のところに来た刑事事件、一緒にやらないか」

「罪名は？」

「強盗致傷」

「裁判員裁判対象事件じゃないか。俺でいいのか？　そんなにたくさん刑事事件やっているほうじゃないぞ」

「島田さんが、お前が刑事事件に興味持ったみたいなんで、良かったら刑事事件誘ってやってくれって」

島田め……、と思いながら、島田の優しさに感謝している自分がいた。今までの自分ならば、さほど興味は沸かず、断っていたかもしれない。あきらかに、岡貫さんの事件を受ける前と後で違う。

安達の話を聞きたい。そう思っている自分がいる。

「明日、スナック『バラン』に一九時に来れるか。奥の個室を予約しておく。美味い水割りをご馳走してやるよ」

■執筆者一覧

※印は編者

赤木竜太郎（あかぎ・りゅうたろう）

弁護士、東京ディフェンダー法律事務所

大森　顕※（おおもり・あきら）

弁護士、かたくり法律事務所

加畑貴義（かばた・たかよし）

弁護士、多摩の森綜合法律事務所

神林美樹（かんばやし・みき）

弁護士、弁護士法人ルミナス

栗原亮介（くりはら・りょうすけ）

弁護士、弁護士法人 ENISHI

髙野太一朗（こうの・たいちろう）

弁護士、多摩の森綜合法律事務所

髙橋宗吾（たかはし・そうご）

弁護士、Kollect 京都法律事務所

中原潤一（なかはら・じゅんいち）

弁護士、弁護士法人ルミナス

村橋　悠（むらはし・ゆう）

弁護士、高幡法律事務所

山本　衛※（やまもと・まもる）

弁護士、今西・山本法律事務所

■編者紹介
大森　顕（おおもり・あきら）
弁護士、かたくり法律事務所。2000年10月弁護士登録、2016年４月～2019年４月最高裁司法研修所弁護教官（刑事）。

山本　衛（やまもと・まもる）
弁護士、今西・山本法律事務所。

痴漢《ちかん》を弁護《べんご》する理由《りゆう》

2022年９月30日　第１版第１刷発行

編　者——大森　顕・山本　衛
発行所——株式会社　日本評論社
〒170-8474 東京都豊島区南大塚３-12-４
電話　03-3987-8621（販売）　03-3987-8592（編集）
FAX　03-3987-8590（販売）　03-3987-8596（編集）
https://www.nippyo.co.jp/　振替　00100-3-16
印　刷——精文堂印刷株式会社
製　本——株式会社松岳社
装　丁——図工ファイブ

ISBN978-4-535-52486-6　Printed in Japan